U0037913

ISBN 978-9866431-04-3

以離念靈知心爲眞如心者，是落入意識境界中，與常見外道合流，名爲佛門常見外道；以六識之自性（見性、聞性、嗅性、嚐性、觸知性、警覺性）作爲佛性者，是與自性見外道合流，名爲佛門自性見外道。近代佛門錯悟大師，不外於此二類人之所墮。

以六識論而主張蘊處界緣起性空者，與斷見外道無二；彼等捨壽時若能滅盡蘊處界而入無餘涅槃，彼涅槃必成斷滅故，名爲佛門斷見外道。此類人恐生斷見之譏，隨即益以「意識細心常住」之建立，則返墮常見之中；一切粗細意識皆「意、法因緣生」故，不脫常見外道範疇。此等人，皆違聲聞、緣覺菩提之實證，亦違佛菩提之實證，即是應成派中觀之邪見也。

《楞嚴經》既說眞如心如來藏，亦同時解說佛性之內涵，並闡釋五蘊、六根、六塵、六識、六入全屬如來藏妙眞如性之所生，附屬於如來藏妙眞如性而存在及運作。如來藏心即是第八識阿賴耶識，妙眞如性即是如來藏心體流露出來之神妙功德力用，諸菩薩目之爲佛性。

此經所說法義，迴異諸經者，謂兼說如來藏與佛性義，並將蘊處界入等一切法攝歸如來藏妙心與其功德力用之中。其中法義甚深、極甚深，謂言詞古樸而極簡略，亦謂其中妙義兼含地上菩薩之所證，絕非明心後又眼見佛性之菩薩摩訶薩所能意會，何況尚未實證如來藏之阿羅漢？更何況未斷我見之應成派及自續派中觀師？其餘一切落入意識境界之當代禪宗大法師，皆無論矣！有大心之眞學佛而非學羅漢者，皆應深入熏習以求實證之。

目次

第五輯：

第六輯：

第七輯：

第八輯：

第九輯：

第十輯：

第十一輯：

第十二輯：

第十三輯：

第十四輯：

第十五輯：

自序

《楞嚴經講記》是依據公元二〇〇一年夏初開講《楞嚴經》時的錄音，陸續整理為文字編輯所成，呈獻給讀者。期望經由此經的講經記錄，利益更多學佛人，藉以生起對大乘法教的仰信，願意景行景從而發起菩薩性；亦藉此書熏習大乘法義，漸次建立正知正見，遠離常見外道意識境界，得斷我見。同時可由深入此書中所述法義的如實理解，了知常住眞心之義，得離斷見外道邪見；進而可以明心證眞，親見萬法都由如來藏中出生，成為位不退之實義菩薩，親自觀察所證如來藏阿賴耶識心體，絕非常見外道所墮之神我。並能現觀外道所墮神我，實由其如來藏所出生之識陰所含攝，不外於識陰範疇。乃至緣熟之時可以眼見佛性，得階十住位中，頓時圓成身心世界如幻之現觀，不由漸修而成，一時圓滿十住位功德，或能得階初行位中，頓超第一大阿僧祇劫三分有一。如是利益讀者，誠乃平實深願。

然而此經之講述與整理出版，時隔九年，歲月淹久，時空早已轉易；當時為令學人速斷我見及速解經中如來藏妙義而作簡略快講，導致極多佛性義理略而未說，亦未對部分如來藏深妙法義加以闡釋，已不符今時印書梓行及流傳後世之考量，不符大乘法中菩薩廣教無類及顯示勝妙眞如佛性義理之原則。是故應當加以深入補述，將前人所未曾言之如來藏深妙法義中，可以梓之於文者，以語體文作了大幅度增刪，令讀者（特別是已悟如來藏者）得以前後再三閱讀思惟而深入理解經義。由此緣故，整理成文之後，於潤色之時特地作了補述及大幅度增刪，令讀者得以一再閱讀深思而理解之，藉以早日轉入菩薩位中，遠離聲聞種性；並能棄捨聲聞法義之侷限，成眞菩薩。此外，本講記是正覺同修會搬遷到承德路新講堂時所講，當時新購講堂之錄音設備尚未完善，更無錄影設備，是故錄音時亦有數次漏錄情況，只能在出版前另以語體文補寫，一併呈獻給讀者。

大乘經中所說法義，單說如來藏心體者，已經極難理解，是故每令歷代名聞諸方之大師難以理解，更何況《楞嚴經》中非唯單說如來藏心，實亦兼涉佛性之實證與內涵。如來藏心體對六塵離見聞覺知，而如來藏的妙眞如性—佛性—則對六塵不離見聞覺知，卻不起分別，亦非識陰覺知心之見聞覺知；欲證如來藏心體及眼見佛性者，修學方向與實證條件差異極大，苟非一一實證者，縱使讀懂此經文義，亦無法實證之。何況此經文句極爲精鍊簡略，今時人之文言文造詣亦低，何能眞實理解此經眞義？而欲證知經中所說如來藏心與佛性義，欲求不起矛盾想者，極難、極難矣！特以佛性之實證、內涵、名義，古今佛教界中所述紛紜，類多未知佛性、或未實證眼見佛性現量之凡夫所說者；如斯等人或讀此經，必然錯會而誤認六識之見聞知覺性爲常住之佛性；以是緣故，亦應講解此經而令佛教界廣爲修正舊有之錯誤知見。

然而此經中有時亦敘述如來藏具足令人成佛之體性，如同世親菩薩所造《佛性論》之意涵，並非《大般涅槃經》中世尊所說十住菩薩眼見佛性，亦非此經中所說佛性—妙眞如性—現量境界之實證眞義；由是緣故，凡未親證如來藏又未眼見佛性者，往往誤會此經中所說十八界六入等境界相即是佛性境界，墜入六識之見聞知覺性中。是故九年前講述此經時，已依此經所說佛性眞義而略述之，並依此經所說第二月眞義，略加旁述佛性之理；然未盡說，預留讀者將來眼見佛性之因緣，故已隱覆佛性密意而略述佛性之義。藉此覆護佛性密意之宣演佛性方式，促使讀者將來明心之後更有眼見佛性之因緣，得以漸次成熟；或於此世、或於他世，得以一念相應而於山河大地之上，親見自己的佛性，頓時成就世界身心如幻之肉眼所見現量境界，不由漸修而得，一念之間頓時圓成第十住滿心位之身心世界如幻現觀。

又，地上菩薩由無生法忍功德所成就之眼見佛性境界，能由如來藏直接與眾生心相應；雖然凡夫、賢位眾生之心仍不知已被感應，但地上菩薩往往已經於初次相見之時，即已感應其如來藏所流注之種子，由此而知彼眾生往世曾與菩薩結下善緣或惡緣。未離胎昧之已入地菩薩眼見佛性時，具有如是功德，故能由此直接之感應，作出對彼凡夫位、賢位等菩薩應有之開示與因應，此即是三地以下菩薩隨順佛性以後，在無宿命通、天眼通之情形下，仍能妥善因應眾生根性之緣由所在。如是，諸地菩薩於眼見佛性之後所得智慧，迥異十住菩薩之眼見佛性境界智慧，非十住位至十迴向位菩薩所知。一切未眼見佛性而已明心之賢位菩薩，更未能知此。

至於尚未明心而長處無明長夜中之意識境界凡夫菩薩，更無論矣！皆名凡夫隨順佛性。聲聞種性僧人及諸外道，總將識陰六識之見聞知覺性錯認爲佛性，據以誣謗十住菩薩之眼見佛性境界，何況能知諸地菩薩所隨順之佛性智慧境界？唯能臆想而妄加誹謗爾。然諸佛所見佛性，又異於十地、妙覺、等覺；謂諸佛眼見佛性後，成所作智現前，能以五識各自流注而成就無量利益眾生之事，化身無量無邊，非等覺及諸地菩薩所能臆測。故知眼見佛性者，層次參差不一，各各有別，少聞寡慧者並皆不知，乃至已經眼見佛性之十住菩薩仍不能具知也！如是眼見佛性境界，則非此經之所詳述者；故我　世尊已於別經再作細說，以令圓滿化緣，方得取滅而以應身方便示現進入涅槃。如斯佛道意涵，深邃難知，苟非已有深妙智慧者，難免誤會而成就大妄語，或因難信而生疑，以致施以無根誹謗，未來捨壽後果堪憂；是故平實於此序文中預爲說之，以警來茲，庶免少聞寡慧凡夫閱後惡口謗法，捨壽之後致遭重報。

此外，時値末法，每有魔子魔民身披佛教法衣演述常見外道法，轉易佛門四眾同入常見外道、斷見外道知見中；更有甚者，身披法衣而住於如來廟堂之中，實行印度教外道性力派—坦特羅「佛教」—譚崔瑜伽男女雙身合修之意識貪觸境界，夜夜乃至白晝公然宣淫於寺院中，成爲彼等眾人寺院中的公開祕密，唯獨淺學信徒不知爾。如是邪說邪行，已經廣行於末法時代之學密佛教寺院中，台灣海峽兩岸亦皆已普及，極難扭轉其勢，豈符　世尊法教眞義而不違　佛制戒律？身披僧衣而廣行貪淫之行，墮落識陰境界中，豈能相應於眞心如來藏離六塵貪愛之清淨境界？眼見如斯末法現象，平實不能不喟嘆末法眾生之福薄：屢遇如是宣揚外道法之邪師而不自知，更隨之暗地實修雙身法而廣違佛戒，日日損減自己每年布施眾生、供養三寶所得福德。

更有甚者，一心追隨邪師而認定邪法爲正法，不知邪師每每身現好相，佯爲實證及清淨之人；學人由無明所罩故，以護法之善心而與邪師共同造下破法之愚行，將了義勝妙之正法謗爲外道神我、外道自性見；亦將弘揚正法之賢聖謗爲外道、邪魔，坐令邪師勢力增廣，導致邪法弘傳益加普及。是則因於無明及名師崇拜，以善心而造惡業；然猶不能自知眞相，每以壞法及謗賢聖之惡行得以成就，而沾沾自喜爲**護法大功**焉，實可憐憫。今此經中，佛陀對此廣有開示，讀者若能摒棄以前追隨名師所聞之先入爲主觀念，客觀地深入此書中，一一比對佛語而能深細檢驗；然後一一加以深思，並依本經所說蘊處界功能本質及生滅性之現量加以現觀，即可遠離既有之邪見而轉入正知正見之中；若能正確了知之後，益以正確之護法善行而積功累德，何愁此世無有實證如來藏而悟入大乘菩提之機緣？乃至福厚而極精進者，亦得眼見佛性而圓滿十住位之世界身心如幻現觀。

末後，令平實不能已於言者：對於中國佛門中已存在百年及密宗已存在數百年之宗喀巴外道法因緣觀及菩提道次第，亦應由此經義而廣破之。謂百年來常有大法師遵循日本學術界中少數人的錯誤觀點，一心想要以學術研究所得取代佛法特重實證的經中教義；而日本近代此類所謂佛學學術研究者，本質仍屬基督教信仰者急於**脫亞入歐**而提升日本在國際上之學術地位，想要與歐美學術界分庭抗禮；於是出之以嘩眾取寵方式而極力批判佛教，冀離中國佛教而且上於中國佛教，於是乃有批判中國傳統佛教如來藏教義之舉——三十年前日本「批判佛教」學派於焉誕生。於是專取四阿含文字表相法義，並扭曲四阿含法義，宣演外道六識論爲基調之因緣觀，取代佛教四阿含所載八識論之因緣觀，自謂彼之謬論方屬眞正佛法，主張一切法因緣生故無常，誣指中國傳統佛教如來藏教義爲外道神我。然而，如來藏屬第八識，能出生外道神我，而法界中亦無一法可破壞之，此是一切親證如來藏者皆可現觀而證實之現量；外道神我則屬第六意識或識陰六識，被如來藏所生，乃生滅法；一主一從，二者天差地別，焉可等視齊觀？由此證知日本袴谷憲昭、松本史朗創立批判佛教之學說，純屬無明所言戲論，並無實義。

六十年來台灣佛教則由印順及其派下門人，奉行印順源自天竺密宗之宗喀巴六識論應成派中觀，採用基督教信仰者反對實證之西洋神學研究方法，曲解四阿含中所演八識論因緣觀正理，刻意否定中國禪宗法教之如來藏妙義，貶爲野狐禪及外道神我；藉此表相建立其不落「俗套」而異於傳統佛教之「超然、不迷信」假象，然後佛光山、法鼓山、慈濟追隨印順而奉行之。然而印順派之思想本質，乃外道六識論之因緣觀，近承日本不事修證之學術研究學說，遠紹宗喀巴、阿底峽、寂天、月稱、佛護等六識論諸凡夫論師；謂彼等因緣觀外道如是主張：純由根、塵作為因緣，即能出生六識：不必有本識如來藏持種，只藉六根六塵作為因緣即能出生六識。又主張意識常住不壞，公然違背聖教。如是外道因緣觀，全違法界現量—違背現象界中可以現見之事實—諸法不自生、不他生、不共生、不無因生之事實，全違龍樹中觀之教示。

而印順派所闡釋之因緣觀、應成派中觀，正屬龍樹所破之他生與共生之外道因緣觀；復又違背四阿含中處處隱說、顯說之八識論因緣觀——由第八識如來藏藉所生根塵為因緣，出生識陰六識（詳見拙著《阿含正義》七輯之舉述），本質正屬外道六識論邪見之因緣觀。今此《楞嚴經》中更出之以五蘊、六入、六界、十二處、十八界皆屬如來藏妙眞如性所出生之深入辨正，以九處徵心八還辨見之細膩法義，令知「識陰六識不能自生，根不能獨生識，塵不能獨生識，根塵不能共生識，虛空不能無因生識」等正理，完全符契四阿含諸經所說義理，而更深入闡述正義。如是深入辨正已，阿含聲聞道所述佛門因緣觀正理即得以彰顯，突顯佛門八識論因緣觀異於印順及宗喀巴之外道六識論因緣觀所在，則佛門學人即可遠離外道因緣觀邪見，疾證聲聞菩提乃至佛菩提，終不唐捐諸人一世之勤修也！

佛法特重智慧，是故成賢證聖而入實義菩薩位中，世世悅意而修菩薩道；或者捨壽後速入三塗永爲凡夫而受苦難，多劫之中常與眞實菩提絕緣，世世苦修仍不得入門，茫然無措；如是二類迥異之修學果報緣因，端在當前一念之中：**是否願意客觀分辨，及實地理解諸方名師與平實所說法義之異同所在，不依道聽塗說而盲從之，實即憑以入道或下墮之樞紐及因由也！**願我佛門四眾弟子皆能冷靜客觀而深入比較及理解，然後理智而不盲從地作出抉擇。審能如是，則此世即已建立修學佛道之正確方向；從此一世開始，佛道即能快速而悅意地修學及實證，非唯永離名義菩薩位，亦得永斷三塗諸惡因緣，眞成實義菩薩，何樂不爲？

此書既然即將開始潤色而準備梓行，於潤色前不免發抒感想、書以爲文；由是而造此序，以述平實心中感慨，即爲此書印行之緣起。

佛弟子　平實　敬序於竹桂山居

時値公元二〇〇八年　春分

《大佛頂如來密因修證了義諸菩薩萬行首楞嚴經》

〈經名釋義〉

今天開始講解《楞嚴經》，在講經的過程中，平實將會隨著經句有關的內容，舉示一些在家或出家人（一般人所謂的名師）錯誤的說法來做比對；必須經由舉證比對來說明差異所在，才能使大家都如實而深入地瞭解經文中眞正的意思，這是爲大眾的利益而作的施設。但由於被舉出來的名師，有可能剛好是你的皈依師、剃度師，或者是你的親教師、軌範師、戒師，那時你有可能會因此而心煩；但是務必要忍一忍，如果能忍得過心煩這一關，你的忍辱功夫又升進了一層。如果你能夠忍得過去而一直聽聞下去，到後來，你將會發覺：自己對外面所有的大師、小師們所說法義的過失，已經都有能力加以揀擇了。這就是你能修忍而產生的功德：已經發起最基本的抉擇分了。也就是已經有擇法覺分了。

在修學佛法中，抉擇分非常重要，能不能走上正確的道路，能不能在法上有所實證而快速成佛，都要藉抉擇分來幫忙。抉擇分是三十七道品之一，於學法過程中時時都要運用到抉擇分的功德。但是你若想要發起佛菩提法中的抉擇分，則務必要在法義辨正上修忍；別因爲我辨正你以前師父的法義錯在何處，你就煩心而無法繼續深入法義。經由法義正訛的舉例與比對，以及一而再、再而三的說明，將會使抉擇分在你不知不覺之間快速的出現及增長，使你在不知不覺之間就得到法上的大利益。但是，當你已經發起抉擇分時，你自己往往會忽略這個事實而沒有將自己已經擁有的抉擇分拿出來用——沒有用來抉擇自己以前追隨的師父是否悟錯了；於是繼續因爲我評論到你原來的師父而生起煩惱，乃至退失於了義正法而回到以前所追隨師父所弘揚的表相正法中。得要回到原來的師父身邊聞法以後，才會發覺自己原來的師父說法時，處處錯誤而聽不下去，那時再來相信自己確實已經有擇法覺分了，那可就是後知後覺的人了。我相信你們諸位應該都屬於先知先覺的人，不需要等到那時才能發現自己確實有抉擇分了。

但是，想要確定自己是否眞的擁有擇法覺分了，最好的方法就是在聽聞我所說的法義一年以後，將以前追隨的師父的著作取來檢查一下，看是否能檢查出其中說法錯誤的地方？並且要反觀：這些錯誤是否以前的自己完全無法加以抉擇？假使在聽聞平實說法半年、一年以後，能確實摒棄原來師徒的情執，理智地簡擇自己原來的師父所說法義，是否有哪些地方違背聖教及眞理，那麼你將會發覺自己眞的已經擁有了義正法的抉擇分了；由此時開始乃至未來世中，你將不會再跟著名師誤入岐途了，你對於了義正法的般若實證也將建立大信心——深信自己此世就可以實證了義正法而發起實相般若，並且是在此世實證；這將使你的成佛之道走得越來越快速，永遠離開大師們的文字空談，不再浪費每一世寶貴的光陰及道糧。

言歸正傳，《楞嚴經》的全名是《大佛頂如來密因修證了義諸菩薩萬行首楞嚴經》，簡稱《楞嚴經》。**「大佛頂」**這三個字總顯其主旨，也就是以這三個字來顯示整部經中概略的意思。「大佛頂」既然是本經的總法體，這一定有祂的緣故，否則不會用祂來做爲這部經的總法體而冠在經名最前面。「大佛頂」三字是顯示這部經以「大」、以「佛」、以「頂」爲主旨，也就是在講眾生人人本有的眞如法體。這三字以下的經名則是別釋，也就是依「大佛頂」三個字來另外提舉「大佛頂」的其餘意思，所以叫作別釋。

《大佛頂如來密因修證了義諸菩薩萬行首楞嚴經》，整個經名函蓋了四門：**教、理、行、果**。

「教」是說，用種種言語、譬喻、長行以及重頌，來爲大眾說明法界的實相；也爲大眾說明如何從因地修學解脫道和佛菩提道而到達究竟的佛地境界，這一些言語或論述，通名爲教；把這些教導記錄起來以便憶誦，或者記成文字以供久遠流傳而不忘失的本子，都叫作經。又，教的部分函蓋了顯、密教，爲什麼函蓋了顯密二教？因爲這一部經所說的理體是講我們眾生生命法界的眞實相，這個眞實相的理體是佛門中的密法，不是定性二乘聖人所能知道，更不是一般有情所能知道，所以祂屬於密教；但是卻又借著演說來度化諸菩薩，讓菩薩眾的智慧可以次第生起，所以同時又屬於顯教，因此說這一部經函蓋了顯密二教。

「理」的部分是講眞如之理，眞如之理悟了以後都會講，但是各有巧妙不同，所以有的人能講得深入而不能淺出，只有極少數的利根人聽得懂；有的人卻只能淺出而不能深入，導致有些人聽起來不過癮：因爲大家都聽懂而沒有什麼深妙的法義，所以覺得不過癮。眞如之理必須要能夠深入並且淺出的宣說，讓大眾都能夠瞭解。固然「佛以一音演說法，眾生隨類各得解」，然而眞善知識說法時，利根的人可以領納得深入一點，鈍根的人則是領納得淺一點；只有這個差別，沒有不能聽受的人。

所以，眞如之理，想要能深入淺出、面面俱到的宣說，確實是不容易的。但是這部《楞嚴經》，不但能深入的說，而且也能淺出的說，隨著佛弟子們各自的智慧、福德、因緣、信力的差別，而各有不同的領受，大家都可以或多或少地獲得利益。《楞嚴經》義理的內容就是有這樣的長處，只是這部經典的文辭用得太典雅、太簡潔，用來解說極勝妙、極深入的法義，必須有深厚的文學底子以及確實明心及見性了，才能稍微讀懂；所以時至今日，已經有很多人讀不懂或者誤會了，因此而使大師與學人們都無法如實領納到眞正的意旨，所以願意講這部經典的人已經很少了！固然近年來也有人願意出來宣講，卻都錯認妄心爲眞心，或者把妄心的自性錯認爲佛性，嚴重誤導天下人，成爲下焉者。中焉者，則是只能拿著祖師的註解來依文解義一番，無法從自心直接流露而宣講出來，使講者及聞者雙方都覺得講經、聽經是辛苦之事。然而這其實是一部很好、很勝妙的經典，只看講者有無深入實證及方便善巧，也看聽者是否已經親證如來藏了。

「行」的部分主要是在說明《楞嚴經》的大定—如來藏金剛三昧—如何實證，也就是在講大佛頂三摩地顯密修行的法門；意在顯示菩薩眾們必須要能夠具備萬行而不厭倦，才能具足種種行門；當這些行門具足之後，才能有因緣得成果證，這就是行的部分。就是修學佛道之時，身口意行應該如何安住、如何親證、如何通達、如何轉依、如何升進……等行門。

「果」的實證不外乎兩種果：解脫果以及佛菩提果。證果，並非近代大師們所說的修大乘道而證聲聞果，因爲他們所說大乘道其實都是聲聞人所修的解脫道，是把聲聞法解脫道錯認作佛菩提道的般若；因此他們主張所證的果報也都是聲聞果，所以都說大乘法的般若實修成果，即是證得初果乃至證得四果，卻沒有人說過自己是證得菩薩五十二個階位中的某一果位；因爲他們都不懂佛菩提道，也都誤會了聲聞人所修的解脫道實質，都是將不正確、落入識陰中的錯誤的聲聞解脫道—不是 釋迦佛所說的正確解脫道—誤認爲即是佛菩提道；由於不能正確地瞭解聲聞解脫道及緣覺辟支佛道，更不知道正確的佛菩提道，所以他們自以爲開悟大乘般若時，所宣稱的證果都是聲聞果的初果到第四果；而菩薩所修證正確的佛菩提道，悟了以後所證的果位卻都是五十二個位階中的某一位階。

而且，菩薩所修證的解脫果以及佛菩提果，在這部經中也都有加以宣說，所以這部經具足了教、理、行、果等四門。但是也有人將此經判爲十門，現在我們暫不討論它，只說這部經文的經題中已經具足了教理行果等四門，讓大家可以直接地契入此經所顯示的正理而獲得法益，以免落入依文解義及科判等繁文中，反而忽略了重要的法義核心而失去了能使自己證道的機緣。以上是總釋經題，以下就來做別釋：

「**大佛頂**」的「**佛頂**」二字上面，爲何要加個「**大**」字？所謂「大」，我們常常聽善知識說：「橫遍十方，豎窮三際。」可是「橫遍十方」，很多人誤會了，因此衍生了一句話出來，就是「心包太虛」。但是「心包太虛」這四個字，如果以一個有種智的人來講，也可以講得通，也能夠說得圓；可是悟錯的人卻解釋爲眾生的覺知心遍滿虛空，那就變成月溪法師的虛空外道法了。這「心包太虛」四字，容後再說，因爲在本經的稍後內容中自會說明。至於什麼叫作「橫遍十方」呢？橫是空間相，豎是時間相，橫遍十方的意思是說遍一切處以及遍一切識，必須是遍一切處，才能叫作「大」。

「遍一切處」的意思也有許多人誤會了！所謂遍一切處，有二個解釋：第一是遍十方世界的一切處所，第二是遍於有情眾生的十二處。遍於十方世界的一切處所，不是像元覽居士講的遍十方虛空的每一立方公分或者每一立方釐米；而是遍十方虛空一切世界全都有眞如法身，這樣才叫作遍一切處。譬如我們娑婆世界所屬的這個銀河系，它的外緣有一個太陽系，這太陽系裡面的一個小星球就是我們這個地球；而地球上有生命，太陽系的月亮上也有，但不是這種肉身的有情，乃至太陽據說是 文殊師利的道場，因爲他們不是肉體的色身，只是個影像，可以在那邊生存。

太陽系是這樣，我們這個太陽系所屬的一大部洲，也是一樣。這個太陽系有四大部洲，每一部洲都有有情生命存在。除了物質的人類世間以外，還有色界的有情、無色界的有情。也許有人會說：「地球不是遍一切處都有眞如，因爲不是遍一切處都有有情。」請問你：「地球上哪一個地方沒有細菌？」有細菌的地方就有有情，細菌也有牠的眞如心，只是根劣而已；由於五勝義根很低劣，所以沒辦法像我們有這種智慧；因此說，地球上到處都有有情。十方虛空既然無量無盡，所以世界國土也不可限量；世界國土既然不可限量，當然有情也就不可限量，就有無量無數的有情遍於十方世界一切國土，所以也是遍一切處。

另外，遍一切處主要是說遍十二處，我們有六根、六塵、六識，除了六識以外，其餘的六根和六塵稱之爲十二處；而這十二處是六識依止之處，識陰若離開這十二處，就不可能生起，更不可能存在，所以十二處是六識心的俱有依。換句話說，我們的五色根：眼根、耳根、鼻舌身根，加上處處作主的意根，總名六根，這就是六處；另外是六根所相對的六塵：色、聲、香、味、觸、法，也是六個處所，和前面六根總共是十二處。十二處是六識的依止處所：眼識依止眼根處與色塵處，乃至意識依止意根處及法塵處。意識若離開意根及法塵二處，就不能生起及存在，所以意識（離念靈知）只能存在於這二處，不能遍十二處（不遍一切處）。眞如爲什麼能遍十二處而被稱爲遍一切處？因爲這十二處是依附於眞如而生起及運作的，若是離開了心眞如，這十二處就不能存在，更不可能運作。這個道理，現在不能詳細說明，以後在經文中自然會講到，這裡就不先作講述了。

心眞如（如來藏）既然遍十二處，所以是遍一切處；正因爲祂無處不遍，故稱之爲「大」。有些眾生很容易自大，在家裡是一家之長，到了辦公室是一個單位之長，或是一室之長，當個小主管也算是大；同理，在十八界中，眾生都覺得自我最大，自我即是見聞覺知的心——識陰等六識。因爲作主的意根被意識說服而認爲六識心才是最大的，意根本身不會思惟；祂相信了意識的觀察，把能分別的意識當作自己，於是意根與意識功能合爲一心時，就說自己最大，說自己能作主也能分別；可是意根與前六識都不遍十二處，既然不遍一切處，當然不會被 佛陀說爲最大的法。

離念靈知是意識心或者六識心，都不遍十八界：眼識在六識界中就只能在眼識界中存在，沒有辦法在耳識界中生存，並且於存在的每一刻中都要有眼根與色塵作爲所依止之處所；意識可以普遍接觸前五識，卻又不能在前五識的境界中安住，何況能住於十二處（一切處）中？所以意識也不遍一切處。而且六識每一心都不能互遍於其餘五識心中，何況能遍六根與六塵等十二處？既然不遍，又怎麼能叫作「大」呢？

無知的錯悟者落入離念靈知意識心中，自以爲所「悟」的離念靈知即是萬法的總源頭；但其實並不是萬法的總源頭，所以就被眞悟者叫作「自大」——以「自」爲「大」，或是自以爲「大」；由於自大的緣故，就不肯接受眞善知識教導的如來藏正法妙義，爲了名聞與利養而開始無根誹謗眞善知識的法，或是匿名專作莫須有的人身攻擊。眾生也不能瞭解這個道理，都以爲自己最大，所以就沒辦法接受眞正的解脫道無我法，總是堅持說意識自己是不會滅壞的，於是成爲常見外道。落入意識覺知心之中，當然就不離意識境界的貪、瞋、癡，因爲意識能與這三毒相應（眞如心卻是從來都不與這三毒相應）。眞正的「大」，一定要能遍一切處——遍十二處；如果能再加上遍一切識而遍十八界，才能眞的稱之爲「大」，這才是「大佛頂」所說的「大」。

接下來說「豎窮三際」，從過去無量劫之前，一直到未來的無量劫之後，心眞如可以窮貫三際：前際、現在際、未來際，所以叫作「豎窮三際」。從時間相來說，心眞如之法，在還沒有這個太陽系之前就已經存在了，在還沒有宇宙大爆炸之前就已經存在了。十方虛空中的宇宙是經過很多、很多次的成住壞空，才有現在這個模樣的十方虛空世界；可是在這個世界形成之前的無量劫，再加上恆河沙數的無量無數劫之前就曾經存在的宇宙山河大地，而一再地成住壞空，不停地變異著，無法計算宇宙是從什麼時候開始有的；但是，在無始劫以來就一直不停地成住壞空之前，心眞如就一直都存在著。窮盡諸佛威神之力也無法看見宇宙山河是什麼時候開始成住壞空的，換句話說，十方世界沒有一個特定的時間可以說是從那時開始，是本來就不斷地成住壞空著；而被稱爲心眞如的如來藏心，卻是與宇宙一樣本來自己存在著；宇宙是因祂而有的，所以說祂無始劫來恆常自在——窮追前際而不能測知何時有始。

過去際如此，來到眼前當下，心眞如也仍然如此地存在著啊！當祂在的時候一定會有作用，但這個作用得要等你悟了才會知道。然而現在這個時際，也是剎那剎那轉變的，一剎那又一剎那，不斷地一直推移——一剎那又一剎那地一直在過去；但是在當前的每一剎那之間，心眞如都存在而不曾間斷，所以叫作現在際；只要你悟了，就可以這樣子現前體驗祂。那麼未來際呢？祂仍將永不壞滅，才能使阿羅漢滅盡十八界自我而入涅槃以後，不會墜入斷滅空之中，因爲祂永遠都沒有壞滅或止盡的一天，也沒有任何一法可以壞滅祂，所以無餘涅槃才被 佛陀說爲眞實、常住不變；也正因爲後際永無止盡的緣故，才能使菩薩三大無量數劫修行之後得以成佛；亦正因爲如此永無止盡，成佛以後才不會變成斷滅空。由於如來藏心永遠都具有這種無始、無終的特性，所以說祂豎窮三際；能夠這樣豎窮三際的緣故，當然可以稱爲「大」。

十八界全都從心眞如中出生——是以無明、愛、業爲緣而從心眞如中流注十八界種子，所以出生了十八界。十八界中的心法，除了識陰等六識以外，還有另一個心——意根；從無量劫以來，意根就隨著心眞如而不間斷地現起運作著，也沒有辦法推知祂是何時開始出現及運作的；因爲一切有情的心眞如，無始劫前就已存在，那時就已經現起意根不斷地運作著。這意根固然是隨著心眞如而無始恆存，但在未來卻是可以斷滅的，卻又不是必定滅。爲何這麼講呢？這是因爲這個處處作主的意根，在夢中也是時時作主的；正在睡著無夢時，見聞覺知的你——離念靈知的你已經消失了，那時能作主的意根你，還是繼續存在、繼續運作著；這可就難會了，但是一旦證悟如來藏了，就很容易找到意根了。

這個意根，從過去無量劫以來，也是沒有一個開始的。有人也許要問：「爲什麼祂沒有開始？」我必定會這樣回答：「法爾如是。」確實本來就這樣。以前有人遞過紙條，投進般若信箱來問：「如來藏是怎麼修成的？」但如來藏並不是修成的，祂是大家都本來就有的，不是由誰以什麼方法去修成的。那麼或許有人又問：「如來藏從什麼時候開始存在？」我們回答：「沒有開始。」所以叫作無始。然後又有人問：「如來藏爲什麼沒有開始？爲什麼本來就在？」我說：「法爾如是。」你問我，我是這樣回答；你再去問諸佛，還是一樣的回答——諸佛菩薩莫不如是回答，因爲這是法界中的眞相。如同「一個人加一個人爲什麼會是二個人？」同樣是本然如是而不必回答的問題，同樣是沒有道理可以解釋的，因爲這是法界中的實相，是法界定律。

也就是說意根，和如來藏—我們的心眞如—從無始劫以來就在，一直都是這樣一世又一世轉移過來，同樣是無始的。可是，經由修學解脫道，意根也可以壞滅；在不迴心阿羅漢們入無餘涅槃時，意根是必須、也是會被滅除的；但是如來藏（心眞如）卻永遠滅不了，不論凡夫或實證解脫道或是實證佛菩提道以後，都將永遠如此。不但你無法消滅祂，即使合十方諸佛所有威神之力爲三界中最大的威神力，也都沒有辦法來破壞、消滅一隻小螞蟻的如來藏——心眞如。由於三界萬法都從心眞如而生，當然也就沒有一個法可以用來壞滅這個心眞如，即使是十方諸佛也一樣沒有這個能力，所以祂是常住不壞的心，所以叫作「金剛心」。常住不壞而被稱爲金剛之心，當然就有資格被稱爲「大」。

世間所有的金剛都是可以毀壞的，連最硬的金剛鑽，拿鐵鎚一敲也就破碎了；那最硬的精鋼，極高溫的火燒也可燒熔。「金剛」畢竟只是世間的名詞，三界中沒有一法是眞正的金剛；但是卻有一個眞正的金剛，就是這個空性心——心眞如，又名如來藏、阿賴耶識；祂永遠都無法被毀滅，窮盡過往無量劫以來，不曾有一個有情的心眞如被毀壞；盡未來際也將如是，全都不會被壞滅。但意根卻是可以毀壞的，可是想要毀壞意根的人，若以修定的方法，縱然修得四禪八定都具足了，還是壞不了祂，所以外道都是無法毀壞意根的，必須依靠佛門中的聲聞解脫道智慧，才能毀壞祂。現在的佛教界學人，似乎沒有人看重智慧，都迷惑於裝神弄鬼的奇異現象；而那些裝神弄鬼的大師們卻都沒有能力毀壞意根，因爲他們連意根在哪裡都還不知道。唯有已得盡智或無生智的聖者才能夠毀壞意根，也就是佛門中的阿羅漢、辟支佛、無生法忍菩薩。

盡智是聲聞極果聖者所證十智中的第九智，也就是證得解脫而滅盡自己五蘊十八界的智慧；無生智是聲聞十智中的第十個智慧，表示他已經具足解脫知見，也能爲人宣說了。有人證得盡智，獲得八解脫的解脫果；可是卻還沒有解脫知見，就無法爲人宣說；所以才會有周利槃特伽應供以後，卻請舍利弗尊者代勞，來爲施主說法回報；這就是當時有盡智，卻還沒有無生智。但是有無生智的人一定有盡智，也就是有了解脫之時另外還有解脫知見，才能夠爲人具足宣說：如何才能證得解脫果，如何才能出離三界生死。

我在《邪見與佛法》書中說：**阿羅漢不證涅槃，菩薩才能證得涅槃**。我們也常常講：**菩薩有時候不證解脫，但是卻已證得涅槃**。這就像我們正覺同修會中明心的人，已證得無餘涅槃中的本際，卻是還沒有具足證得解脫——捨報以後還無法入住無餘涅槃中。無餘涅槃中的本際，其實正是心眞如，你已經證得了；可是如果要你現在就出離三界，卻仍然做不到，因爲思惑還沒有斷盡。有時候我說菩薩證得了涅槃也證得了解脫，有時候我說阿羅漢證得解脫而不能證得涅槃；有時候又反過來說阿羅漢有證得解脫也有證得涅槃，因爲他死時就能入無餘涅槃。

這一些說法，有時候聽起來好像是自相衝突的，但其實都不衝突。如果你已經證得無餘涅槃中的本際——心眞如，遲早都能像我一樣爲人具足宣說，讓那些明心的人能夠領受、體驗，證實確實是如此而無絲毫衝突與矛盾。隨著你的開示而實證的人，親自走過這個歷程以後，也將同樣具有這種超勝的解脫知見，這其實正是藉著親證心眞如而引生的般若智慧；具足了這種大乘解脫知見的時候，就一定會想辦法斷除煩惱障、親證解脫果，但是仍然會留著一分思惑永遠不斷，借著這一分思惑永遠不斷而繼續受生於人間，成就八地解脫及無生法忍，最後成就究竟佛道，這樣叫作大乘的解脫知見。

慧解脫阿羅漢們，正是由於證得蘊處界無常故空的解脫知見，正是基於非斷滅空的解脫知見，就知道意根是可以壞滅的——用盡智或者無生智滅祂。雖然沒有神通、也沒有具足四禪八定，不能像證得第四禪的凡夫一樣坐脫立亡，但是捨報時意根將不會再現起而會永遠消失了；意根既然不現起了，剩下如來藏—心眞如—離見聞覺知而不再出生中陰身，不再入胎出生五陰，就出離三界生死的一切痛苦了。出三界時意根也就永斷了，意根斷除了，其實就是你的五蘊自我消失了；全部的自我已經消失了就是入無餘涅槃，所以說你其實並沒有出三界，是你的如來藏不在三界中示現了。

當你可以現觀如來藏出離三界的境界時，你就是沒有出三界了；卻又反過來說如來藏沒有出三界，因爲祂本來就在三界外，何必再出三界？由此可以清楚了知，作主的我——意根，是可以斷滅的，是無始而有終的。只要實證了解脫道的極果，你就可以成爲意根的終結者，這樣你就是慧解脫的阿羅漢；但是證這個阿羅漢果—證這個解脫果—其實並沒有證者，只是你將來死後完全消失掉了、自己全部滅盡而不再出生後有了；是把你自己滅盡了所以叫作「度」，因此《金剛經》就把這種解脫境界叫作「滅度」，不叫作「生度」。在二乘法中專修解脫道的人，度到生死彼岸時是沒有一法不滅的，一定是滅盡了自己五蘊全部才能得度，所以稱爲滅度。

但菩薩的度生死，卻是不滅自己而仍然能度過生死；這是因爲必須要具足實證四種涅槃才能成佛，不同於二乘聖人只證有餘、無餘涅槃；所以菩薩很清楚了知：意根是可以滅的。卻又很清楚的觀照到：我們的心眞如，不但自己無法把祂滅掉，乃至十方諸佛合成一個威神之力，也不能壞掉任何一個有情的心眞如——如來藏。縱使小到如細菌的心眞如，都沒有辦法被壞滅，因為三界中沒有可以毀壞心眞如的法。而且菩薩尚在生死之中，就已經現觀、已經親證自己的心眞如是本來就無生亦無死的，所以生是在心眞如的涅槃中生，死也是在心眞如的涅槃中死，所以是在生死繼續不斷的過程當中就已經是沒有生死的了！這才是菩薩的度生死，但是這個度生死，仍然是以心眞如的本來無生亦無死來證的，而不迴心阿羅漢入了無餘涅槃以後的離生死，仍然是他們自己的心眞如繼續無生亦無死。

既然說心眞如（如來藏心）在未來際永遠不滅，現在一直現行運作不斷，而過去無始以來就一直存在，祂豎窮三際—前際、今際、後際—一直都存在著，是永遠而不滅的，當然說祂有體恆常住的體性。具備這樣的功能與出生萬法的體性，才能稱之為「大」。換句話說，要能遍一切時、恆常存在、運作不斷、出生萬法，才可以稱之為「大」。由此可知，凡是證得無念靈知心、離念靈知心、一念不生的靈知心，或者不接觸外五塵的靈知心，都不能稱為大，因為祂是不遍一切時的意識心，這個心量是永遠都不大的。

即使入定十天半個月一念不生，遲早總得要出定；出定以後，事情忙完了也就累了，到了晚上又要睡覺，睡覺眠熟以後，離念靈知心不曉得哪裡去了，根本就找不到祂；找不到祂，是因為斷了、滅了；要到明天早上意根作意想要醒來，才能讓離念靈知心意識再出現。因爲離念靈知不能遍一切時，所以不能稱之爲大。祂一點兒都不偉大，有時候出現、有時候又消失了；不論他的定力再怎麼好，人家拿棍子往他頭上突然打一棒，就昏迷了，離念靈知就不見了！這樣會中斷、間斷的法，怎麼能叫作「大」呢？只有我們的第八識如來藏——心眞如，才能稱之爲大，因爲不管被打了悶絕，或是被注射麻醉藥導致昏迷了，祂也都照樣存在運作；死了、入了無想定、入了滅盡定，意識斷了，心眞如還是照樣在運作，沒有一剎那停止，遍一切時存在，才有資格被叫作「大」。

橫遍十方、豎窮三際，才可以被叫作「大」；但是「心包太虛」卻不能叫作「大」，因爲太虛只是一個名相、觀念、認知而已，所說的心也只是虛妄生滅性的意識心而已。這個名相、觀念、認知，存在靈知心當中；依這個名相，方便說靈知心大，其實不是眞正的大；這個部分在後面經文中會開示，現在先不談它。

第八識眞如心——如來藏，是五蘊根塵識之本源，所以叫作「大」；祂普遍含容一切法，所以稱之爲大。六根中的五色根（眼根、耳鼻舌身根），都由祂所生，父母和食物只是一個藉緣而已；父母其實不能製造你的五蘊，只有你自己的心眞如能造生你自己這個五色根及覺知心。每一位身爲媽媽的人，都不知道自己是如何創造出兒女的色身；但是我可以先稍微講一點，這個造身的功能叫作如來藏的大種性自性；心眞如能攝持色法四大，把色法攝持了以後，依照業力而把四大元素聚集起來、變化成這個色身而出生在人間。

人間的五色根，加上能夠作主的意根，都是由心眞如所生出來的，所以祂含容了六根——祂是六根的根源；藉著六根的具足，就能用六根觸外面的六塵，才有外六入；藉外六入的外相分而變現了內相分的六塵等法，才會有內六入；四阿含中說的外六入與內六入，就是這個道理。在祂變現了內相分的六塵以後，見聞覺知的你才能出現，然後你才能接觸到這內相分六塵——這就是四阿含諸經中所說的內六入。外六入的外六塵，並非十八界法中的六塵；十八界法中的六塵，是指內六入的六塵，當然是說內相分中的六塵，這才是阿羅漢們入涅槃時所滅掉的六塵。一切有情從無始以來並沒有接觸過外六塵，把接觸外六塵時產生的外六入，轉變爲內相分六塵而使覺知心獲得內六入，是色陰五色根、意根與心眞如阿賴耶識的事，所以不是由覺知心來接觸外六塵的。一切有情每一世的覺知心所接觸到的都是內相分六塵，而這個內相分六塵是如來藏所變現出來的，所以六根六塵的根源都是如來藏；祂既然是六根六塵的根源，當然更是六識的根源，所以是整個十八界法的總根源，所以稱之為「大」。

有了六根六塵互相接觸，在接觸的地方就出現了六識（當然包含了識陰中的意識——有念靈知或離念靈知），六識是依六根六塵為緣才能出現的，六根與六塵若不存在時，或者意根不想了知六塵時，六識就無法存在；而六根六塵都是如來藏所生，六識出現時——也就是見聞覺知的你出現時，也都是由如來藏流注出六識的種子，你覺知心才能出現、才能醒過來。這樣看來，十八界都是從如來藏中出生的，只是直接出生、間接出生、輾轉出生的差別有所不同，所以如來藏是十八界法的總根源；祂既然是十八界法的總根源，所以如來藏這個心眞如，當然就是十八界背後的眞你呀！（外道說的常住不壞的眞我，主張是正確的，實證卻都是錯誤的，才會落入神我、梵我、冥性、大自在天、大梵天——天父、自然……等之中，都是外於自己眞心而求實相，故名心外求法，心外求法故名外道。）所以如來藏就是你自己的根源呀！放諸十方三世而皆準。既然如此，當然可以稱之為「大」——祂最大而你不大。你是被祂所生的，怎能叫作「大」呢？所以離念靈知心（意識、直覺），都不能稱之為「大」，所以「大佛頂」的大字不是指意識離念靈知心，而是心眞如—

——第八識如來藏。

此外，三界六道的所有一切法，都依附於十八界而現行，若沒有十八界就沒有這一切法；一切法由十八界所生，十八界卻由如來藏生，所以如來藏又叫作一切法。一切法以祂爲根源，一切法從祂而生，有的是直接生、有的是間接生、有的是輾轉而生，既然祂是一切法的根源——十八界的根源——因此才可以稱之爲「大」呀！黑幫社會也一樣，要認個老大，當然是他能夠維持這一個幫派的存在——這個幫派依附於他才能興盛地存在，所以他被尊稱爲老大！雖然不一定最老，但一定稱爲老大。同樣的道理，十八界等一切法全部都依於如來藏而出生，既都由祂而生，所以祂能被稱之爲「大」。我們任何人都不能稱之爲大，菩薩也不敢自稱爲大，乃至等覺也不敢自己稱大，只有諸佛可以稱「大」，因爲佛的七識心已經與如來藏完全契合相應，一切種沒有不知道的，所以才能稱之爲「大」；但是諸佛自己也不會自稱爲大，因爲已經究竟無我。

此外，如來藏心又有一個特性，也就是說，不管是凡夫、二乘的四果聖人、辟支佛或者是菩薩，從凡夫地直到等覺地，乃至最後到了究竟佛地，都還是同樣這一個心眞如，永遠都是第八識如來藏；既然永遠是這個第八識，從凡夫地中最下賤的有情，一直到最究竟的佛地，都是這個心，當然這個心有資格被稱爲「大」。

另外，這個心還有一個特性——縛脫不二；當有情被三界繫縛而輪轉生死的時候，一切有情各都本有的祂，體性照樣是本來性、自性性、清淨性、涅槃性，永遠不改易其性；你悟了，祂是這樣；你成爲阿羅漢、辟支佛時，祂還是這樣；乃至你修到三大無量數劫之後成佛了，祂還是這樣。我們在輪迴生死的時候，祂是這樣；到了不輪迴生死，可以出三界的時候，祂還是這樣；繫縛與解脫，對祂來講並沒有差別，是不二性，所以才叫作「大」。

有學聖人、四果阿羅漢，還沒有出三界之前—還沒有入無餘涅槃之前—還是或多或少有繫縛。慧解脫的聖者無法隨時入涅槃，因爲還有一部分繫縛：**在有餘涅槃位還是有繫縛——還有定障，要待時解脫，所以也被叫作時解脫。**但阿羅漢入了涅槃以後，祂還是那個樣子；證果者都有證得解脫以後入涅槃前的繫縛，凡夫位的有情則有輪迴生死的繫縛，但是一切凡聖有情身中的如來藏從來都沒有生死繫縛。繫縛，只是依這個第八識而說眾生被繫縛；解脫，也是依這個第八識而說有情證得解脫離繫；而祂自己無始以來既不被繫縛、也無解脫，永遠是縛脫不二，所以祂叫作「大」。

但是見聞覺知、處處作主的心——有念及離念的靈知，並非縛脫不二；阿羅漢入涅槃以後，處處作主與見聞覺知的心不見了、斷滅了，而如來藏自己獨住時並不了知自己的獨住與解脫，怎麼可以說祂有解脫呢？凡夫自殺也無法解脫，因爲還會再去投胎；但是當阿羅漢滅盡十八界——見聞覺知心、五色根、處處作主的意根通通消失了，而第八識如來藏依然自在，祂自己卻不了知生死、也不了知涅槃，從來都不了知自己正在生死與涅槃中，所以叫作縛脫不二。這樣子，無始劫以來，乃至未來無量無邊劫以後，祂都將永遠如此，從來不改易其常住不變、無生無死之本來清淨自性，所以稱之爲「大」。七識心有斷滅的時候，心眞如——如來藏第八識卻從無始以來乃至盡未來際都不可能斷滅，這才能稱之爲「大」。

「大」字講完了，何謂爲「**佛**」？能夠覺照一切法、能夠如實了知實相、永遠離棄虛妄想，永盡無餘，就叫作佛。佛又稱爲覺者，因爲解脫道和佛菩提道都圓滿具足覺悟了。對二乘人來說，凡是四果阿羅漢，不論是慧解脫、俱解脫、三明六通大解脫，沒有不證得解脫道的，可是阿羅漢所證的解脫仍不具足、仍未圓滿。想要證得解脫果而出三界，只要斷除煩惱障的現行就行了，不必斷除習氣種子的流注；所以阿羅漢有時起一念輕微的貪，有時起一念輕微的瞋，有時起一念輕微的癡——無明，但是都不會相續，這稱之爲斷現行而不斷習氣種子。

當阿羅漢被誹謗時，也會起微瞋，要求無根毀謗者要對眾懺悔；阿羅漢吃到美味佳餚，也會起輕微的貪，但是不會再貪第二口，這是只斷現行而不能斷習氣種子；而諸佛將現行與一切習氣種子全部斷盡，才是究竟圓滿的解脫。因此菩薩明心之後進修道種智，初地之前是斷分段生死現行，卻刻意保留一分思惑，用來滋潤未來世再出生的種子；而初地起已開始斷除習氣種子了，也就是在一切時、一切地去觀照、斷除自己的習氣種子；經過兩大無量數劫，煩惱障的習氣種子隨眠都斷除掉了，因此到達究竟佛地時全部淨盡，所以是眞正究竟的涅槃，因爲已到究竟解脫之境界了。

諸佛雖然都沒有入無餘涅槃，常住三界中利樂眾生永無盡時；但也說是已經證得無餘涅槃，因爲諸佛的涅槃解脫境界遠遠超過阿羅漢了。阿羅漢只斷煩惱障的現行，都已經可以證得無餘依涅槃；諸佛不但同樣斷除煩惱障的現行，又進而斷盡了煩惱障的習氣種子，當然更有能力入無餘涅槃；但是爲了利樂有情，爲了受持十無盡願，所以永不入無餘涅槃。假若諸佛想要入無餘涅槃，一刹那間就可以進去了，隨時隨地都可以立刻捨壽，不像俱解脫阿羅漢提前入滅時，還得要坐下來入定加行以後再入涅槃。

雖然諸佛都以獅子奮迅三昧而入涅槃，但都只是表相上的示現罷了，其實是常住於無住處涅槃的，所以是時時刻刻都不必有什麼加行預備就可以入無餘涅槃的。阿羅漢們卻不一樣，即使是證得俱解脫果的人，也要從初禪轉進滅盡定，然後轉入無所有處定中，才把自己滅盡，因此佛的涅槃不同於阿羅漢的涅槃。諸佛是依於如來藏的不生不滅性而證涅槃的，阿羅漢是不證如來藏的；諸佛是滅盡煩惱障的習氣種子，並且滅盡所知障隨眠——塵沙惑，所以叫作大般涅槃，當然不同於二乘涅槃。

有很多人不瞭解：**爲什麼佛可以稱爲阿羅漢，阿羅漢卻不能稱之爲佛？**這是因爲對聲聞解脫道不如實了知，對佛法更不能如實了知，所以這個問題在近代佛教界一直沒有解答，也就繼續諍論不斷。有些人嘗試去尋找答案，可是卻都弄錯了；如同應成派中觀見及日本一分批判佛教的學者一樣，都沒有認識清楚而把解脫道當作佛菩提道，把阿羅漢當作是佛；直到我們的《邪見與佛法》、《宗通與說通》出版以後，大家終於漸漸地弄清楚了：**正因爲沒有證得佛菩提道，所以阿羅漢不能稱之爲佛；正因爲有佛菩提道圓滿具足，所以可以稱之爲佛。**諸佛因爲解脫道的修證也已具足圓滿，所以也可以稱爲阿羅漢；可是阿羅漢沒有證得佛菩提道，解脫道也還沒有具足圓滿——仍有無量的習氣種子隨眠著，所以不能稱之爲佛。

換句話說，「佛」之所以稱之爲佛，不但解脫道中的習氣種子得要全部滅盡，還得要佛菩提道—也就是大菩提—能夠具足圓滿證得；而這個佛菩提道必須要從明心開始，再藉著明心來修證般若的別相智；經由般若的別相智再來修證一切種智（一切種智尚未圓滿之前叫作道種智），所以初地到十地法王的一切種智都稱爲道種智；當一切種智圓滿具足了就稱爲一切種智，具足證得一切種智時就成佛了。而阿羅漢們從來不曾涉及這部分的實證，所以不可能成「佛」。

佛菩提道爲什麼又叫作大菩提呢？因爲具足一切種子的智慧，並且已同時含攝解脫道的一切修行內涵，不是只有斷除三界愛的現行。惟有具足圓滿解脫道及佛菩提道了，才能稱之爲「佛」，阿羅漢既然不知佛菩提道，甚至都還不曾證得心眞如——尚未入門，當然不能稱爲「佛」。諸佛卻都可以同時稱爲阿羅漢，譬如教授可以說自己同時是小學生、中學生、大學生、碩士、博士或是教授，但是小學生只能說自己是小學生，其他的身分都不許自居。所以阿羅漢雖然能出三界，捨壽前仍然要繼續跟著佛學習，因此大迦葉、須菩提、舍利弗、迦旃延……等人，雖然已經成爲慧解脫或俱解脫的阿羅漢了，仍要迴心而轉向大乘法中來修學菩薩道——成佛之道。

此外，諸位若是把「佛」字拆開來，是什麼意思？是「弗人」，意思是說「不是人」、「沒有人」。所以若有人罵你「不是人」，你就說：「謝謝你恭維我。」因爲諸佛都不是人，所以這個恭維眞是無上的恭維。佛爲什麼「不是人」呢？因爲眞佛是依第八識來說的，如果是依五色根和七轉識來說，那麼「佛」就變成有生滅的法，有生滅的法就不值得我們追求。爲什麼又是「沒有人——弗人」呢？因爲佛是究竟證得無我者，已到究竟的無我，才能稱之爲「佛」。「沒有人」就是沒有我，這個五陰我卻是我性具足的。必須是究竟的無我者，所以能稱之爲「佛」。

既然不是人，也可以稱之爲「不是天、不是神、不是鬼、不是狗、不是魚、不是鳥……」，這才是人人都本自具足的眞佛，阿羅漢卻不懂眞佛。有些人錯把未悟阿師猜測而說的話當眞：「悟後就會有六種神通。」所以有人來問禪師：「你不是悟了嗎？何不變個什麼給我看？」禪師回說：「不是神、不是鬼，變個什麼？」眞悟的人聽了，就知道問話者還在外門修菩薩行，還不懂佛法；眞悟的人也知道：不是人、不是鬼。那到底是什麼？

此外菩薩利益眾生時還得要用七轉識來運作，而佛可以隨緣任運的來利益眾生：佛地的第八識可以和二十一個心所法相應，佛的無垢識除了五遍行以外，連別境五心所、善十一心所，也可以直接相應。這樣才可以稱爲佛，這不但是阿羅漢們所不知的，連等覺菩薩都做不到。既然這個第八識眞佛是從來不睡覺的，所以祂隨緣任運，一切時都可以利益眾生；因此，有人問廣欽老和尚說：「我做生意很忙，洗過澡，已經半夜了，不能每天在中午之前供佛；等到夜裡忙完了明天要做的買賣時，都已經凌晨二、三點鐘了。明天一覺醒來時又過午了，也立刻要出門了，一樣沒有時間來供佛。那我晚上打烊以後回家時才供佛，行不行呢？」廣老說：「沒有關係！因爲佛從來不睡覺。」爲什麼說「佛」不睡覺？因爲是說無垢識；佛的第八識可以和二十一心所法相應，而且祂恆、常，永遠都不睡覺；而且色究竟天中的報身佛也是從來不睡覺的，所以說佛是不睡覺的；只有降生人間獲得人類色身的等覺菩薩與佛，有時還要睡眠或入定休息。

如果有人說已成佛了，卻還要每天睡大覺，你可以說他是假佛，因爲那是色身、五陰之法，他的眞佛是從來不睡覺的。佛是不睡覺的，當累了、背痛了，就吉祥臥，叫舍利弗說法；身體雖躺下來，但是沒有睡覺，進入定中休息；如果色身違和而必須睡眠時，也是眠熟無夢的，但阿羅漢睡覺時卻還是有夢。提婆達多連阿羅漢果都沒有證得，卻自稱是佛，所以也學這樣子，結果卻不久就睡著了；此時舍利弗就來說了一段法，讓大家斷我見等等，就把人都全部度走了！等提婆達多醒來時，人都走光了；這是因爲他還不懂佛陀的境界，不懂眞佛與假佛的異同。眞佛是永遠都不睡覺的，然而眞佛化現的應身佛卻是每夜都要入定或小睡一番，才能維持色身正常地久住人間利益眾生。諸佛都能轉變第八識成就大圓鏡智，可以遍一切時隨緣任運地利益一切眾生，不須要透過七轉識才能運作；有這樣的境界，才能稱之爲究竟位的佛。

所以外面有很多人罵我說：「蕭平實很傲慢。」其實我一點都不敢傲慢，因爲我大約知道佛的境界是什麼，只要一想到佛就不敢起慢，因爲實在差太遠了！除了佛以外，等覺菩薩、十地法王也都難以想像；即使是八地菩薩的眠熟無夢境界，我都達不到，又怎敢生慢呢！會外的人是只看表相的，只看我一天到晚破邪顯正，就說我慢。但我其實哪兒敢慢？只是爲了度眾生，得要破邪顯正；爲了救護有情免墮惡道，得要破邪顯正；但是，破邪顯正不等於是起慢。可是不瞭解什麼是佛的人，反而會生慢而虛妄的評論我，他們動不動就說：「一悟就到佛地，悟了就是佛，悟後不必修行，你蕭平實講：『悟後還要修行，直至成佛。』那表示你還沒有悟。」他們悟錯了，卻說只要悟了就可以成佛，悟後根本不用再修行；我所說的則是悟了才只是第七住位，還沒入地，成佛之道還很長呢！那麼到底是誰有慢呢？

諸佛境界，不可思議，不是一般人所能知道的，並不是單單盡未來際不斷絕、不休息而隨緣任運的利益有情就可以稱之爲佛，而是要具足解脫道及佛菩提道的。此外，佛又稱爲「覺者」，覺悟有很多的層次；我們已經講過《大乘起信論》了，大家都知道：一切眾生都有本覺——不可知之「了」。這是說眾生的第八識都具備了能夠了知六塵外一切法，以及興造五陰身及山河大地等等功能差別，這個就是第八識的功德以及祂的力用——能力與用處。這一種功德力用是一切有情的第八識本來就有的，不是修行以後才有的。

「本覺」是依於第八識來說，第八識是本來無念之心，般若經中叫作不念心；因爲祂具有從無始劫以來就不曾想念六塵諸法的無分別性，卻又有外於六塵的了知性而了知眾生所不知的一切法的功德性，所以叫作本覺。依本覺來說始覺，就是在剛剛明心時，體驗清楚而證實確實有這麼一個本覺的心：我在想什麼，祂都知道；即使我心中一念不生而起了作意，祂也知道，根本騙不了祂。當你一旦明心證悟了，能現前領受第八識這種本有的六塵外的覺知性；知道這就是本覺時，你就是剛剛覺悟的人，名為始覺位的菩薩。始覺佛菩提道，又叫作「般若正觀現在前」，就成為進入第七住位的賢位菩薩；然而依七住位菩薩的始覺來說，由於阿羅漢沒有證得第八識的本覺，所以就說定性阿羅漢是大乘法中的不覺，於實相不覺所以叫作「愚」。阿羅漢雖然已不是凡夫了，卻仍然是愚人。依本覺和始覺來說，一切的凡夫（未悟和錯悟者）也叫作不覺，因為法界的實相，他們完全不能覺悟。又依這個本覺來建立隨分覺：菩薩覺悟實相心成為始覺以後，繼續深修般若智慧，乃至進而修學種智—更深入修證諸地應有的種智——一分分實證、一分分悟入，即是漸悟；所以頓悟之後才有漸悟，漸悟是屬於後得無分別智中的別相智，也是修學諸地的道種智；這些漸悟位就稱之為隨分覺。入地後如果已經過二大無量數劫的地地轉進增長，最後究竟具足圓滿，就稱之為究竟覺，究竟覺就是成佛，才叫作覺者，是眞實而究竟覺悟的人。

當今之世，還沒有覺者。地球上所有自稱成佛的人，其實都還沒有找到自己的第八識，法界的實相絲毫不知，如來藏的運作更絲毫不知，連始覺的功德都沒有，怎會是覺者？他們既沒有始覺就沒有隨分覺，當然更不可能有究竟覺，那能成佛嗎？所以那些人自稱成佛，都叫作假佛，不是眞正的佛，因爲他們的我見都還很堅固地存在著，都仍然很明顯地運作著，連聲聞初果功德都沒有證得。所以菩薩如果有善知識的攝受，從證悟開始，直到成爲等覺菩薩、最後身菩薩即將成佛的一刹那，都不敢自稱成佛，乃至心中都不敢生起已經成佛的念頭，如此的菩薩怎會有慢？

維摩詰大士去度那些阿羅漢時，雖然阿羅漢們都很怕他，但是他心中完全沒有慢；甚至於在說法之前—要把他們問倒之前—都先向阿羅漢頂禮，這表示阿羅漢們心中都有慢（你如果讀過玄奘菩薩所翻譯的《說無垢稱經》，就知道維摩詰大士其實根本無慢，雖然他破斥阿羅漢們時都很嚴厲）。阿羅漢還沒有進入七住位，後面還有十住、十行、十迴向、十地，距離等覺位的修證眞是太遙遠了，但是等覺菩薩竟然向阿羅漢們頂禮。且不說阿羅漢們尙未明心，即使是我的證量，當我見到這一世的師父時，也會向他頂禮，雖然他連我見都沒有斷；因爲菩薩是不壞世間法而證菩提，如果說菩薩證了菩提就欺師滅祖而不認世間表相法中的師父，那就不對了！雖然爲了救眾生時，對凡夫位的師父一視同仁的舉例而破邪顯正，但是見面時仍然會頂禮他，同時會呈上供養的紅包，絕不會生起輕慢心而不肯禮拜他，這樣才能稱之爲菩薩。菩薩就得要這樣去修，到最後身菩薩，只剩下那極微細、極微細的一點點慢習也要斷除掉，這才成佛，所以佛是沒有慢的。

有些人根本不知道，看到佛經裡記載：佛若不是說這個外道錯了，就是說那個外道錯了；若有弟子做錯了，佛就立刻叫他來指正。因此就說 釋迦佛還是有慢。密宗更荒唐，硬說證得佛位以後就要起佛慢，用佛慢來代替卑慢、過慢，想要用這種「佛慢」來降伏對方，眞是很荒唐的邪見。這一些妄想之論，我們以後慢慢地會在其餘書中寫出來辨正。由前面的說明，大家才能稍微瞭解「佛」；因爲對佛有如實的了知，就不敢生慢；即使看見只是木雕石刻的佛像，還是恭恭敬敬地禮拜供養，因爲它代表佛的住世。

接下來說「**頂**」。大佛的「**頂**」，「頂」就是最高的地方。爬樓梯爬到第十樓，十樓上還有屋頂，再也上不去了，所以才叫作屋「頂」。至於什麼是大佛之頂？也就是一切三界世間之法都不出其上；所有的世間法不能超越第八識，超越了第八識即是沒有法；因爲世間、出世間一切法都在第八識的範圍中存在，三界六道都在第八識的範圍裡面，決不在你的見聞覺知心中。因爲見聞覺知心依六根與六塵而有，而六根與六塵又依如來藏而有，都是如來藏所生的；所以說，三界中沒有一法能夠出於如來藏之外、能夠出到如來藏之上，全都在如來藏所函蓋之中。

不只有現在，過去無量劫之前也是一樣，未來的無量劫之後還是一樣。既然一切的世間法，都不能出於如來藏之上，所以說祂是一切世間法之頂。一切的佛法—三乘菩提法—也都不能出於第八識之上，所以第八識是大，也是諸佛之「頂」。一切佛法都用二個主要道來函蓋完畢，密宗自己另外加了第三個主要道——密宗道，那是邪見與妄想，且不提它（編案：詳見《狂密與眞密》四輯的辨正）。解脫道和菩提道這二個佛道，函蓋了一切佛法，由這二道衍生出無量無數的佛法，所以十方諸佛可以說法無量；但是歸根究柢，這一切的佛法全都是依第八識而說的。

就百法明門來談：八識心王沒有一法是可以離開如來藏的，五十一心所法中的五遍行、五別境、善十一、六根本煩惱、二十隨煩惱、不定四個法，也全都不能出於如來藏之外，接下來的十一個色法也是不能離開如來藏而生起、而存在；隨後的二十四個心不相應行法，更是見聞覺知心所施設出來的，但這二十四法及覺知心也都依如來藏才能生起及存在。

最後的六個無爲法，也未超過如來藏之外：眞如無爲是依眞如心的眞實與如如的無爲體性來建立，依附於如來藏而說有眞如無爲；不動無爲是第四禪，是意識所住的境界，但意識若滅了，第四禪也就滅了，而意識依附於如來藏，所以離開心眞如就沒有不動無爲。虛空乃是依於人的想像而把物質的邊際叫作虛空，但虛空無爲卻不是講那個虛空——不是講色邊色——而是講第八識心的法性猶如虛空，祂對三界六道一切有爲法都不會生任何的執著性，所以虛空無爲還是依第八識建立的，何曾超過第八識呢？擇滅、非擇滅無爲還是一樣依第八識建立：初果、二果、三果聖者的擇滅無爲，則都是依於意識心來建立，而說貪或不貪，而求解脫；但三果以下的擇滅無爲意識境界，還是要依如來藏的恆存不滅，才能存在。至於阿羅漢的非擇滅無爲是意識心及意根已修到心性清淨，不再執著有爲生死法，能出離三界生死；但是他們滅盡五蘊而入涅槃以後，涅槃還是依第八識而有，否則就成爲斷滅空。

所以，六種無爲法尚且是依第八識輾轉而有的，前面的九十四法則是比六無爲更接近心眞如而有的，所以百法全都是直接、間接、輾轉依第八識而有的。能親證心眞如而弄通了百法由心眞如出生，就是對百法法門已經明了的人，這百法就成爲他教導弟子們的滅除無明法門了。所以，一切出世間法也都不能超出於第八識之上，既然不能超出第八識之上，當然心眞如第八識即是一切佛法之「頂」。一切「大佛」就是依這個心眞如的體性安住，所以這個心眞如就是大佛之「頂」。

這部經講的眞如，是從因地心阿賴耶識（如來藏），直接指向果地覺的佛地眞如（如來藏）。佛地的眞如境界即是世間凡夫和出世間一切聖者第八識之頂，所以也因此而叫作「大佛頂」。想要證得大佛之頂，得要經過三大無量數劫的修行，究竟成佛了才能夠證得。既然是大佛頂，那當然不是凡夫所能知道的。那麼阿羅漢們能不能知道呢？他們當然還是不曉得！

所以，神通第一的目犍連尊者，想要看一下釋迦佛的不見頂相，往上方世界一直飛上去，始終都看不見。飛到後來心中有些厭倦了，到了一個佛世界，於是飛到一個大圓盤的邊邊上面站著，有菩薩看見了，就說：「佛啊！您的缽上怎麼會飛來一隻小蟲？」因爲那個世界的人，身量很高大，目犍連的身量很小。他飛到那裡時，已經不曉得娑婆世界在哪裡了，回不來了。那個世界的菩薩說：「奇怪！這隻蟲怎麼披著出家人的法衣呢？」那尊佛就說：「他不是蟲，而是下方無量過恆河沙數佛土的娑婆世界中，釋迦牟尼佛聲聞弟子中神通第一的大阿羅漢，爲了想要見釋迦佛的不見頂相，所以往上方世界一直飛過來，才會飛到這裏來。你們都不要輕視他，你們的神通都比不上他。」於是叫目犍連尊者現爲大身，然後又十八般變化，那些菩薩們看了說：

「哎呀！娑婆世界還有這麼厲害的人物。」那尊佛就藉此機會降伏一些菩薩們的慢心。目犍連表演完了之後想要回去娑婆世界，可是不曉得該怎麼回去，那邊的佛就說：「你只要唱唸『南無釋迦牟尼佛』，就可以回去了。」「南無」就是「歸命」的意思，他就大聲地唸三遍（就是大聲地說「歸命釋迦牟尼佛」三遍），釋迦佛就把他攝回娑婆世界來；所以，目犍連還是沒有看到 釋迦佛的無見頂相。

爲什麼會看不見呢？正因爲是眞如，所以最勝妙的天眼與神足通也看不見。但是你若明心了，就有了慧眼，就看得見—見無所見—看見了卻又說沒有看見，沒看見時卻又說看見了；若是還沒有明心，聽我講出這些法，可能就會在心中罵起來：「蕭平實講話眞顚倒。」但是我一點兒都不顚倒。所有明心的人都會同意我這句話：看見了眞如其實是沒有看見，可是沒有看見其實是看見。所以經中對明心就叫作「見無所見」，這個見無所見，就是見到大佛頂了，只有已悟的菩薩才能以慧眼看到大佛頂的無頂之相。

不見頂相指的是佛地眞如的境界：所知障中的塵沙惑隨眠全部斷除了，煩惱障中的一切習氣種子也全部斷除了，這樣才叫作「大佛頂」。所以「大佛頂」就是這本《楞嚴經》總括的解釋。

「大佛頂」三字略說完畢，接下來講別釋：「如來密因修證了義諸菩薩萬行首楞嚴經。」這十七個字就是這部經典主要法義的別釋。先來說明**「如來」**的**「如」**。什麼叫作「如」？我打了這兩張綱要文字，是今天中午開始打字，打好了在今晚爲大家解說，因爲沒有參考資料可以參考來講解，就只好自己來做。《大正藏》中有一位祖師註解《楞嚴經》，可是竟然沒什麼好讀的，所以諸位也不用去讀；讀了也沒什麼用，因爲他只是做一些名相的解釋，無法如實地把《楞嚴經》的道理告訴你。所以最後我還是要自己動一動腦袋，自己施設要怎麼講，就直接打字出來，我就照這個綱要來爲諸位解說經名。

「如」，是說我們眞實心第八識的體性是本來就如，不是你修行以後才變成如，所以唯識宗祖師一向說祂是心眞如，或者說是眞如心；禪宗祖師們則往往直接說祂是眞如，有時則說祂是如來藏。如果祂是修行以後才變成如如不動的，那就不是眞正的如，叫作假名如，因爲這種如是修來的。既是藉著修行的助緣而修成的，當未來修行的緣若是散壞時，這個如一定就跟著不再是如了。假使有人說「我如如不動」，或者說「你如如不動」，其實都是意識心自己刻意控制而如如不動；其實是與如如不動的狀況在互相抗衡著，希望自己如如不動，希望保持如如不動的狀態；這並不是本來就如、眞正的如，而是修行以後強行壓抑而造成的，未來終究會有不如的時候；而且當下也是不如，因爲正在壓抑煩惱的現行蠢動。但是眞實心第八識祂本來就是如如不動的，根本不必刻意再起一個念來如如不動，而且是盡未來際都將永遠如如不動的。

本心眞實心是本來就「如」，所以才是眞正的「如」；爲何稱之爲如？因爲對於色、聲、香、味、觸、法，完全不動其心，而且是自始至終都不動其心；由於都不動心，所以是如。譬如色塵，不管是多美的風景，多漂亮的女人，多英俊的男人，心眞如是從來都不會動心的；爲什麼能不動心？因爲祂對六塵離見聞覺知，從來不觀察六塵；這樣子對六塵離見聞覺知，怎麼會動心呢？靠勉強壓抑才能不動心的如，都是會與六塵相應的覺知心，都是假名爲如，都是虛妄法，因爲不是本來就如；凡是修來的如，都不是眞正的如——不是眞如。都是本無後有的如，怎會是眞正而永遠的如？

因爲眞實心一向離見聞覺知，不於三界中取見聞覺知，而且從來都不作主說「要再多一份」，或「這一份不想送給你」，完全都不會作主，所以祂才是如。意識、末那識相應的如，都不是眞如，都是後來修行轉依心眞如而開始有了多分或少分的如，不能眞實而全然的如。意識總是會分別、觀察：這個好、那個壞，這個美、那個醜。末那識總是時時刻刻作主：「我要繼續再聽下去」，「我聽得很討厭，想要走人」，可是第八識從來都不取這種現象，對六塵萬法從來不動心，本來就如。

「眞如」，並不是由你起一個心去安住於如，不是因爲這樣刻意地如如不動而叫作「如」。意識常常會念一切法，到講堂來了就想：「我那個小兒子有沒有用心在讀書？會不會又跑出去逛街了？」然後在公司辦公時卻在想：「晚上要共修，可不要有什麼意外狀況出現，害我不能去。」意識總是這樣子念著一切法，會念著各種法的心一定不可能永遠都如。可是如來藏卻從來不念，祂從來不掛念一切法，所以是眞實的如，才能永遠解脫；因爲你意識覺知心會掛念一切法，所以不能解脫。由於心眞如第八識有這個體性而永遠不變，所以祂叫作眞如。

除非成佛了，在還沒有成佛之前，等覺位的七識心都還不是如；七轉識到了成佛時究竟清淨而不會再改變祂的種子了，所以不再被稱爲轉識，那時的七識心才可以叫作「如」。但是在因地，七識心總是還不「如」；一直都只有一個眞如存在，就是第八識如來藏本有的眞實與如如的法性。因爲祂對六塵永遠離見聞覺知，從來如是，所以對六塵萬境都不動心，也都不念一切法；

這一世不念一切法，未來無量世以後還是不念一切法。意識心卻不同，即使這一世修得很好，不念這一世的一切法，但是上一世的法念不念呢？有宿命通的人常常喜歡看自己過去世的事情，可是他的如來藏從來不去看，因爲祂絲毫不關心，所以祂叫作如。

此外，這個第八識心遠離一切有情心的心相。有情心的心相就是不肯讓自己消失掉，一直想要保持能見的功能；眼睛視覺稍微模糊一點，就趕快找眼科醫師；耳朵稍微聽不清楚，又趕快去看耳科醫師，一點點的瑕疵都忍受不了。但是，儘管有人變成瞎子、聾子、啞子，乃至瘸了或者變成植物人了，他的如來藏心還是如如不動其心。祂對於一切有情見聞覺知心以及處處作主的末那識意根的行爲，根本不會加以抵制；祂既不羨慕，也不想要像見聞覺知心一樣起見聞覺知，所以能永遠眞實的如如不動。

祂對一切事物從來不抱著希望，如果祂會有希望，就變成有兩個見聞覺知心了！兩個見聞覺知心不是絕對純淨的話，一定常常會吵架：這個見聞覺知心說我要去聽法，那個見聞覺知心說我要去唱卡拉ＯＫ。這可就麻煩了，該怎麼辦呢？那就精神失常而要住到榮民總醫院的長青樓去了。所以說，眞實心從來都不落在有情的見聞覺知的心相之中，也不會落入處處作主的意根心相之中，祂才叫作如，一向如是而不改變，所以是眞如。所以，生意上被人家倒債而使事業不得不關閉了，欠了一屁股債而被債主逼得很緊，實在是生不如死，乾脆跳下懸崖死掉算了！當你說要跳下去，祂不會抗議，也沒有任何意見，一切隨緣。祂確實是完全隨緣的，當你說，現在日子好過，希望多活個十年，二十年，所以要去求長生不老藥、去找青春泉，祂也沒有意見。當你想要活上一萬歲、八萬歲，祂都完全沒有意見，也不會向你表示看法。這就是你的眞實心——心眞如，你有意見而祂沒有意見，祂遠離了眾生心的各種心相，所以祂才叫作眞實的如。「如」講的就是這個意思，這一種如的體性不是修行而得的，而是本來就這樣的如，永遠都是這樣的如。

如果是修行以後才變成「如」，這個如是修來的，不是本來就有的如，一定是因緣所生法；既然有所生，當未來因緣散壞的時候，由於緣不具足，這個如就壞滅了，那又變成不如了。所以「如」是要本來就如，才是眞正的如。爲什麼說是如？因爲既不生氣也不起貪念；既不會厭惡，也不會想要逃避；既不管人家怎樣讚歎，也不管人家怎樣的誹謗；祂總是如如不動。而意識心、覺知心本來都不如，是修行以後才變成如，這個「如」即是所生的法，將來必定會壞滅。

意識常常會想念：「我昨天聽到的法多殊勝；我前年遇到某位善知識說的法多麼深妙……。」但是心眞如卻不憶念一切法。你心心念念要念佛，怕失掉憶佛的淨念；祂卻從來不念，不論你怎麼念，祂都不念。你說：「我把念捨掉，不念了吧！」你不念了，祂一樣還是不念；不管你念或不念，祂始終是不念的。話說回來，你不念一切法，卻又想起某某法、某某人、某某事，可是明明知道不是覺知心自己記住的；因爲有很多事想記住，卻老是記不住，可是十幾年、二十幾年後突然一剎那之間，你又想起來了！原來：我不念一切法，並不是我不念，而是我想要念卻念不住——想不起來，結果是誰幫我記住而使我十幾年以後又想起來的？正是五陰背後的如來藏，是祂幫我記住。祂幫我記住一切法，而祂自己又不念一切法，就是這麼奇怪。

當你還沒有找到祂，總是想不通這個道理，聽起來好像蕭平實在耍花腔，專講模稜兩可的話；但實際上，記憶一切事情時並不是你在記憶，是背後那個如來藏在幫你記憶。過去世許許多多的法你都忘了，但是有時候夢中又讓你想起來，有時候定中又讓你突然想起來，或者有時候用宿命通又讓你想起來；但是，你在想時祂卻沒有在想，你沒有在憶念這些東西，祂卻是幫你憶念著，到頭來，到底是你在憶念？還是沒有在憶念？有！你有在憶念，可是眞正憶念受持的卻是如來藏；可是如來藏受持這個法種時，祂卻又不動心；當你需要時，祂就給你。你不需要時，祂也無所謂，祂如如不動；祂又從來不想念一切法，但是祂卻會幫你記住，所以說，祂是非念、非不念。

但是，對於還沒有證悟心眞如的人，卻必須要告訴他：這個心眞如從來不念一切法，祂從來都不會想念任何一法。但是對已證悟的人來說，卻又不是單純這樣子；當你忘了，祂卻還是幫你記住著；甚至於捨報時，連小時候不好的事情，意識心中不想要使它出現的事情，祂也都會幫忙呈現出來，這就叫作業鏡。眞如恆念一切法，但是又不念一切法，非念非不念，這樣成就中道之義。

一定是從來都不在六塵當中想念任何的法，才能夠永遠如如不動。心眞如假使能夠想念一切法，就會有喜怒哀樂；有了喜怒哀樂，日子鐵定不好過，就會像眾生的覺知心一樣，一天到晚在喜怒哀樂中轉來轉去：有時候快樂得想飛上天，有時候卻又低沉到好像掉入地獄去了，哪裡還會是「如」？

此外，心眞如離一切有情心的心相。有情的心會產生念想，譬如剛才所說的念一切法時，那時還會生起喜怒哀樂的現象；有喜怒哀樂的現象，是因爲有情的心能見聞覺知，由見聞覺知加上過去的記憶，因此看見喜歡的事就生起喜心，遇到順心境就起歡喜心；起了歡喜心的時候，隨即會想起：我以前也遇過這種狀況。雖然這個想法並沒有語言文字，卻已是馬上了知。例如以前曾被大惡霸欺負過，非常害怕；有一天突然間眼光一閃，看見了他，隨即生起害怕的心，這時並沒有先出現語言文字：「**他以前欺負我，他很恐怖而且可怕！**」一見當下立即就閃開，避免互相照面。這表示你有「念」的心所法存在，這個念就是憶持過去親身經歷過的事，一刹那之間馬上知道以前的種種，於是趕快躲開了。

這表示有情的心都有喜怒哀樂、歡喜憎厭的心行，普遍存在於見聞覺知心當中，都不離五個別境的心所法（也就是欲、勝解、念、定、慧）。看見了歡喜的事，想要繼續保持它；看見了討厭的事就想要趕快離開它，這種保持或離開的欲望，即是你的「欲」心所法。你看見了惡人，心中不必有語言出現，立即就知道那是惡人，因爲你被他欺負過，有著念心所存在，所以幾年後的今天才剛看見了對方，立即知道那是惡人，這表示你對那個人有勝解。遇到了喜歡的人就趕快上前跟他招呼，因爲你這時已對那個人產生了勝解；爲什麼現在會對他有「欲」心所有法、「勝解」心所法呢？因爲你對於以前與他之間發生的事情能憶持不忘，知道這是對我很好的人，或者知道這是對我很不好的人；你的念心所已經記住這個人過去的事情。然後，當你到寺院想要離開一切外緣、清淨一下自己的心境，於是上了蒲團盤腿打坐，讓心定下來住於一境而不再生起妄想了；這個不再起妄想而制心一處，就是「定」心所有法。在定境當中能了知定中的境界，在定外看見了惡人就了知那是惡人，表示你有了別境界相的智慧，這就是「慧」心所有法。

具足這五種心所有法，所以能夠了別種種的境界，這就是眾生的心，也是眾生所喜樂而自我愛戀的妄心。但是心眞如之法並不是這樣的，祂不想念這些法，不會想要親近善知識，也不會想要遠離惡知識，沒有善欲、惡欲等心所有法。也不會生起勝解了別說：這個人是善知識、那個人是惡知識。因爲祂恆時離見聞覺知，永遠都不在六塵法中了別。祂從來不起憶念，不會幫你想事情；你正在想的時候祂都不曾想，你不想的時候祂還是一樣不想，你入定了祂照樣如如不動，你散亂而到處攀緣時祂照樣如如不動，你在六塵萬法中了別一切而祂不了別，完全任運、隨緣，所以沒有眾生心的心相。

大品般若、小品般若等經中說如來藏是「非心心、無心相心」。非心心——不是心的心。如果人家罵你說：「你這個人沒有心肝！（台語）」你說：「對啊！我沒有心，也沒有肝。」沒有心肝的人卻仍然是有情，因爲還有一個不是心的心，不是眾生所知的能覺能知、能作主的心，祂從來都沒有心與肝。這心又叫作「無心相心」——沒有見聞覺知心等法相的心。見聞覺知心的法相是一天到晚喜怒哀樂動個不停，不然就入定或出定——離念或有念，但是心眞如都沒有六塵中的見聞覺知性，不會和喜怒哀樂相應，也不會跟入定、出定相應，都沒有眾生心的心相；正是因爲沒有這個心相，因此才能被叫作「如」。這種如的體性不是修行而得，本來就是這樣，而且永遠不會壞掉。

「如」的最初與最後二種狀況是本覺位、究竟覺位。本覺位時的「如」，就是剛剛我所說明的「如」。究竟覺位的「如」，就不只是第八識的如，而是連意根與見聞覺知等六識心也全部永遠都「如」；因爲到究竟覺位的時候，八識心王中的前七個識已經不叫作轉識了——七識心的自性及自體種子永遠都不會再有改變了。等覺位之前都仍被叫作七轉識，到了佛地時，心眞如所攝藏七識的一切種子，都已究竟清淨，不再有任何變異，所以七識心的自性已經不會再有任何改變了，當然就不能再叫作轉識；既然都不再轉變了，表示已究竟清淨、已自在於一切境界，當然是永遠都如。不只佛地的第八識眞如叫作如，那時其餘的七個識也完全是如——八識心王全都是如了。所以只有究竟覺時才可以說八個識都如，在等覺之下只能說本覺的心眞如是如，然後由本覺位的心眞如的如，來施設漸覺位的各種如——隨分覺的不同階位的如。譬如第七住位根本無分別智的如，七住位後的三賢菩薩的如，諸地菩薩的如，等覺菩薩的如，妙覺菩薩（最後身菩薩）的如，全都是指第八識如來藏的如，所以「如」才會有這樣的差異。若不懂這些不同階位的如，而自稱是地上菩薩，甚至公開宣稱是佛，或者宣稱是某佛再來、某佛的化身，都是在造作大妄語業。

「如」同時還有中道性存在，正因爲「如」才能成就中道的正理。大品般若、小品般若、金剛般若、《心經》等，都是在說心眞如這個中道性。可是很多人誤會了，總以爲意識心不攀緣二邊時就是中道，而不知般若諸經所講的是本心如來藏從本以來就是中道。由於證得第八識如來藏以後，了知祂就是心眞如，隨後就能親自體驗領受第八識永遠離兩邊，卻又不曾離開兩邊的非即非離而不墮於兩邊的中道性，因而如實瞭解中道的眞實義，才能眞的住於中道之中，開啓眞正般若中道的智慧，不會再落入意識思惟想像的假中道了。

此外，不生不滅，不斷不常，不垢不淨，非有非無，不一不異，非善非惡，不生不死，無來無去，非涅槃非生死……等，無量的不墮二邊而同時函蓋二邊，也都是心眞如阿賴耶識本來就「如」而顯現於外，可以被利智菩薩親證而現觀的實相，都叫作中道。我們就來概略的解說少數的幾個中道義吧！若要具足的解說，那就成爲整部的般若經了，這已經由 世尊在二千五百多年前講過了，所以我們不必重複學語而複述一遍，只就大家眼前必須知道的內涵舉例來說。

這個眞實心如來藏的眞如性，是從無量無數恆河沙劫之前就已經存在、本然如此了！祂是本來就存在，不是有生的法；既不是有生之法，是本來無生的心，將來必定不滅，所以有不生、不滅的中道性。《六祖壇經》中，六祖說般若禪宗所悟的法（心眞如）是本來不生，而外道所說的不生是用滅壞以後的斷滅空無而說是不再出生，這是將滅止生，當然是斷滅見。

第八識既然本來就不生，當然未來也是永遠都不會滅；不生之法，當然就不會有斷滅之時，所以叫作非斷。可是眾生通常都會落到兩邊，一聽到非斷，就說：「那就是常。」如果是常，就表示心眞如的內涵（種子）永遠不可能被轉變；既然不能被轉變，那麼修之無用，何必修行？這個永遠不滅不壞的第八識心，含藏了許許多多的無漏及有漏法種，無漏的法種也可以變異—

──經由修行而增長；有漏的法種也可以變異──經由修行而斷除。在修道位中將無漏法種增長、有漏法種斷除，終至完全淨盡而不再變易了，就轉變成佛地的眞如，成爲究竟佛。

這只是內含種子的改變，而不是改變心體本身的眞如性；到了成佛時的無垢識──佛地眞如──果地覺，這個果地覺心，仍然是因地心阿賴耶識如來藏心體；只是將內含的種子轉變到究竟清淨，沒有一絲一毫可以再被改變了，就改名爲無垢識──果地覺心，其實仍然是因地心如來藏──阿賴耶識心體；仍然是因地的心眞如，只改其名而不改其體。由此可知，心眞如必然非斷亦非常。如果說是常，種子卻有變異；如果說是斷，心體本身卻恆常存在而執持一切種子；乃至窮盡十方世界一切佛的威神之力，結合爲一個難以思議的大威神力，也不能用來把賤如一隻螞蟻的心眞如壞滅掉，所以說心眞如非斷；然而心眞如中卻含藏著無量無數可以轉易的法種，所以又是非常；這樣兼具種子的斷常二邊，而心眞如在運行的一切時中，心體自身卻從來都不墮入二邊之中，如此而成就非常亦非斷的眞實中道之義，一切無生法忍菩薩都是這樣究竟法界實相的眞義。

常、樂、我、淨是佛地眞如的境界，已經超過中道境界而含攝中道境界故，不是妙覺、等覺、諸地菩薩、三賢菩薩的境界。印順法師聽到某部經典中寫著佛地常樂我淨的境界，就誣謗是外道的梵我、神我思想滲進佛教中來。其實他根本不瞭解：既然心眞如第八識中的無漏法種可以增長到圓滿具足，含藏的有漏法種也可以斷除淨盡，完全清淨之後當然就不會再變異了，當然就是常；但外道梵我、神我卻都是染污的第六意識，也無法來往三世，正是無常的生滅心，他們連心眞如的所在都不知道，印順怎能說外道第六識的神我、梵我，即是佛地常樂我淨的第八識的常？

就好像金礦的礦主辛苦地把礦石提煉爲純金以後，就不會再容許純金變爲礦石一樣；諸地菩薩在修道位中，辛苦地把第八識心眞如內含的一切種子隨眠斷除淨盡之後，種子究竟清淨了，就永遠不可能再被變易了，所以叫作常。這是說第八識心眞如——如來藏心，和外道神我第六意識迥然不同：外道所講的常是意識生滅心的一念不生，常樂我淨的常是第八識含藏的種子變易生死斷盡了；而外道神我的常，是誤將心眞如所生的生滅性第六意識妄說爲常；這兩者截然不同，不能混爲一談。但印順卻將眞金與黃銅當作同一物，是嚴重的誤會佛法、毀謗佛法。

第八識在因地時，具有非斷非常的中道性，所以在因地就能夠如，不是只有到了佛地時才能如。心眞如的另外一個體性是不垢不淨，《心經》大家都會唸，唸得滾瓜爛熟而且都會背誦；可是眞正問到是什麼道理的時候，大家又往往會說是統統空掉——一切法空。如果統統空掉，就變成斷滅空了，又怎麼會是「心」而說這部經是《心經》？應該改名爲《空經》才正確。如果斷滅空可以叫作心，如果斷滅空可以叫作眞如，那麼大家乾脆都上吊、吃老鼠藥自殺算了；死掉斷滅了，不就都空了嗎？空了不就是他們說的眞如了嗎？那麼想要證得中道就變得很簡單了，都不必學佛苦參實修，任何凡夫與外道都只要一世就可成就眞如、中道了。

但這卻是錯誤的觀念，必須是有實相法界的第八識本來不生而永遠不滅，才能引生出不垢不淨來；如果是現象界的蘊處界等一切都斷滅而空掉，就無法產生及顯現不垢不淨的體性來。眞如與中道都是實相法界在三界中生顯的事，印順等人不該把實相法界所生的生滅性的現象界，用來頂替實相法界而曲解爲實相法界的眞如與中道。否則，把現象界的蘊處界自殺毀壞以後，應該就可以算是見道、開悟了！因爲一切都空了（其實，即使是斷見外道的印順，死後如果不因壞法而受報，還是會有中陰身，還是會再去受生的，並非他所想的要把一切都空掉以後就能空掉），就該算是開悟見道了！但這畢竟只是妄想中的眞如與中道。

由於這個心眞如從無量劫以來本就不生不滅而永遠都如的緣故，所以是不垢不淨。爲什麼不垢呢？因爲眞實心如來藏永遠不會去攀緣六塵萬法，也永遠不會厭惡六塵萬法；不攀緣是說祂一直運用你的五勝義根、五扶塵根，在你的扶塵根中把外面的六塵境攝取進來，然後在勝義根（頭腦）之中變現出和外面的六塵境完全相同的六塵相，使你以爲眞的接觸到外面的六塵了；其實並沒有，你接觸到的一直都是如來藏在勝義根中所變現出來的內六塵。

有的人不相信，振振有詞地說：「明明是腳在癢，抓了腳就不癢；所以癢的相分處所是在腳，怎麼會癢的相分是在勝義根頭腦？」癢與痛，同樣是覺受；當開刀時麻醉後，相分的覺受就消失了。大多數人都曾經出現過一種奇怪的現象：老覺得身體某個地方癢，卻不曉得是在哪個地方，老是抓不到癢處。這是因爲勝義根的機制有時出了問題：依勝義根的感覺而判斷好像是腳趾在癢，可是抓來抓去總是沒搔到癢處，直到抓到腳背而止癢時，才恍然明白癢處是這兒，原來勝義根是在反應腳背的狀況，卻沒有如實反應處所而有錯誤。所以你的見聞覺知心所感覺的痛癢，其實都是在你的勝義根——頭腦。

我們很早就曾以道種智來講出這個道理，而現在醫學上的檢驗—腦波的檢驗—也已經證實了這一點。所以眾生一直都在六塵上面攀緣種種法，卻不知從來都只攀緣到自己如來藏所變現的內相分六塵，而攀緣六塵的心永遠是意根、意識與五識等妄心。可是第八識從來不攀緣，祂只是隨緣而任運不斷的接觸、領納外面的六塵進來，同時變現內相分六塵給你，然而祂卻從來都不在六塵中做任何的分別與取捨。

會在六塵上面做分別與取捨的都是能見聞覺知、能作主的你；所以當你看見很喜歡的事物時，祂依舊不會生起歡喜心；當你看見很厭惡的事物時，祂仍然不會生起厭惡心；所以祂從來不會造作世間染污的事情，永遠都是清淨性，所以不垢。然而祂跟著你，於三界六道之中造作種種善惡業的時候，你以爲是自己造作了，其實是祂在造作，你並沒有造作；當祂造作的時候卻不是祂在造作，都是因爲你的指使所以祂才乖乖地與你同時去造作，所以你也不能說祂的運行是絕對清淨的。當你還沒有找到如來藏心眞如之前，聽了這些話總是越聽越迷糊；可是當你找到如來藏的時候，聽了這些法義，欣喜之餘就說：「**眞的是這樣！你講得好親切！**」除了這個體性以外，在因地時，祂含藏的種子仍有許多是染污的、有漏的、不淨的，因此說祂不淨。祂雙具非垢與非淨，所以是不垢亦不淨的心。

爲什麼說心眞如非有非無？這個心不是物質，既然不是物質，就不能說是三界中的有。只有三界中的法才能叫作「有」，譬如欲界中的見聞覺知心所領納的五欲等法，是欲界有；色界中覺知心住於初禪到四禪的定境當中，定境中的各種法即是色界有；覺知心捨報了，脫離色界而生到無色界中，那時只有四空定的定境法塵和覺知心存在，沒有色身了，那時的覺知心與定境法塵就叫作無色界有。欲界、色界、無色界有，合稱爲三界有；但第八識心眞如並不是三界中的有——不屬於三界有所含攝，而且是出生三界有之最終心，所以祂的境界就是實相境界，名爲實相法界。如果心眞如也是「有」所攝，將來就一定會壞滅；因爲非有，所以不壞。

可是你爲一般人說非有，他們就認爲是一切都空掉而沒有了，其實並不是這樣。你只要證悟了，就可以隨時領納、體驗祂的體性，還可以隨時運作祂，非常好用；在剛開悟明心的根本無分別智位中，你會喜歡得不得了，丟不開祂。但由於心眞如太平實、太接近了，所以眾生視爲理所當然而忽略祂，當然不容易找到祂。這就好像空氣一樣，對眾生而言，空氣是極重要而不能一剎那沒有的，而一般人往往忽略空氣的存在；當三歲小兒聽到你說有空氣時，他們是聽不懂的，因爲空氣的存在並不是如同堅硬的物質可以被他所捉所摸；你得要施設非有非無的各種實例說明以後，他才能懂得空氣在現象界中非有非無的道理。心眞如對大乘學佛人也是一樣的重要，然而學佛人一直都忽略了祂；但祂卻眞實存在，而且是一切有情絕不能剎那離開的；甚至一切否定第八識的六識論學佛人，依舊不能一剎那離開第八識心眞如。但是大家都不懂，得要施設許多法義來說明教導；直到大乘學佛人聽懂而能親證心眞如以後，才能眞的理解心眞如非無的道理，所以又不能說祂無。祂既是眞實存在而可以領受、體驗，又不是三界所攝的有，所以又是非無。因爲非有非無所以成就了中道的眞實義，這個中道的眞實義正是實相法界的眞相。

爲什麼非一非異呢？由二個層面來說：第一個層面說所有的有情都有這樣一個心，而且體性都一樣，所以叫作非異。有的人誤會了非異的眞義，就說大家都擁有一個共同的眞如，已故的月溪法師就是這麼說的。密宗的觀想法門也是這樣：他們先觀想我有個本尊，觀想本尊越來越莊嚴、越來越廣大、越來越殊勝，然後再觀想自己的本尊影像化成光明而進入「阿彌陀佛」的心中去，跟「阿彌陀佛」影像合而爲一，統一爲一個本尊，說這樣就是觀想成佛了。但這個問題可大了！如果你成佛以後，你的眞如與佛的眞如合而爲一才算是究竟成佛；那麼，你得要跟 阿彌陀佛合併，我一樣要，他也一樣要，大家都要合併；請問：心眞如是可以二合一、三合一、四合一嗎？合併後又是誰主、誰從呢？是由猜拳來決定？或是由打架來決定？或是由智慧來決定？若能合併，也就同時表示說：雙方的心眞如都是不完整的，而心眞如自體也都是生滅性的，並且是永遠都沒有完整的時候；因爲必須無止盡地與眾生的心眞如合併，而眾生的心眞如是無量無數的，那麼何時才可能成爲圓滿的心眞如？那麼已成之佛（譬如阿彌陀佛、釋迦牟尼佛、藥師佛……等佛）也應該都還沒有成佛，因爲祂們的心眞如都還沒有合併到圓滿的地步。請問：密宗這樣的說法，講得通嗎？像這樣誤會心眞如非異的道理，卻常常可以在密宗的祖師著作中看見。

其實每一個有情都各自有他的眞如，釋迦佛降生時所化現的化身佛，在地上七步金蓮，每走一步就有一朵紫金蓮出生；並且一手指天，一手指地說：「**天上天下唯我獨尊**。」已經表明：每個人出生的時候都是天上天下唯我獨尊，也就是每個人都各自有自己的心眞如。心眞如永遠都不可能合併的，如果能合併，將可能像大國吃下小國一樣；那麼十方諸佛都要努力來搶眾生的心眞如了，因爲合併越多以後勢力就可以越來越大，可以成爲最大的佛。可是諸佛爲什麼都不搶呢？釋迦佛說：「你們捨壽後要往生去極樂世界。」阿彌陀佛說：「你們來極樂世界修學有成以後，要趕快回娑婆世界去度眾。」祂們都不搶，爲什麼呢？因爲都不與眾生合併。若是可以合併的話，大家當然都要搶了！那十方諸佛豈不是要拼個你死我活來合併眾生的心眞如？

所以，非一非異，是說眾生各自的第八識心眞如的體性，都同樣是本來自性清淨涅槃；都同樣是恆常不滅，都同樣是非斷非常，都同樣是不垢不淨，所以非異。但是眾生卻又個個擁有自己的心眞如，從來不跟別人的心眞如混雜；縱使想要與別人混合爲同一個心眞如，也是永遠做不到的，所以非一；這樣非一而又非異，所以叫作非一非異。而實相法界心眞如能出生現象法界蘊處界，一是能生、一是所生，所以能生的心眞如與所生的蘊處界非一；但蘊處界卻含攝在心眞如之中，從來不曾離開過心眞如，從來不曾在心眞如之外存在或運作，所以心眞如與蘊處界又是非異。這樣合觀心眞如與蘊處界時，就說心眞如與蘊處界非一非異。

《楞嚴經》講的就是這個不一不異的道理，也就是一切有情各有自己的如來藏，都能夠生出六根、六塵、六識：先出生意根，再藉著無明種子、意根、外六塵的緣以及自己的大種性自性，就能在母胎中變生有根身，然後就可以變現出六塵相出來；六塵法出現之後，六識就在六根觸六塵之處出現了，於是眾生就有了能見、能聞、能嗅、能嚐、能覺、能知之性。這些法都是從如來藏心眞如中出生的；從如來藏自己的立場來講，這一些十八界所有的見聞覺知性是永遠不壞的——只要如來藏永恆存在，終究還會再現起見聞覺知，所以不會壞；可是如果離了如來藏，立即就壞掉而不能再存在了。

對還沒有悟得心眞如的人，要說五陰不能去到未來世；說第八識和意根能去未來世，其他一切法卻都會壞掉，所以蘊處界是會壞的法。但是當眾生找到如來藏而成爲菩薩以後，卻要爲他說：如來藏常住不滅，所以未來世可以有無窮的五陰而永遠不會斷滅，而如來藏自己從來已經不生不死的處在涅槃中；所以不必入涅槃，藉如來藏來出生無量世的五陰，生生世世發願在三界六道當中轉易染污意識、染污末那的種子，最後變成究竟清淨的意識、末那，於是究竟成佛。因爲心眞如（如來藏）與五陰是不一不異的，因爲五陰本來就該攝歸心眞如。

知道了不一不異的道理，就不會像某些人初學佛就開始作賤自己：以爲五陰既然是虛妄的，餓死了又有什麼關係？認爲餓死了就可以解脫，這是邪見，也犯了菩薩戒的輕戒。因爲所有菩薩都得要用這個色身、五陰去成就佛菩提道，要給予五陰適當的照顧，使其維持正常的運作而成為修道的工具，這樣就可以生生世世修行而到達佛地。

綜而言之：五陰和如來藏的關係是不一不異的。不一是說五陰會壞掉，如來藏從來不壞，不能說是一，故說不一。不異是說五陰是從如來藏中出生的，依附於如來藏才能顯現、存在、運作；如來藏永遠存在，就會有盡未來際無量的五陰繼續出生，而一世又一世的五陰都攝歸常住不壞的如來藏——心眞如；五陰本屬心眞如的一部分，故說不異。當色身壞了以後，如來藏又會出生另一個新的色身，進入另一世，所以色陰與心眞如也是不一不異。

心眞如具備了這些中道性、無記性（因為是無記性，才能眞實而如如），才能出生八不中道、十不中道、無量中道，才能在十方三界六道二十五有當中，都能於一切時、一切地、一切處永遠是「如」。假使以第六意識安住於不動的狀態而叫作如，那麼每一尊佛成佛時都應該已經變成白癡了，成佛以後將永遠不能分別六塵，眾生講什麼話也都應該是聽不懂的，又怎能稱為一切智智呢？眞正的佛法是有分別與無分別同時並行存在運作著：意識可以對六塵作無量的分別，心眞如卻對六塵如如不動而不分別；悟前如是，悟後仍然如是。否則，所有的禪宗祖師悟了之後都將會變成白癡，人家來了他也不能分別對方是誰，也不知道有人來了，人家講話時他也將一定無法聽懂，那又怎麼是證悟而有智慧的人呢？

所以眞實的佛法是眞心和妄心並行運作——是無分別心與有分別心並行運作；如果無分別的心眞如不在了，五陰立刻就會死掉，哪裡還有能分別的意識心可以運作呢？所以祖師會說：「一時不在，即同死人。」有的人誤會了，以為正念保持都在就是悟境；如果正念一時不在了，就跟死人一樣了。其實人家講的是第八識：只要祂一時不在，一切有情就會跟死人一樣。

接下來略講不來不去。「來」，先說理體，再講事相。在理體上說如來未來，如去未去；在印度，如來不叫作如來，而是如去，梵文也稱為如去。所以啓稟　世尊時應該這樣說：「弟子啓稟十方如去，……」，不該說「啓稟十方如來」。正因為　世尊沒有去，只是似乎去了的樣子，所以可以告稟於　世尊；如果是眞的有去，就是不在了，就不必告稟任何事情了；告稟了也沒有用，因為不會有回應了。所以眞正的如來全名應該叫作「無上正等正覺」，或者叫作「如來與如去」。由於中國人的習性是喜歡來，不喜歡去，所以就翻譯作如來。

一定是物質才能說它有來有去，虛空沒有物質，所以不能說有來有去，不能說：「台灣的虛空是代表富貴之氣，我帶台灣的一撮虛空去送給索馬利亞、衣索匹亞的窮人。」然而你所能帶去的其實只是空氣，不是虛空；虛空不能被送去，因爲虛空只是形容物質的邊際，只是一個相對於物質的存在而施設無任何一物的空無處所；所以虛空只是一種觀念，本來無法，當然不能說虛空有來去之相。第八識心眞如亦不是有形有色的法，既然不是物質，就不能說祂有來有去。

譬如　釋迦牟尼佛在娑婆，如果極樂世界有大菩薩發心回娑婆度眾生，因爲三地滿心前回來時都還會有隔陰之迷，所以釋迦牟尼佛就示現化身到極樂世界開示他說：「你還要繼續進修，至少要三地滿心以上才回來娑婆。」正當此時，依極樂世界而說　釋迦牟尼佛爲如來；然而對娑婆世界的眾生而言，就說如去；因爲　釋迦牟尼佛並沒有離開娑婆世界，所以叫作如去。如來沒有來，所以叫作如來；如來也沒有去，所以叫作如去；如來如去就是沒有來也沒有去，所以叫作如來。必定要兩方面都具足了，才能叫作如來，諸佛正是這樣究竟的如。

從事相上來說，十方如來成佛之後，莊嚴報身永遠不壞，卻在人間示現應化身的生住異滅，乃至入無餘涅槃。如果你修到初地以後捨報時，不往生去極樂世界，而是生到娑婆世界的色究竟天密嚴淨土，就能看見 釋迦牟尼佛的莊嚴報身盧舍那佛，那時你往後腦勺一拍說：**「原來釋迦牟尼佛沒有去！」**因爲這樣，才叫作如來，原來 世尊還在宣說一切種智。正因爲眞實如來永遠沒有壞滅的時候，所以說祂的來去只是一種示現；既然是示現，根本就沒有去，所以叫作如去——在中國則是名爲如來，這也是如。又，到了究竟佛地的時候，如來的法身、報身、化身都具備了離兩邊的如；都具備了不來不去的體性，所以叫作如來。

「如來」的法身叫作無垢識，或者叫作佛地眞如；祂常住於十方世界之中，永遠不會有壞滅的時候。因爲種子永遠不再變異了，已經圓滿具足了無漏法種以及無漏性的有爲法之後，能夠在三界六道中做種種利益眾生之事，不像眾生所行一切事都有侷限，所以叫作「常」。常住不變時才能稱爲眞實究竟之樂，等覺菩薩仍不是究竟樂，因爲他的第八識還沒有辦法和五別境、善十一心所有法相應；而諸佛如來都可以，這樣才能夠稱之爲眞實的我，這才是常樂我淨所說的我。眾生所謂的我，都是五陰的我，不斷的生住壞滅而承受了許多的痛苦；即使是有錢有勢的人，也還是苦中作樂；譬如大熱天時假使突然停電了，他熱得受不了，於是覺得很痛苦，哪裡有樂？但佛地的眞如，永遠都不會有這一些煩惱，所以是眞實的樂。

眾生享受快樂、接受痛苦，都是依五陰我而生住異滅、念念變異；而佛地的心眞如永遠不再有變異了，才是眞正的我；由於是究竟的清淨，是眞實的淨，才是常樂我淨的淨。眾生以為不貪別人的錢財、眷屬、名聲，就是清淨了；他總覺得自己最重要，不願讓自己消失掉，有堅固的我見和我執煩惱，所以只是假名清淨，不是佛法中所講的清淨；必須是我見、我執、我所執、法執都斷盡了，才是常樂我淨的淨。

佛地法身的常樂我淨，都是離二邊的如，才能說心眞如法身從來都沒有來去；卻能示現一個化身在人間，而報身照樣在色究竟天宮說法，祂的心眞如每一個心所有法都可以單獨去運作，就可以分身無量無邊。具有了這樣的功能性，才叫作如來。法身如此，報身、化身也可以這樣；化身是基於如來的法身而獨立運作，懂得道種智的人都知道自己仍無法思議如來這種境界；不明白這個道理的凡夫眾生，當他看到化身佛在人間托缽時照樣吃喝拉撒，就會用自己的境界去衡量佛，於是就生起慢心。但是，學佛愈精進、愈深入、愈往上提升的時候，越會覺得自己渺小而謙卑起來。

然而，悟後知道諸佛的境界是可以達到的，雖然同時也覺得距離還很遙遠，但已明白自己正在一步一步的靠近了，已經有把握能夠成功了，就懂得悟後起修了，當然就不會有慢。雖然表面上看來菩薩似乎很狂慢——一天到晚在破斥別人的法義；可是他心中其實是越來越謙卑的，每天禮佛時看到佛像就覺得自己很渺小，更別說是被佛召見的時候。而那些沒有悟以及悟錯的大師們卻都很自大，反而常常在私底下指稱已證如實法、宣說如實法的菩薩自大。這其實是因爲他的表相佛法本質與外道的常見、斷見相同，如今善知識的正法已經顯示他們的法義是邪說，所以就以凡夫之見來無根毀謗菩薩，說菩薩狂慢，而這只是五濁惡世中必然的現象。

事相上又說，到達究竟佛地的時候，七識心王都可以依心眞如無垢識究竟清淨的體性而具足安住，所以事相上的佛地七識心也都是如。爲什麼說佛地七識心都能夠恆時安住呢？有二個原因：因爲從五地以後七識心是永遠沒有斷滅的時候，至正死位也都不會間斷，是因爲已經依於意生身而運作了，所以永無間斷時。這種境界相，最初是從三地滿心發起三昧樂意生身時就有了；有的菩薩則是要到五地時才發起意生身，在發起之前，見聞覺知心都是有間斷的，因此不能離開隔陰之迷，當然就不是如了。

第二個原因是說，如來地的七識心究竟永離一切染污的隨眠—煩惱障的習氣種子隨眠以及所知障的上煩惱隨眠—全都斷盡，完全不必靠擇滅無為與聲聞四果的非擇滅無為，就能住於如的境界中。因為七識心的本性已經究竟清淨，屬於非擇滅的無為法，而且是究竟位的非擇滅無為，所以是如。慧解脫與俱解脫阿羅漢都要靠意識心加以揀擇，才能夠住於無為，但仍有習氣種子存在，所以他們的非擇滅無為並不是究竟的；但是佛地的七識心是純淨的清淨意識、清淨末那、清淨五識，因為已無染污的習氣種子才能夠依於清淨自性而住，不但遠離了擇滅的無為，非擇滅無為也已經究竟了，這才是如來的究竟義。

一切佛子們修學成佛之道，悟後都要進修到此地步以後才可以停止修道，否則都還要一步一步努力的繼續進修；這是因為證悟後在理上雖然懂了，但在事相上並沒有到達如來的境界，所以還要繼續修行，直到法、報、化身具足而究竟清淨了，不再依靠二乘聖人的擇滅無為或非擇滅無為，七識心的自性已經究竟清淨了，沒有絲毫的煩惱障習氣種子隨眠了，才可以稱之為究竟地的如來。

接著說**「密因」**。「密」是什麼？第一：俗人不能知，所以叫作密；你若是把般若經拿給那些俗人看，他們都讀不懂，所以稱為密，也就是「法密」

的意思。如果俗人都能讀懂，那麼《金剛經》就沒有存在的價值了，因爲那一定是世俗法，無關於實相法界。既然是世俗法，有什麼可以稀奇的？又何必供到經櫥裡面？又何必由佛門出家人每天課誦呢？《金剛經》所講眞正的道理，並非思量、意解之所能到，也非課誦三、五十年就能懂；在經文中以各種層次、方向而說的密意，是不可公開說出來的密意，就是實相法界的密意；這個密意就是實相法界的眞相，正是《楞嚴經》所說的如來藏密意，正是心眞如的密意。正因爲不許以語言文字明說出來，而且是二乘聖人所不能知，所以是密。這個不能明說的密意，是圍繞著心眞如而說的，所以心眞如就是密意之因——密因即是如來藏。本經說的密因正是心眞如——如來藏的秘密。

不但二乘聖人所不能知，而且是佛門中的凡夫所不能知，更是外道們所不能知；他們也很想要證得實相，可是把《金剛經》請出來用功的讀了以後，心中想：「既然一切皆空，那我證得這個無念靈知、離念靈知也是空啊！空掉不就什麼都沒有了嗎？」竟然把常住的金剛心誤會爲生滅的意識心。《金剛經》到底講什麼？他們都不懂，因爲佛門凡夫大師不知，外道更不能知，所以叫作「密」。「知道」就是瞭解，就是分別已經完成了；「不知道」表示還沒有完成分別、還不懂，不懂時就是「密」。所以針對不知道的人而說實相法界是「密」，對於知道的人就不是「密」了。

當兩個明心的人議論實相法界而講得興高采烈時，由於可以互相溝通，互知對方所說的法義，所以沒有「密」可說；可是旁邊的人都聽不懂，就成爲「密」法了。古時候的祖師相遇了以後，很高興地講起心眞如來，心中歡喜遇見知音而講得非常大聲，可是有人記錄下來時卻是這樣記載：「**旁侍側耳，都不聽聞。**」侍者跟隨在旁邊，很用心在聽，卻還是聽不懂，有聽等於沒有聽，這時對那兩個侍者而言，就叫作「密」。而外道都不知道《金剛經》中講的眞實相，所以對外道而言就叫作「密」。

再說「凡夫不知」，佛門中也有凡夫啊！並不是皈依三寶時就成聖人、就證悟了。當你找到一位善知識，要求他立即幫你開悟，那是不可能的；學習世間法拜師學藝，都得要整整三年六個月；何況這個世出世間的無上法第一義諦？當然修學起來遠遠難於世間法的技藝，所以佛門中還沒有證悟的人畢竟佔絕大多數，所以佛門歷代的大師仍然是未悟、錯悟者居多，眞悟的大師永遠都是極少數人。

還沒有悟的時候叫作凡夫，當然這個「凡夫」二字，也有外聖內凡的凡

——三賢位中的賢人，不全都是一般的凡夫。許多人修學佛法時總是覺得自己道行很高，於是開始講經說法，當起座主來了；所謂座主，就是建設道場以後，在法座上高座說法。當起座主開始講經以後，多數人是越來越有名氣，但是也都是越講越心虛，因爲後來發覺自己並不是眞正的懂，因爲沒有自己的見地；只好向大眾告長假，進叢林（禪宗）去了！入了叢林以後，一直苦參，十有九人是參到老、參到死，卻仍然參不出來，於是下一世又去輪迴了。正因爲是這樣：很多佛門大師與凡夫都不能知道，所以才叫作「密」。

又，諸天也都不知，所以叫作「密」；諸天的天神、天主，從外教的立場來講，都說是聖人；人間也有聖人，例如孔老夫子。但是這些聖人全都沒有斷我見，更別說是斷我執了！這些聖人即使夥同上帝耶和華與阿拉來到正覺講堂時，還是一樣聽不懂了義法，而你們已經明心的人卻能聽懂。諸天天主之中，唯一例外的就是發了大願的菩薩，願意扛起重擔，利用天主的身分去度某一層次天界的眾生；像這樣發大心特地生到某一天界的菩薩，才能知道我們在說什麼。因爲，忉利天的天主要有二地菩薩發心才能去當，否則就得要與天主爭鬥才能去當。燄摩天則是要三地菩薩去當。如果不是由證悟後的無生法忍菩薩去擔任的天主，當然是還沒悟得實相法界的凡夫，也還沒有斷我見，所以仍然是凡夫，所以說他們都不知道實相法界的秘密，所以這個實相法界就叫作「密」。

此外，也說定性二乘聖人不知，所以是「密」。二乘有學是初果、二果、三果聖人，無學果是慧解脫、俱解脫和辟支佛；他們已經能出離三界生死苦，怎麼會不知道《金剛經、楞嚴經》中的密意？因爲，他們能出三界生死，只是修斷了我見、我執、我所執的現行，但是我見、我執、我所執的習氣種子還沒有全部斷除；最重要的是，他們在佛菩提道上都還沒有見道；既然都還沒有見道明心，當然就無法了知「如來密因」是密在什麼地方，是以什麼「因」而說爲「密」。

這個「密」，在密宗講身口意三密，可是那三密並非凡夫所不可知的；等到《狂密與眞密》出版時，你們看了就會知道：三密其實沒什麼密意可言，只是爲了不讓外人知道喇嘛們私底下到處與異性徒弟合修雙身法、淫人妻女，所以才要處處保密、故弄玄虛。（編案：這是二〇〇一年七月底所講。《狂密與眞密》四輯，已經在二〇〇二年八月出版完畢了。）然而佛菩提道的密意卻不是像密宗這樣，而是由於連不迴心的定性二乘聖者尚且不能知悉，所以才被叫作密。爲什麼連二乘法中的三明六通聖者都還不能知道呢？因爲他們還沒有打破無始無明。無始無明是怎麼打破的呢？是在明心而證得心眞如時，才算是打破無始無明了，而不是先打破無始無明以後才明心。

香港已故的月溪法師實在太會扯了，他認爲應該先把無始無明找到了，一槌搗碎無始無明以後才算是開悟。然而無始無明在哪裡呢？無始無明就是對於法界實相不知，也就是對法界的實相的內容所知不夠，而被障住了！這個無明是無始以來就一直存在著的，所以被稱爲無始無明。但是菩薩們只要把如來藏（心眞如）找出來以後，就能頓知法界實相而遨遊於實相法界中，無始無明自然就打破了。所以，是先找到如來藏而能現觀心眞如的時候，定義爲打破無始無明；無始無明是形容有情還不知道法界中的實相，並不是有一個具體的事物或觀念可以被稱爲無始無明。定性二乘聖人並沒有證得第八識如來藏，不懂這個心的眞實與如如境界——不懂心眞如——所以不曉得一切法界背後的實相，因爲不知道所以才叫作「密」。

但是這個「密」常常被大師們誤會，印順法師、達賴喇嘛都說，緣起性空而一切法空，說這就是般若。他們都認爲密宗的應成派中觀才是最究竟的中觀，才是了義法。但是應成派中觀說的是什麼法？是虛相法，不是說實相法；而且不是二乘菩提中依八識論基礎所說的虛相法——蘊處界緣起性空，反而違背二乘菩提八識論所講的蘊處界緣起性空的虛相法，而是以常見外道六識論爲基礎來說的緣起性空——萬法無常故空。所以，應成派中觀師所說的緣起性空，並不是佛教中的眞正聲聞菩提——不是佛教中的眞正解脫道。

只有實證如來藏（心眞如）而發起的實相般若、中道實相的現觀，才是眞正的實相與中觀；而四阿含諸經中所說緣起性空的一切法空觀，只能定位爲虛相法的中觀，是意識思惟觀察所得的表相中觀——如同世俗老人所看見的一切事物無常故空，並不是大乘佛法般若中所說的中觀。這是一切確實已經深入研究的學者對於中觀學派的判定，與淺學而妄判的應成派中觀師所說不同。因爲應成派中觀所講的五陰等法緣起性空，終歸壞滅而說一切法空；所觀行的對象都是現象界中的十二處、十八界等一切法緣起性空，說世界無常所以一切法空；既然是一切法空，就不是眞實法、本住法，終歸於斷滅空，所以叫作虛相法，當然不是實相法。

但是如來藏法全然不同，說的是每一個人各自都有一個恆常不壞、眞實存在的如來藏——心眞如；只要你悟了，就可以去體驗祂、去深入探討祂，然後就會發覺自我的五陰十八界都是從祂而來，自我會壞而祂永遠不會壞，所以是法界的眞實相。這才是眞實法，才是實體法；實相般若及唯識種智所講的，都是這個實體法，但不是外道所說的常而不壞的覺知心神我，更不是外道所說的常而不壞的大梵天主、大梵天王——梵我，因爲那都是指五陰及第六意識，仍然屬於三界現象界所攝的生滅法、虛妄法。所以說，一切法空並不是如來的密意，一切法空是可以經由意識思惟與觀察就了知或實證的，不能說是密意。只有依於第八識心眞如的不壞性、無量不的中道性（不只是八不中道），依於這個常住不壞的實體而說現象界的一切法緣起性空，這樣才是如來的眞實密意。所以十方如來利樂有情無有盡期，永遠都不會斷滅成爲空無，這個才是如來的眞實密。

而且並非悟後就全然無密了，對於證悟的人來講，其實還是有密；因爲雖然眞的證悟了，可是卻還沒有究竟了知如來的密意；既然這樣，當然還是有密啊！到了對於心眞如完全沒有密時，就表示已具足了知、具足實證了，這表示已經成佛了。如來密意，只有到達究竟佛位時才能窮盡其妙、究竟了知；妙覺菩薩都還未完全了知，三賢位的第七住不退菩薩則是只有極少分的了知，定性二乘聖人則是完全不知，凡夫、外道、俗人卻是完全誤會。正因爲對法界中的這個實相，有著種種不同層次的不知，乃至完全不知或誤會，所以才被稱之爲「密」。

這個如來的祕密，爲什麼叫作「密」？一般人是不會瞭解的。有些人來到本會學法，往往得少爲足，他只要明心就夠了，所以悟後就告長假，不再來深入修學了！也有人才剛證悟心眞如，從此就消聲匿跡了；他們當時自以爲全部都知道了，所以就告長假而離開了！然而後來遇到繼續在本會進修的人，對談以後才發覺自己所知道的眞是太少了，而對方所知道的確實比自己高出很多，對方的智慧確實比自己更勝妙；那就表示還有很多的密，是初明心的人所不知道的。正因爲仍有不知，所以那些所不知的部分就叫作「密」。

由此可知，聲聞所修學的解脫道，和菩薩所修學的佛菩提道，所證的內容並不完全相同；聲聞解脫道的修學，只要我見斷了，我所執及我執斷盡了，就可以不必再學了！那時就是無學位的聲聞極果阿羅漢了。可是佛菩提道中，除了聲聞的解脫道必須要修學以外，還要親證心眞如——明心；明心了以後還是有很多要學習的，不該得少爲足。因爲佛菩提道是修學不完的，開悟明心時所證的只是無分別智中的總相智——根本無分別智，接下來還要修學後得無分別智的別相智，這得要用掉一大阿僧祇劫的時間。當別相智學完了以後還有道種智要修學，這個道種智要一直修學下去，要再修學兩大阿僧祇劫以後才能究竟成佛。成佛哪有像表相大師們所講的那麼容易？所以你若是眞的開悟明心了，其實仍有許多的不知，這些尚未實證而無所知的部分，對你、對明心開悟的菩薩們來講，也都叫作「密」。

「因」，「如來密因」的「因」字，又是什麼意思呢？因，有許多的層次差別：世間因、外道法因、二乘法因、涅槃因、佛菩提因。

什麼是世間因？意思是說，如來藏是一切世間生起及壞滅之因。一切世間是說十方世界的山河大地，也是說十方三界有情的身、心。不論是這個娑婆世界的山河大地，或是十方虛空中如同娑婆一樣不淨的世界，以及純一清淨的佛國淨土世界，全都是依共業有情的如來藏所含藏的共業種子而出生的；出生了這些世界的山河大地以後，也會因爲這些共業有情如來藏中的共業種子的運作，漸漸地冷卻下來而可以讓有情居住；然後又因爲這些共業有情的業果報償完畢以後，而開始進入壞滅的過程；最後則是壞盡而變成空無，再經過一段時間以後，重新又開始成、住、壞、空的過程。而無邊虛空中的這些世界的成住壞空，全都是由共業眾生的如來藏所含藏的種子來運作，才會不斷有世界的成住壞空的現象，讓共業有情在這些世界中受報，以及重新造業，如是輪轉不斷。而這些世界的不斷更替，卻是由如來藏來運作的，所以如來藏是世界因。

五陰也是世間，五陰是個別有情自己各各擁有的各人世間。五陰世間，一般而言，正常人在人間是具足五陰的，是各都具足十八界的。生到色界天以後，雖然仍有五陰，卻不具足十八界了！因爲他們全都是以禪悅爲食的，都是已經不需要摶食了，當然也就不需要有香食了！所以他們已經沒有嚐味的舌根勝義根了，只有能說話的舌頭，卻應當要歸屬於身根，所以色界天人是沒有味塵、舌根與舌識。又如色界天人都已經沒有鼻根的勝義根了，雖然他們還有鼻子，這個鼻子卻應該歸屬於身根，所以色界天人是沒有香塵、鼻根與鼻識的。這樣一來，色界天人的十八界，就只剩下十二界了。所以，他們的五陰雖然仍是具足五個，卻已經不像欲界的人間一樣地具足圓滿了，繫縛也就相對地減少了。

若是到了無色界天，就沒有色陰了；所以無色界天人都沒有色身，當然也就不需要有五塵來供他們領受。因此，無色界天人只有名等四陰而無色陰；這時，當然已經是沒有五色根與五塵的，於是自然也就沒有前五識了！因此，無色界天人都只是一種與定相應的精神存在狀態，並沒有人的形態，所以無色界天人的十八界，只剩下意根、法塵、意識等三界存在，其餘十五界都已經捨棄了，這表示無色界天人的繫縛是更少的，更易於解脫三界生死的繫縛，只要有緣聽到眞善知識對聲聞解脫道正理的開示。

但是，不論如何，下從欲界最粗重的地獄有情、畜生道有情、人間有情，中如欲界天的有情、色界天的有情，上如無色界滅掉十八界中的十五界以後，只剩下三種界的無色界有情；這欲界、色界、無色界等三界有情，是通十方三世一切世界的；而十方三世一切三界中的如是六道有情世間，全都是由如來藏來造成及生存、運作、流轉、死亡之後，再重新造成、生存、運作、流轉、死亡，不斷地重複這個流轉過程，成就永無窮盡的十方三世生死流轉的有情世間。所以說，如來藏不但是無情世間之根本因，也是三界有情世間之根本因，所以如來藏是三界一切世間的根本因。

爲何如來藏也是外道法的根本因呢？這是說，外道所主張的一切法根本，其實也是如來藏；但是外道修行者並不瞭解這個事實，因爲他們沒有實相智慧可用於觀察這個事實；於是基於對蘊處界等五陰世間的不如實知，建立了冥諦（數論外道）、極微、大梵（造物主）、自然、因緣……等說法，認爲有情及山河大地都是由冥性、極微、大梵、自然、因緣……等法所成就，於是成爲數論外道乃至成爲因緣外道。殊不知十方虛空中的一切無情世間以及一切有情世間，全都是由如來藏所造成的；若離如來藏，尚無山河大地等無情世間可言，何況能有天人、天主等造物主的存在？由有如來藏故有一切有情，才能有外道，方能由諸外道修行者創立各種學說，各自主張世界是由冥性、極微、大梵、自然、因緣所生。這些學說都是由外道修行者的虛妄思惟而產生的，故說如來藏不但是世界因，也是外道法因。

譬如數論外道們所謂的冥諦等二十五諦，其中所謂萬法根源的冥性，從來都是不可知亦不可證的想像之法，是由數論外道的思惟中產生的，並無可以重複驗證的實質；而數論外道的蘊處界之所由來，仍是如來藏，故如來藏爲數論外道法因。亦如極微外道，他們認爲宇宙之中並無造物主，而宇宙及有情亦非大梵等天神所創造，其實是由四大極微組合而成的；而四大極微常住不壞（註），所以四大極微才是萬法的根源。但這也是由極微外道基於對色陰本質的認知而建立的思想，因爲四大極微都是圓相，並且都是無情物，不可能隨機自由組合成爲各種同一類有情的色身及精神；必須有如來藏憑藉業種及其他的各種自性，才能將四大極微組合成就各類有情的身心；以此緣故，說如來藏同時也是外道法因。（註：四大極微常住不壞，乃依凡夫眾生所知而言。但對諸佛、菩薩而言，四大極微非壞非不壞，本屬金剛心如來藏多類自性中之一種故。）

亦如大梵天（也就是一神教外道所說的造物主上帝），仍然是具足五陰的天人；他雖然統領初禪天而成為大梵天，仍然不脫五陰範疇。雖然後來經過教會改革而成為聖靈、聖父、聖子三位一體，然而這個大梵天神仍屬於生滅性的五陰所攝；而他們所說的聖靈，仍然是不可知、不可證的，不能像佛教所說的萬法根源如來藏一樣可以經由多人重複地一再實證檢驗。而外道梵我、神我的天主五陰，仍然是由大梵天天王的如來藏所創造，不脫如來藏的範圍。經過改革後的大梵神我施設建立的聖靈，卻是仍然具足識陰的體性，與無色界天有情的「名」識陰意識雷同；卻又具有色界天意識的瞋及思惟，不倫不類，全然不符三界世間的事實與定律，經不起實證禪定者的考驗。這已經證明，大梵天（造物主）的本質不論是改革前或改革後，都同樣是具足五陰，但改革後的聖靈則是唯有意識而無色質，都屬於人類思想所創造而建立起來的；而人類思想的來源，仍然不脫蘊處界；蘊處界卻仍然是由如來藏心所出生的，所以說如來藏同時也是外道梵我、外道神我的根本因。

亦如自然外道主張一切世界及有情世間都是自然出生，並非有一造物主或有一大梵天來創造的。或如因緣外道主張一切世界及有情世間都是因緣所生，並無根本因的存在；無情世界及有情世間的成就，純屬隨機組合而成的，所以全屬因緣所生。然而這些外道見的由來，仍然是從眾生的妄想建立中立論，仍然是依眾生各自的蘊處界而產生的妄想；但這些建立因緣觀的外道眾生，仍然是由他們各自的如來藏所出生的，故說如來藏也是因緣外道的根本因。而佛法中的聲聞解脫道所說因緣觀，卻是建立在本識常住不壞的第八識如來藏基礎上，由這個常住不壞而且可由菩薩實證的如來藏，來建立因緣觀；這才符合四阿含諸經的正理，卻與六識論的因緣外道理論迥異。（編案：詳見《阿含正義》書中舉證的阿含部經典聖教。）

如來藏也是二乘法因——既是聲聞解脫道法的根本因，也是緣覺解脫道法義的根本因。這是因爲：聲聞法解脫道的涅槃實證，是基於對蘊處界的緣起性空、無常故空、空故無我的現前觀察而獲得的；但是聲聞法所觀行的緣起性空、無常故空、空故無我，卻仍然是基於蘊處界而觀察的，自始至終都不能外於蘊處界而作緣起性空的現觀，這樣的緣起性空觀是不具足、不圓滿、不究竟的。然而追根究柢，蘊處界仍然是由如來藏出生的，故說如來藏也是聲聞法的根本因，這樣的緣起性空觀才是完整而究竟的。這在四阿含諸經中也是有根據的，並非平實編造的一家之說；將來《阿含正義》寫完出版以後，大家自然都可以獲得證實。（編案：已經於二〇〇七年八月出版完畢。）

這是因爲 世尊本來就是基於入胎識出生名色五陰的基礎，來爲大眾解說聲聞解脫道；而這個入胎而住、住在母胎中出生蘊處界的識，卻不在聲聞法緣起性空觀的實證與觀行範圍之內；因爲聲聞法中的緣起性空觀是不必親證如來藏的，只要確信有此本識可以入胎出生五陰，就能觀察五陰的生住異滅而斷盡我見與我執，取證涅槃。而如來藏（四阿含中有時說爲如來藏，有時則只稱爲「識」），是法爾如是、本來自在的常住心，是蘊處界出生的根源，也是不迴心阿羅漢們滅盡五蘊十八界而入無餘涅槃以後，唯一剩下的常住心，卻是離見聞覺知而絕對寂靜的，也是從來都無有情蘊我、處我、界我等法性的常恆寂靜心。當如來藏不再出生蘊處界而獨住時，就不再出現於三界中了，於是再也沒有生死流轉過程中的所有痛苦了。由此緣故，說如來藏同時也是聲聞解脫道的根本因。

至於佛法中的緣覺道因緣觀的由來，仍然是以如來藏爲根本因；譬如世尊在四阿含中曾經說過十因緣與十二因緣的關聯；這是現代佛教界所不曾注意到的重要法義，卻是緣覺解脫道中非常重要而且絕對不可忽視的法義。也就是說，十二因緣觀是基於十因緣觀才能成立的；而十因緣觀的十支因緣，全都是由如來藏心才能成立的；若是沒有入胎識如來藏心的入胎出生名色，就不會有蘊處界及其心所法的緣生緣滅可以被緣覺所觀行，便不可能成就因緣觀的觀行，便無緣覺法的成就以及出離三界生死苦的修行成功，世間就永遠都不可能有辟支佛的出現與入涅槃了，所以如來藏入胎識也是緣覺法的根本因。十因緣觀之中，之所以會說明十支因緣只能推到名色爲止，再推究名色之所從來的時候，就知道是有入胎識的存在了！而一切法都要由名色來出生，名色卻是要由入胎識如來藏來出生；當世尊推究到入胎識如來藏時，不論再往前如何推究，都必須退回到入胎識如來藏來，永遠都無法再推究如來藏識之前還有任何一法存在。所以推究到入胎識如來藏的時候，就必須退回來了，永遠都不可能從如來藏入胎識再往前推究出任何一法的存在了，所以才說「齊識而還、不能過彼」。由此聖教所載的事實，以及我們的實證體驗，都證實眞的是如此而不可推翻的，這也證明如來藏是緣覺法的根本因。這個道理，就留到將來出版《阿含正義》時再來詳細解說吧！這裡就暫時先賣個關子。

至於佛菩提道，更是離不開如來藏了！因爲，般若的實證即是證眞如，而眞如心正是如來藏識。如來藏識恆時顯現自己的眞實性與如如性，永遠如是示現祂的眞如性；菩薩由於實證如來藏心的緣故，時時都可以這樣子現觀祂的眞如性，這就是般若諸經中所說的證眞如。外於如來藏阿賴耶識心體，就沒有眞如法性可以實證了，所以大乘般若所說的證眞如，也是依如來藏心的實證而發起的，當然如來藏也是大乘般若法義的根本因。並且也由於祂不斷地出生有情身心，不斷地造成宇宙的成住壞空而使有情得以實現因果，恆時示現祂是法界萬法根源的眞實相。證得如來藏的人都可以如此證實、如此現觀，因此而產生了實相般若，有了般若智慧，所以如來藏也是大乘般若實相智慧的根源。

正因爲如來藏識具有眞實性、常住性、金剛性、無我性、寂靜性，是本來而有的不曾有生之心，所以永不可壞而永無滅時；並且祂能藉無明及業種而不斷地出生有情身心，與有情身心不斷地互動而繼續收藏有情身心所造作的一切業種及無明種，於是不斷地出生三世連貫的有情身心，然後與有情身心不一亦不異地示現在三界中；恆時示現祂與三界、與有情身心永遠不一亦不異的中道自性，恆時顯示祂與有情身心所熏習造作的各類種子不一亦不異的中道自性。由於這樣而恆時顯示了不斷亦不常的中道自性，由此事實，也可以證明如來藏識是中道觀行的基礎，離開了如來藏識便沒有中道可以觀行了。離開如來藏識而說有中道可以觀行的人，都會成爲戲論性的中道觀，與般若中道的眞實義必然相違，都不可能是眞正的中道觀行——不是眞正的中觀，所以說如來藏也是般若中觀的根本因。

於三賢位中廣修般若而具足現觀如來藏識的自性以後，進而修證一切種智，發起諸地無生法忍時，也是由於實證如來藏中含藏的一切種子—一切功能差別—而產生了無生法忍。這已經不是三賢位中只是觀察如來藏自身的體性而產生的智慧了，而是深入觀察如來藏識的種種功能了；並且要觀察如來藏識的一切功能，具足親證而能一一運用了，才能說是圓滿證得一切種子的智慧—圓滿證得一切種智—而成就究竟佛果。凡是尚未具足一切種子智慧—尚未圓滿具足一切種智之前—都只能算是諸地菩薩或等覺菩薩，仍然無法成就究竟佛果。而如來藏識的一切種子，當然全都含藏在如來藏識之中；外於如來藏識的一切功能差別，也就沒有一切種子的智慧可以實證的了，所以說，如來藏識—自心如來—也是大乘佛菩提道一切法義的根本因。

如來藏既是二乘菩提成就涅槃的根本因，若是否定了如來藏識的存在，二乘菩提必然無法避免落入斷滅空中，無法避免與斷見外道合流。由此緣故，否定如來藏識的二乘菩提修學者，必然要回頭重新建立識陰中的某一識為常住法，或是建立意識中的某一微細部分為常住法，重新落入我見之中，以免成為斷滅空，於是他們對於二乘菩提的見道功德，就永遠都無法親證了，不免常住於凡夫我見之中。再由以上的說明，也證明如來藏識是大乘法義的根本因，凡夫之所以能成爲菩薩，永住於菩薩數中而不退轉，乃至最後終於可以成佛，也是由於這個如來藏心的實證，而一步又一步成就佛道的；所以如來藏識—自心如來—也是一切學佛人追求成佛極果時的根本因；外於如來藏識的實證，尚且不可能有眞如可以實證，何況能有成佛之道可言？

這個如來藏識，甚深微妙而極難實證，並非一般凡夫知見所能仰望，亦非二乘無學位的聖人們所能自己取證的；這些二乘無學聖人，於後來迴心大乘而成爲菩薩以後，都仍然必須經由隨從　世尊修學的過程中來證悟，然後才能有《金剛經》等第二轉法輪般若系列諸經的迴心大乘阿羅漢菩薩，與世尊作種種對話而成爲大乘經典演述的緣起者，這也已經證明如來藏心確實是大乘佛法之根本因。然而其餘不迴心大乘的二乘聖人，對此都是無所證的，至多僅能從　世尊及諸菩薩聽聞如是正理，無法自己證實；乃至對於二乘菩提及有餘、無餘涅槃同樣是依如來藏而建立的道理，仍然是從　佛聞法而了知，始終無法證實。但是一切迴心大乘的阿羅漢們，甫聞此理就能自己現觀而證實這個事實，成爲已悟菩薩。由此也證明二乘法確實是從大乘菩提中方便析出，藉以幫助大眾先取證解脫果而產生大信心，然後可以漸次走向三大阿僧祇劫才能完成的極難行的佛菩提道。

如來藏既是成佛之因，而一切外道、佛門凡夫、不迴心的二乘聖者都無從證知，當然是密因；這個祕密是不共外道、佛門凡夫的，也是不共定性的二乘聖者的，當然要說是「**密因**」。如來藏妙法與世間法的祕密是迴異的，世間法中其實沒有祕密，只是由於不想讓別人知道，所以才稱為祕密；但在事實上，世間法中的所有祕密，都可以藉著意識的思惟與學習而了知；其餘較有世間智慧的聰明人，也可以憑著自己的思索就破解了別人所認定的祕密，因爲都屬於意識層面的境界。然而，二乘菩提解脫道的親證，所證出三界生死的境界，已不是世間人所能知悉的；更何況是二乘無學聖人尚且不知道的如來藏境界，又如何能知？卻是已悟大乘道的眾菩薩們皆能知悉的境界。這個如來藏的自住境界，其實就是二乘無學聖人滅盡五蘊、十八界以後的無餘涅槃中的境界，但卻不是二乘無學聖人所能知道的（編案：詳見《邪見與佛法》中的說明）。由於這個緣故，我說無餘涅槃是二乘密因，不共佛門凡夫與諸外道；而無餘涅槃中的本際卻是菩薩密因，不共二乘無學聖人，連二乘無學聖人都無法了知。但是一切已成如來之大般涅槃如來藏境界—常寂光土的大圓鏡智境界—一切種智境界，卻又是諸佛不共諸菩薩的祕密；因為，諸菩薩都尚未圓滿的實證，而都只是分證，所以在「六即佛」的判教中名爲分證即佛；由此緣故，說究竟如來藏一切種子的智慧境界，即是如來密因。

由此可知，如來藏境界不是外道境界，不是佛門凡夫境界，不是佛門聲聞、緣覺等聖者境界，是諸菩薩境界。但是，諸菩薩證悟之後，尚不能知如來密因，因爲大般涅槃常寂光土之一切種智圓滿境界，仍然不是諸菩薩眾之所能知，必須悟得如來藏以後，次第進修到佛地而圓滿一切種智，成就大圓鏡智而住於常寂光究竟土中，才能了知如來地的如來藏境界；所以諸菩薩爲了究竟了知如來地的如來藏境界，就必須悟後廣修菩薩萬行，窮盡十方三世一切法界中的眞如法性，也就是以佛地眞如爲首而常住不移，才能具足發起如來地的一切功德；所以說，究竟地的如來藏眞如法性，是諸如來不共菩薩們的密因。

「修證」的「修」，是說一切法都必須依止於這個如來藏心來修習，否則終將唐捐其功。但是這個道理，如今卻已經沒有大師能懂了；都是錯把生滅性的意識覺知心認作是常住的金剛不壞心，同樣都落入我見之中而無法斷除身見，一直都被三縛結繫縛而沒有能力解脫。爲什麼我要說一切法都必須依止此心來修才能成就呢？這當然要分成幾個層次來加以說明，大家才能更深入地理解其中的原由：第一、世間法唯修意識心而不知道從來未離這個如來藏心。第二、外道法及密宗亦修意識心而自謂已修如來藏心。第三、二乘法的修滅十八界而取證無餘涅槃時，一樣是不離如來藏心而修，但是二乘乃至無學聖人仍然不知道如來藏心何在，只因信受佛語而知有此心，所以知道自己修斷我見、我執、我所執以後進入無餘涅槃時不是斷滅空。第四、修習佛菩提道的菩薩們，凡是已證如來藏心的見道菩薩，都知道這個如來藏心何在，都知道佛菩提道的修行從來不離如來藏心。第五、已入地菩薩都知道應修除意識及意根的一切執著性，也了知二乘菩提及大乘佛菩提道都依如來藏心而實修親證，也開始觸及如來藏的種子—如來藏的功能差別—而實證無生法忍。了知這些道理而眞修實證的人，才是懂得「如來密因之修」的菩薩摩訶薩。

修學佛法的人，必須瞭解應該如何入門？如何親證而入見道位中？如何修道？修道是修什麼內容？見道與修道的次第又是如何？究竟地的境界又應該是什麼境界？三乘菩提的行門與所證有什麼異同之處？這些都是學佛人必須認知的內容。只有先瞭解這些內容的梗概以後，才會懂得要如何正式展開佛菩提道的修學時程。如果不能先對成佛之道的內容有了梗概的理解，如果對成佛之道內容的理解是錯誤的，結果將是努力修學佛法一生到老，卻是白忙一場、浪費一世錢財精力，終究是唐捐其功而無絲毫所證，永遠處於摸索的過程之中來過完這一世。百餘年來的佛教界，無論顯密各宗，莫不如是，很少有人能對佛法的脈絡有所了知，更別說是見道位的親證與進修了。

那麼，以下我們就來一一地解說吧。

第一：世間凡夫只知道要修正意識心，或是增加意識心的聰明智慧，都不知道意識覺知心永遠無法脫離如來藏心而獨自存在。世間人修學世間法，都必須親歷其境實習而記憶起來，第二天再繼續學習的過程，這樣子一天又一天地累積學習成果，才能成就所學的某一種世間法；在世間一切技藝的學習過程中，都不能外於這個道理。然而，世間人並不知道意識心不能獨自存在的道理，自以為所學的都記憶在腦袋中，不知道此世的記憶是與如來藏聯結才能成就的，於是自以為是地學習著如何在世間生存、生活、享樂、受苦，然後老了死亡。渾然不知所學一切世間技藝，都是由如來藏暫時藉由腦袋來記存的；腦袋自己其實無法記存這些學習得來的功能，而是由各人的如來藏心來執持腦袋，以及記存這些新學的技藝功能在腦袋中。由於不知這個道理，所以總覺得意識覺知心是常住的，總覺得是由意識覺知心來執持這些新學來的功能與智慧，這就是世間人對世間法的修學；這樣的修學其實是學生而不是在學習善逝，不是在修學了生脫死的大事。

第二：外道法、密宗及佛門中的凡夫們，盡其一生所學的種種外道法、附佛門的外道法種子，仍然是要依靠如來藏心來爲他們持種。外道法、密宗及佛門中的凡夫們，一樣是在修習意識心的境界，而自稱是已經在熏修如來藏心，或者是每天都在極力否定第八識如來藏心；但卻都不知道自己所修的境界與邪見，都屬於意識相應的世間知識。他們更不知道自己所修的意識境界世間知識，都仍然必須依靠背後的如來藏，爲他們收藏各類新學得來的知識種子。所以，縱使他們都還不知道自己其實無法一時一刻離開如來藏的持種功能，而如來藏卻仍然繼續在爲他們執藏每天修學的世間知識、意識境界；乃至如來藏心每天都在收藏他們熏習否定如來藏正法的邪見種子，或者每天都在爲他們收藏所造作的否定如來藏的惡業種子。他們對此都是無所覺知的，但他們對於這個事實是很難理解、很難相信的，除非他們後來確實證悟了如來藏心。

第三：二乘法的修學過程，是必須修滅五陰、十八界的，是要斷盡對自我的執著，取證有餘涅槃；然後年老捨壽取證無餘涅槃，永遠不再受生於三界中。但是，當二乘無學聖人取證有餘及無餘涅槃時，一樣都是不離如來藏心而修；若離如來藏心而修行，他們所聞熏的解脫道知見，將無法受持累積而成就阿羅漢果。若離如來藏心而取證涅槃，阿羅漢們所入的無餘涅槃都將成爲斷滅空；所以 世尊在四阿含諸經中，已經多處說明無餘涅槃中有本識如來藏，說爲涅槃本際；阿羅漢們由於信受 世尊爲不二語者、不誑語者、如實語者，所以完全信受不疑，由此緣故而於涅槃無所恐懼，能斷盡我執，成阿羅漢。

世尊在四阿含諸經中曾說涅槃中有本際常住不滅，也說阿羅漢所證的涅槃是「眞實」、「清涼」、「常住不變」，也說還有一個與五陰十八界同時同處的本識常住，也說名色五陰十八界都是由此本識入胎、住胎而出生。但是二乘初果乃至四果無學聖人，仍然全都不知道如來藏心何在；只因信受佛語而知有此心，所以知道自己修斷我見、我執、我所執以後進入無餘涅槃時不是斷滅空。也因爲這個緣故，所以在後來 世尊宣演大乘般若諸經時，大部分阿羅漢是迴心大乘而修學佛法的，後來多數已經親證本心如來藏而成爲不退轉住的菩薩，發願繼續受生於人間、住持正法；才會有大乘諸經的記載與弘傳，而有今天的大乘法教繼續被正覺同修會所弘揚。

只受持聲聞頭陀行的大迦葉尊者等四十餘位阿羅漢，不曾迴心大乘，也沒有證悟大乘法；他們在 世尊入滅後邀請四百五十餘位聲聞法中的凡夫與三果以下聲聞聖人，結集出四阿含諸經；堅稱他們依據所聽聞的小乘及大乘經典而結集成爲四阿含諸經，即是大乘法教的成佛之道，不承認他們聽不懂大乘佛法。這就是現代佛學研究者所說的第一次五百結集。然而，諸大菩薩及後來證悟如來藏的阿羅漢菩薩們，等到大迦葉等人結集完成時，共同來聽聞他們誦出結集的內容，都不滿意大迦葉等人的結集，因爲都沒有把 世尊所說成佛之道的內容結集進去；他們結集完成後所誦出的「成佛之道」（註）內涵，全都只是聲聞羅漢法的內容，四阿含諸經中只有大乘法教的某些名相，並無成佛之道的絲毫內容。當菩薩們提出商討、建議增補成佛之道的內容時，大迦葉等人在眾多聲聞凡夫的堅持下，拒絕了諸大菩薩及阿羅漢菩薩們的請求，認爲他們所結集出來的四阿含就是成佛之道；於是 文殊等證悟的大菩薩們，以及迴心大乘而證悟的阿羅漢菩薩們，便當場宣稱：「吾等亦欲結集。」然後另行邀請阿難尊者共同結集大乘法教，隨後終於有了七葉窟外的千人大結集，才終於有了大乘般若系列及唯識系列的大乘經典留存至今。然而，平實未來將會寫書來說明及證實：四阿含中並未確實將成佛之道的法義結集出來。但是在這裡，卻歸結出一個結論：聲聞法及緣覺法的修習，若是不依止如來藏的實存作爲大前提，是無法斷我見我執的。所以不迴心的大迦葉等人仍然是承認有如來藏本識實存不滅，作爲無餘涅槃中的本際；他們認爲四阿含諸經中已經有錄入這個部分，也已錄入《央掘魔羅經》而講過如來藏了，所以沒有必要另外結集大乘經典，認爲四阿含諸經已經函蓋大乘法教了！但是他們這個主張是不正確的（編案：詳見《阿含正義》七輯中的舉證）。

（註：「阿含」亦譯爲「阿笈摩」，意爲諸佛輾轉傳來成佛之法道。）

第四：修習佛菩提道的菩薩們，凡是已證如來藏心的見道菩薩，都知道這個如來藏心何在，都知道佛菩提道的修行從來不離如來藏心。若是久學菩薩，悟後是可以深入觀察自己的一切行爲及熏習世間或出世間一切法時，其實全都不曾外於眞心如來藏，都只是在自己如來藏之內熏習世間及出世間一切法；而且所見一切相分也都只是自心所現的六塵相分，從來不是在身外山河大地上面行善或造惡；所以一切種子都不會落失在外，全都會在自己如來藏心中保存不失。這樣才是確實了知大乘修行之道的菩薩，但這卻不是外道、佛門凡夫、二乘聖者之所能知。

第五：已入地菩薩都知道應修除意識及意根的一切執著性，也了知二乘菩提及大乘佛菩提道都依如來藏心而實修親證，也開始觸及如來藏的種子—如來藏的功能差別—而實證無生法忍。然而，這一切種子（包括眾生的異生性種子、無明種子、業種、異熟種、福慧種子等）全都收藏在自己的如來藏心中。證得聲聞解脫果時，只是將分段生死種子流注出來時的現行部分加以斷除，即能出三界生死；入地以後開始修除三界愛的習氣種子，使如來藏心中含藏的種子比以前更清淨，也開始引生如來藏心中的部分功能；七地滿心時斷盡三界愛的習氣種子，也就是斷盡煩惱障所攝的習氣種子，進入八地以後，開始斷除無記性的異熟種子，使如來藏心比以前更清淨。乃至成佛前的等覺位中百劫修相好，取得色身的目的只是爲了施內財而斷盡極微細的異熟種子，增長了無量的福德，使得如來藏心徹頭徹尾地清淨了！再也沒有一絲一毫的染污了，再也沒有一絲一毫的無始無明了！這時才算是究竟成佛了！而這些修行的過程與內容，無一不是在自心如來藏中所修，無一不是在清淨自己如來藏中所含藏的一切種子。了知這些道理而眞修實證的人，才是懂得「如來密因之修」的菩薩摩訶薩。

以上是「**修證**」的「**修**」，接下來談「**修證**」的「**證**」。在學佛十年乃至三十年以後，就能了知佛法的修行內涵嗎？下至已能了知聲聞羅漢所修的解脫道內涵嗎？其實絕大多數人都是一生學佛到老了，都還不知道學佛是什麼？乃至連學羅漢是什麼都不知道，更別說是確實瞭解學佛與學羅漢之間的差別了！不幸的是，這是末法時代的大乘佛法及南傳佛法中極爲普遍的現象。所以，對於證的內容，大家也應該要瞭解一下。

學羅漢的人，也就是修學南傳佛法的人，對於大乘佛法中的所證，雖然不必求證，但是卻不可以否定之，否則即不可能實證聲聞羅漢所證的解脫果。學佛人的見道所證內容即是如來藏心的所在，這就是中國禪宗所說的開悟明心——破初參；這是南傳佛法的修行人所不必求證的，但是卻必須信受確實有這個第八識如來藏可以實證，否則是無法斷我見、身見的。如前所說，學羅漢的人，必須先斷我見、身見結！但是想要斷我見、身見結，卻必須遠離六識論以後才有可能實證；否則都不免會落入斷滅空的恐懼中，於是永遠無法斷除我見而自以爲確實已經斷了我見而證果了，那就不免會造就大妄語業而成爲大妄語人。

學羅漢的人，斷了我見、身見以後，接著疑見與戒禁取見就會隨之斷除；然後進斷我所執，也就是斷除欲界愛—斷除了五欲貪愛—而發起初禪，隨後即能立時斷除五個下分結而成爲三果人，永離欲界地，不再還來人間。若能更深入觀行而將五蘊的所有細相都具足觀察，連我慢（愛樂極微細的一分自我仍可繼續存在）也都能斷除，就能斷除五個上分結，成就阿羅漢果。這些實證，全都是圍繞著現象界的五蘊、十二處、十八界、六入而作的無常、苦、空、無我的觀行，不涉及法界實相（萬法根源的如來藏心空性）的實證。這不但是學羅漢的人所應證的觀行境界，同時也是修學佛法想要成佛的一切菩薩們所應證的觀行內容，所以，大乘佛法是函蓋二乘菩提的。也就是說，唯一佛乘的大乘法，雖然粗分三乘，卻是函蓋二乘菩提的實證內容，並非不加以實修的。

而在大乘法中修學佛法—修學成佛之道—的人，全都必須親證空性心如來藏，才能眞入見道位中，成爲眞見道的菩薩，位在三賢位的第七住位中。但是想要修學大乘佛法而求實證，總是不容易；因爲，首先要對大乘三寶生起具足的信心：確信大乘三寶不同於聲聞法中所知的三寶，確信自性三寶之可以實證而非理論施設。這個信是不容易快速修習具足的，因爲常常會由於邪師（譬如六識論者）的邪教導，只信受聲聞三寶而不信受大乘三寶，更不可能相信大乘法中所說的自性三寶，才剛剛聽到有第八識如來藏的存在，就已經懷疑不信，甚至因爲自己不懂就隨意加以誹謗。所以說，想要具足信心於大乘三寶的人，利根人大約一個大劫可以修習圓滿，鈍根人則是往往要一萬大劫才能修習圓滿，這就是大乘學人初步的修證；這個詳細內容，在本經中將會有所說明。

接著，當十信位的功德熏修圓滿以後，才有可能進入初住位中開始熏習外門布施的菩薩行；布施功德圓滿了，才有可能進修持戒的功德；然後次第修習忍辱、精進、禪定、般若等法，在外門廣修這六度菩薩萬行的時間，大約一大阿僧祇劫的三十分之六，才有可能深心接受如來藏妙義而願意辛勤勞苦地參禪覓心——參究如來藏心的所在，想要實證般若實相智慧，想要親見一切法不生不滅、不離中道的實相境界。這個過程尚未圓滿修集以前，是不可能起心動念愛樂參禪的；而這個外門廣修六度萬行的修學過程，其實是每一位學佛人都必須親自經歷的。有些人在很多劫以前就完成了這個過程，這一世的證悟就成爲勢所必然；有些在過去世修學外門六度萬行的時劫尚不是很久，那麼就必須再繼續修學外門六度萬行；直到福德足夠之時，心量就大了，才敢起心動念想要修證如來藏心，想要實證般若實相智慧。也正因爲已經多劫修集外門六度萬行等資糧，才會遇到大善知識而在此世證悟如來藏心，進階於三賢位的第七住位中，成爲不退菩薩。但是想要進入第七住位而成爲不退菩薩，並不容易；先要在第六住位中廣熏正確的般若知見，然後要到證悟的因緣成熟之時，才能證悟本識如來藏；若是第六住位般若正見熏習的內容及時程都尚未完成時，是絕對不可能證得如來藏的，當然就不可能發起實相般若智慧。

「**證**」字，上週說到第六住位尚未滿心之前，般若的熏習以及種種的加行，雖然已經完成了，但是仍然差在一念相應的證悟；還是無法找到如來藏，依舊是悟不了心眞如，所以還是進不了第七住位。因此即使證得六通的俱解脫阿羅漢迴小向大而入大乘法中修學了，在還沒有證得如來藏之前，仍然只是六住滿心位的菩薩而已。雖然他的解脫境界可以相等於初地心，俱解脫的境界可以相等於三地的滿心（註），但從佛菩提道上來說，他的般若智慧仍然只在六住位滿心中，只證得能取與所取二空而已，也就是大乘法中加行位所證的二取空的世第一法。假使迴心阿羅漢在外門六度的修行上面還沒有圓滿，當他這樣來修菩薩行時，布施的部分不滿足，他就得補修布施度；若是持戒的部分因爲習氣種子還很重，也還得修學大乘戒，一時還入不了持戒位。（註：三地滿心可以隨時隨地取證無餘涅槃，但因留惑潤生而說爲尚未斷盡思惑。）

一般淺學的人常對別人說：「**我持戒清淨。**」這話其實有大妄語成分，因爲眞正持戒清淨是二地滿心以上的事，是因爲可以自由控制自己的內相分，所以自然清淨。阿羅漢只是斷了現行罷了，還稱不上清淨；他還得用意識與末那來觀照自己的習氣種子，伏除性障，因爲他不是自然而然能夠斷除淨盡，只是現行斷除而已，尚不能稱爲眞正的持戒清淨，因爲阿羅漢仍然無法轉變自己的內相分。所以才說，眞正的持戒清淨是二地滿心的事，二地滿心之前都叫作學戒；所以對佛法很有研究的人，總是自稱學戒人，不稱持戒者。但是這個名相的使用，不知者不罪——因爲事實上確實沒有大妄語的企圖，所以假使有人說「我自己持戒清淨」也不爲罪。

至於迴心大乘的阿羅漢們還沒有證得如來藏以前，正由於習氣種子都還沒有開始斷除，也由於不能如二地滿心菩薩一樣可以自行改變內相分，所以說他們持戒的部分仍不滿足；再加上大乘法中的外門忍辱、禪定、般若也都還不滿足，所以還要精進去努力，這當然也表示他們在大乘法中的精進度也不滿足。因此說，他們這樣修學佛菩提道，都只能稱之爲外門廣修六度萬行。眞正開始進入內門，是從一念相應而證得本心如來藏的時候，親自去體驗如來藏心的本來性、自性性、清淨性、涅槃性，能現觀祂與萬法的不一不異……等中道性，從此以後轉依第八識的清淨體性來修行，這樣才算是已經開始內門廣修六度萬行，這才是眞正的開始行菩薩道了，但也只是三賢位中的阿羅漢菩薩罷了，仍然無法入地。

眞正的行菩薩道，是有層次差別的：明心之後還要進修般若的別相智—後得無分別智，然後進修般若的一切種智；等你發起了道種智，五法、三自性、七種第一義、七種性自性、二種無我全部都實證通達了，這時才是眞正的開始修菩薩道；所以說，到通達位—到初地入地心—以前都仍然是見道位，是在相見道位中專修後得無分別智。從初地開始才算是修道位，七住位是般若正觀現前——明心而證得心眞如，但見地仍未滿足，還得要把見地修證滿足（具足後得無分別智）之後才算是進入初地；要從初地的入地心開始繼續修學十度波羅蜜，這時才算是大乘佛法中眞正的修道。由此可知三乘佛法的修證，特別是佛菩提道，必定都有次第性；例如從七住位開始內門廣修六度萬行，初地入地心開始內門廣修十度波羅蜜，這時才算是近波羅蜜；還沒有進入初地心之前廣修六度萬行，都叫作遠波羅蜜，因爲眞正到彼岸的路途還很遙遠。所以要到八地心開始，才算是大波羅蜜。

所以一般學佛的人，修學布施、持戒乃至般若，當他還沒有一念相應之前—沒有證得如來藏之前—總是覺得成佛之道何其遙遠，不知道該怎麼樣用功，根本沒有任何的把握和依憑。一直到證得如來藏的時候，還是覺得成佛遙遙無期，因爲還沒有究竟通達諸地境界。但是諸位今天倒是幸運，因爲我已經先把道的次第幫你列出來，你只要按部就班、按圖索驥，一步、一步去走，那麼你現在究竟是在佛菩提道的哪一個階段中？有什麼次第？接下來要做什麼？你都知道了！但是我當年破參的時候，沒有人能告訴我；我得要自己去摸索，根本不知道究竟何時可以成佛。現在諸位只要明心後把《邪見與佛法》書後〈佛菩提二主要道次第概要表〉加以比對，就知道自己大概還要兩大阿僧祇劫，再加上一大阿僧祇劫的三分之二多一點，就可以成佛。

如果有一天福德成熟、慧力成熟、定力成熟，一念相應又看見了佛性，世界身心如幻的正觀自然成就了，便進入十住位了！也就完成第一大阿僧祇劫的三分之一了！接下來再爲護持正法、救護眾生而破邪顯正，積功累德，圓滿了十行位的功德；又一步一步地廣修各種迴向行，同時也進修種智，一步一步地往上走，當你把五法、三自性、七種第一義、七種性自性、二種無我等法都通達了；而且性障永伏不現如阿羅漢——至少證得頂級三果了，又發起了十迴向位的金剛心，然後只要對十無盡願生起增上意樂而在佛像前發「十無盡願」，那時就能進入初地，這才算是走完第一大阿僧祇劫了！然後開始修學初地後的近波羅蜜，也就是已經比較靠近佛地的境界了，成佛已經比以前更近了，所以叫作近波羅蜜，也就是開始第二大阿僧祇劫的修道了，這就是初地到七地滿心的修行過程。如果能夠一步一步再繼續進修，進入八地的入地心，那時改叫作大波羅蜜，因爲是世間凡夫所不能了知的境界，連初地乃至五地菩薩都不能想像；這時自知即將完成佛道，所以就叫作大波羅蜜，已進入第三大阿僧祇劫的修道過程了。

到最後十地滿心而進入等覺位，已是過完第三大阿僧祇劫的修道了！接著就是百劫修相好：全部都是爲布施眾生而專修福德，才能成就三十二種大人相及八十種隨形好、無量好。所以，如果來正覺學這個法，不但要有大心，而且千萬不要存有私心，那會學不下去的，也一定會得少爲足，最多到明心之時就會停住了。不要只爲自己，要爲眾生來修，才會進步快速，所證才能究竟。

到了等覺位時該怎麼修呢？假使證量不夠的話，等覺菩薩的行止是承當不了的。用百劫的時間來修三十二相、八十種好，以及無量無數的隨形好；這整整一百劫都是專門修福德，有人要眼睛，湯匙拿起來就當場挖下右眼給他：「你要用眼睛做藥引，我就歡喜地挖給你。」如果還嫌臭，要換左邊也可以，就把左邊再挖給他。如果要腿，就立即剁下來送給對方。就這樣，無一處非捨身處，無一時非捨命時；這樣子爲眾生去做布施，要整整一百劫。這時可不管道種智了，完全是修集福德，因爲到了等覺位時，只剩下一點點的塵沙惑，只剩下一點點煩惱障習氣種子，而且都是故意保留的；若是成佛的福德還不夠時，把它斷了也沒有用啊！因爲福德不具足，就無法成佛，所以這時只好專心去修福德。福德修集具足圓滿時，就可以上生兜率天，在內院當妙覺菩薩而爲天人說法；然後因緣成熟時就降生到人間，那時才把最後一分極微細、極微細的所知障隨眠破除，才把最後一分極微細、極微細的煩惱障習氣種子斷除，於是成爲究竟佛；這也是證量，所以說這一些全部都是「修證」。

然而解脫道和佛菩提道並不是像一般人所想像的：一定要見道以後才能修道。有的人是見道、修道一起的，譬如解脫道，佛見了某人來，是外道，可是 佛向他招手說：「善來！比丘！」那些有緣的外道聽到這四個字時，不是怒髮衝冠，而是鬚髮自落；鬚髮自落並不是真正說頭髮、鬍鬚都掉光了，鬚髮就是煩惱，是煩惱全部都落盡了；因爲佛有三十二相、無量隨形好，很容易攝受眾生；也有十力，善觀眾生根器，若觀察瞭解這個人緣熟了，就說：

「**善來！比丘！**」（來得好啊！比丘！）就這樣子成爲阿羅漢了，煩惱當下斷除淨盡，永遠不再現行。阿羅漢隨後當然就去剃頭，剃頭只是剃個表相而已，當時雖然還是在家相，就已經是阿羅漢了，這是二乘聖者的「所證」。

不過，阿羅漢在這之前，就已經很努力地修伏性障了。性障主要是五蓋（細分下來其實很多），主要是貪欲、睡眠、瞋恚、掉悔以及疑。解脫道相應的這五蓋斷除了，不會再有現行時就能斷除五個上分結，就能成阿羅漢了！因爲以前一直都在外道法上修，四禪八定已經修成了，所以五蓋已經滅除了，那時只是還沒有見道，所以仍是外道。這時 佛只要讓他瞭解覺知心的我、作主的我，是意識和末那，都在五陰生滅法之中，都在十八界所函蓋之內；這樣一來，當他這時微細我見（我慢）斷壞的當下，我執也就跟著斷了，這就是大阿羅漢。或者只要招手說：「**善來！比丘！**」當下明心時就成爲通教中的阿羅漢菩薩了。

古時候 釋迦佛的座下爲什麼有那麼多的大阿羅漢？經上常常講「**一千二百五十人俱，皆是大阿羅漢**」，因爲他們還在外道法的時候，就已經證得了四禪八定，換句話說，三界中的煩惱已經完全降伏了。既然已經降伏三界愛了，爲什麼還不能出三界？因爲我見不斷，認定在非想非非想定中沒有五塵，只有定境中的法塵存在的那一個很微細而且不會返觀自己的覺知心就是涅槃心，這已經落入識陰中的意識內，正是最深細的我見還不能斷除，這就是阿含中說的「我慢」。由於這個極深細的我見不斷，就不能出三界，所以佛只要跟他開示一、二句話，我見斷了，就成爲俱解脫的大阿羅漢了，這是二乘聖者的所證，也是入地菩薩應該證的。

可是現在要找一個四禪八定具足的人，很難！不要說四禪八定具足，光是要找一個得初禪的人，就很難找得到。不久之前，台灣南部有人宣稱他證得初禪，但他是不是眞的證得初禪？其實還沒有。我現在已不敢相信人家講的話，一定要親自對他勘驗：證得初禪的過程是怎麼樣證的？發起初禪的過程怎麼樣？後面的演變情形又是怎麼樣的情況？如今，我都要與對方談過後才會相信。如果連得初禪都沒有，來了就向我請求說他要斷我見，就想成爲阿羅漢，佛法中沒這回事。以前也曾經有人宣稱已得二禪，其實也是不實的誤會之說。

那麼另外有一種人是慧解脫，不算大阿羅漢，慧解脫是不修禪定的；但仍必須很努力地消除自己的五蓋——貪、瞋、眠、悔、疑，他眞的如實去做，而且已經很多世以來就在做了，而今生更精進；這個時候只要幫他斷了我見，就有可能成爲慧解脫的阿羅漢，因爲他將會同時發起初禪的功德。所以「善來比丘」是可能的，並不是不可能；有的人不相信，以爲是神話，其實並非神話！只不過到了末法的現在，不但是人們的根器大不如前，而且邪師說法如恆河沙數之多，難得看見有人不被邪師所誤導的；所以現在想要找一個阿羅漢，眞的很困難。但是在斷我見以前若是已經發起初禪了，或是斷我見的同時又發起初禪了，還是能夠成爲三果人或阿羅漢的，除非他的教授師自己有過失：**沒有盡力教導，或是教授師自己都還不能深入解脫道正理中實證**。因此說，解脫道的修證，如果在實證解脫果以後，再從見道之前的修伏性障追溯來算，我們可以說那段過程也是修道；但是必須後來眞的有見道而確實證得三果或四果。如果一直都沒有見道，那麼見道之前的修道就都不算數，仍只是外道法的修定伏性障罷了。二乘解脫道的果證，其實也是成佛之前必須具足實證的，也就是在初地滿心之前都一定要實證，然後留惑潤生，不能拖延到八地開始才實證。

但是深入一些來說，解脫道的修證，佛與阿羅漢畢竟不同，菩薩與阿羅漢也畢竟不同；阿羅漢只是斷盡煩惱障的現行，但煩惱障的習氣種子並沒有分斷或斷盡；可是菩薩從初地的入地心開始，就時時刻刻觀照，一直都在斷除習氣的種子；未來到達佛地的時候已經完全斷盡，這樣才可以說他沒有了變易生死——煩惱障習氣種子都不再存在而使種子清淨不再變異了；再加上所知障的上煩惱—塵沙惑—全部斷盡，於心眞如的一切種子無所不知，才可能稱爲大般涅槃。所以諸佛的般涅槃和阿羅漢的般涅槃，依同證的無餘涅槃境界來說雖然都一樣，但其實內涵仍有不同。這是說，入了無餘涅槃時的境界相都一樣，都是十八界滅盡了，但是**心眞如**第八識內含的種子是不一樣的。

又解脫道的修證有層次差別的不同——見道向、見道、二果向、二果、三果向、三果、四果向、四果、見到、信解脫、八解脫、……乃至慧解脫、俱解脫、三明六通大解脫；佛菩提道也是一樣，在六住滿心位，還沒有一念相應證得如來藏之前，努力在熏習般若，如果你所跟隨的是眞實證悟般若的善知識，雖然還沒有一念相應，仍然算是般若的修道，因爲跟對了人，所以終究會見道；見道後來追溯見道前的修除性障等行爲，當然可以追溯爲修道。但是如果跟錯了人，誤導你說：「**般若就是緣起性空，就是一切法全部都空。**」如果這樣去修學，不管修多少劫，都不叫作修道；即使伏除性障而修得初禪了，仍然不被承認爲修道，因爲永遠無法斷我見而得見道，永遠無法跟般若智慧一念相應，所修都落在意識常我之中，與大小乘的見道方向完全背道而馳。

般若不是一切法空，那是六識論的應成派中觀的邪見；般若並不是講蘊處界的緣起性空，般若是依如來藏與萬法之間無量不一不異的中道性，來說五陰、十二處、十八界的緣起性空，這才是眞正的般若。印順老法師判定般若爲性空唯名，這不是般若的證量，千萬不能夠像他一樣的誤會。如果般若即是一切法緣起性空，那麼受想行識唯有名，而般若法義的一切名相也是唯名無實——純粹是「名」，這樣判定般若，般若就變成虛相法而不是實相法了。虛相是說一切法緣起性空，一切法都空；因爲無常故空，本質是落入斷滅空。可是阿羅漢入無餘涅槃之後並不是斷滅空，因爲 佛說阿羅漢入涅槃以後，是眞實、常住不變。

阿羅漢所入的無餘涅槃，從菩薩來看也是中道，只是阿羅漢自己不知道那仍然是中道而已。但是菩薩依如來藏來看這個涅槃時，涅槃也是中道；是依如來藏來看五陰、十二處、十八界全都緣起性空、一切法空，這樣才是中道；所以實相般若不是性空，更不是唯名無實的虛相法。般若講的是空性，以及空性心眞如所引伸出來的八不中道、無量中道，兼及現象界中一切法的緣起性空，這樣全面函蓋了實相界與現象界的智慧，才能叫作實相般若；性空唯名所能領會的般若，只是虛相般若，全都是在生滅無常的現象界中用心，不能及於實相法界。因此，在一念相應之前所修學的般若的熏習，都不能稱之爲修道；因爲所熏習的知見都偏差了，對於你未來的證悟完全無助，因爲那些熏習的內容都與大乘見道無關。

如果跟對了眞正的善知識去熏習般若，在熏習的過程中雖然你還沒有證悟，但是他會幫助你，使你有證悟的因緣，會使你未來容易證悟；所以這一段時間的熏習，假使是與見道後的修道有關的部分，在將來見道之後也可以追溯爲見道後的修道，因爲一定對見道以後的修道有所助益，這也是證量啊！所以不一定一念相應證得如來藏時才算是證量，雖然前提是不久之後一定會因爲這段時間的修行而見道，但這之間還是有層次的不同。

說到世間法，也有證量的不同啊！你學書法，顏體、柳體或宋體，臨摹得唯妙唯肖，那也是證量。你修學拙火、氣功、中脈、明點……等，乃至你四種明點統統具足，也是證量，但那只是世間法中無用的證量，不是佛法中解脫的證量。又通常所說的證量，是一念相應時證到了第八識了，就可以說：「**我有般若的證量。**」此時般若經典打開來看，恍然明白原來是在講自己心中的法，從此以後不必死背《心經》了，所以我現在《心經》背不全了，因爲沒有心思要去背，內容都在腦子裡面。只要有智慧可以宣講《心經》就好了，爲什麼一定要死背呢？這就是般若證量。

修二乘法的證量，很單純的分四個層次：見地、薄地、離地、畢地，這就很清楚了。你只要見道斷我見，便是須陀洹；依斷我見所得的見地來努力進修，後來薄貪瞋癡了，就是斯陀含；再依二果薄地的功德進修而斷了五下分結，已經遠離欲界地，阿那含的證量就完成了；再依三果所證的離地功德來斷除五上分結，便成了阿羅漢，解脫道中所作已辦，成爲已辦地。慧力足夠的人，只要性障輕微，又很精進修行，斷我見之後，只要一生就能轉進到阿羅漢位了！但是佛菩提道不一樣，從開始熏習一直到最後成爲究竟佛地，其中的證量層次眞是千差萬別，所以有許多菩薩證悟之後，還要一天到晚跟著佛學，往往要修學到初地滿心以後才敢出去弘法，有時候還要回來見佛、禮佛；有時候回來親近學一學，雖然可以到外面去了，但是還不敢遠行；若是十方無量世界，任何一個地方都敢去，那得要有七地的證量，所以說佛菩提道千差萬別，證量也是千差萬別的。

這些都是證量，不要把證量看得太單純，其中千變萬化而有許多不同，因爲八萬四千法門各不相同，只在有沒有符合五十二階位的實相智慧，以及有無各階位中應有的解脫功德來判定。所以見道與修道之間，有許多的千差萬別，同樣是個明心，各人見地深淺高低也不會完全相同，由此可知佛菩提道甚深極甚深，悟後千萬不可狂妄。

有的人稍微學了一點法，就批評說：「我的親教師說法不如我了。」以爲老師在什麼地方講錯了，自己都聽得懂。其實並沒有眞的懂，因爲如果眞的全都聽懂了，就一定能夠跟他的老師一樣上台說法了，但是卻仍然做不到，人家只要問二、三個問題就把他問倒了；這樣，怎麼可以說他全都懂了呢？這其實是誹謗親教師——無根誹謗他的根本上師。

有很多人稍微懂一些佛法的時候，往往會覺得他都知道了；就好像學佛的人，剛開始學佛時什麼都不知道；學了半年稍微懂一點，學到二年時就說全都懂了，他以爲說：佛法只不過是四聖諦、八正道、十二因緣，沒有其他的法了。可是漸漸再學下去，人家問：「你的眞如心在哪裡？什麼叫眞如？」不知道！等到明心以後，又以爲全部懂了；接著再學下去，越學越深就越不懂，不知道的妙法越多，才知道見道只是剛才註冊入門罷了。所以地上菩薩沒有一個人有慢心，凡是有慢心的人，會跟人家講：「我們親教師講的某些法，他講錯了我都知道。」那我告訴你：這個人還是不懂佛法。這其實是慢心，因爲他誤會了人家講的意思，就以爲人家講錯了。

眞正的菩薩，修行越好越不會有慢心；儘管他外表看來，一天到晚在破邪顯正，一般人都說：「**這個人好傲慢，竟然敢冒天下人之大不韙，連佛教界公認的大修行者，他也敢批評。**」但是菩薩破邪顯正而救護被誤導的眾生時，卻是心中完全沒有慢心；因爲，能破邪顯正的人一定是很有證量的人，證量越高的人越能發覺自己的不足，越發覺得自己根本無法猜測上地及佛地的境界，所以越沒有慢心。

但是這樣的菩薩卻會越有自信，因爲疑見斷了，於諸方大師不疑：諸方大師之所修所證，各在什麼層次，已經看得清清楚楚，心中決無懷疑。譬如說你如果從一樓轉進到了二樓，就知道一、二樓的內容，可是還沒有進到三樓的人卻不知道三樓的內容。由於慈悲，你會爲一樓的人說明要怎麼轉進二樓，才可以進入二樓而不會走錯路，否則便永遠爬不到二樓；結果是，停留在一樓的人卻不斷的辱罵在二樓指示的人有慢。現在眞是末法時代，網路上反而批評我慢心最大，可是實際上，他們根本不曉得菩薩的證量內容，更不知道菩薩的心量，所以眞的很難敘述，不是三言兩語就可以說清楚的；但他們不信，反而大聲辱罵想要救他們遠離邪見的菩薩是有慢心。

不談別的，光是《成唯識論》我們就得要講四年；有人說：「明心不過就是證得眞如，哪有那麼多東西可以講？」我告訴你，確實講不完，若是要再講得更深細一點，還得要更長的時間；但是假如悟後聞熏而能夠吸收一、二成，就有大受用了，般若種智也將會逐漸成長。由於般若種智的成長，也許這一世，或是下一世，你就可以漸漸地、有次第的進入到初地去，所以般若的證量很難用極短的言語就全面說明清楚。不明白的人總是說：「蕭平實由於經典讀得多，所以講出來的都是跟經典一樣，翻遍經典要來找他的毛病總是找不到，無法推翻他。他其實只是把經典研究得很透徹啦！根本談不上什麼證量。」你想要度他，所以不引述經教來說，純粹跟他講證量，他又不信，也不懂你所講的其實是證量，不是讀來的；那你只好回頭引用經典、論典來爲他證明：「我平實講的是正確的。」他卻又再度辯說你是從經典上讀來的，不是證量。

所以末法眾生眞的很難度，你們如果發願要出世度眾生，想要把法送給人家，可能還要被人家糟蹋，要有這樣的心理準備。我由於被糟蹋慣了，所以現在聽了好像風吹過耳朵一樣，不會起心動念。但佛菩提的證量，一般人被有名氣的大法師誤導很久了，他們是不會瞭解你所說的內容，所以也不懂你的證量是什麼。當你到了道種智現前的時候，寫出來的書一定都會像經典一樣，也會像大藏經中的論典一樣，其中有不少法義都是許多人從來沒聽過、從來沒讀過的，因此就會認爲你是異說，不會想到是自己寡聞少慧而沒聽過、讀過。少聞寡慧的緣故，就想要找經典、論典來推翻你，卻是沒辦法；總是等到人家出書辨正以後，才知道原來是過去自己錯解了經典、論典；現在人家更詳細的講出來，與經典相符合，他又不肯接受，反誣指別人是從經論中抄來的。所以，眾生根本無法稍微瞭解菩薩的證量，因爲這是唯證乃知的事，程度差太多的人，怎麼解釋都沒有用的。

當你有種智去說一切法的時候，眾生無法瞭解，他會誤以爲你是深入研究經論來的。可是這種想法有問題啊！請問那些研究了六、七十年經論的大法師們，譬如印順這樣的人，爲什麼會研究不出來？他們都比我聰明，又是出家專研的人；總不能說我要花許多時間在家謀生的人，業餘研究才只研究十年，能研究出來；而他出家專門研究了六、七十年，卻研究不出來，這是說不通的。實質上的原因正是證量的問題，我能短時間就講得出來、寫得出來，而且速度很快：我出書比別人讀書還快。當別人還沒有讀懂我上一本書，我已經又印出下一本書來了。這個就是證量之所在，如果有證量，不必研究太多大乘經典。其實我讀過的經論還不到一半，論藏的部分，我曾讀完的只是《成唯識論》，其他的都還沒有讀完，總是這裡翻一翻，那裡翻一翻，找資料而已；只是找資料來證明我從心中講出來的法義而已，結果好在資料都有證明，所以我的說法可以歷經再三的考驗而都證明正確。

教理行證的「證」字，「修證」的「證」字，內容很難一言半語講清楚；久學菩薩都不從身分、修學年數、歲數、性別……等表相來看修證，但是一般人卻往往只從表相來看修證：**「這個蕭平實是一九八五年才開始學佛的，他懂什麼？我出家很久了，又打過幾十次的禪七，也讀過《大正藏》的全部經論，並且是讀了好幾遍，都還悟不了，他怎麼可能才學佛幾年就悟了？那會有什麼證量？笑死人了！」**但是菩薩並不這樣看，因爲要追溯到過去世；所以我這一世雖然被誤導了（我這一世的師父給我的知見是與證悟的實質及方向，都是完全顛倒的，但我揚棄了他的教導以後），還是可以自己走出這條路來，而且經過佛教界再三的檢驗以後，仍然證實我所悟的法義與 釋迦佛所講的並沒有差別。

爲什麼能夠這樣呢？當然都是過去世累積下來的。所以佛法的證量不能光從這一世修學久暫的表相與身分來說，因爲菩薩還沒有到三地滿心之前，都還有隔陰之迷；雖然還有隔陰之迷，但過去世的證量仍然要算進去；所以即使這一世被誤導了，在揚棄了被誤導的知見以後，還是可以依照自己從上一世轉移過來的證量種子，自己參究出來；這時就能把過去世的修行證量再逐漸延續起來，這就是證量。所以修證不能只看表相，不能只看這一世，而要看過去無量世。

有的人過去世還打過我，但是這一世遇到了我，他也悟了；有的人往世還曾經拿石頭砸我，但是這一世遇到我，還是悟了！因爲他們過去世在晚年時都有當面懺悔，我接受了他們的懺悔，惡業就過去了！若是我那時不接受，他們以後每一世的問題就嚴重了。這些都是事實，而這些同修們也還在同修會中，所以佛菩提道的證量不能只看一世。

而且，佛菩提道的證量是有千差萬別的，才會有華嚴五十二個階位，或者楞嚴的六十個階位施設建立，不像解脫道的階位很少而且很容易實證。所以，並不是每一個人悟了以後智慧都會一樣，有的人過去世曾經悟過，現在稍微點一下就很容易破參；也有人過去世沒有悟過，縱然我使盡種種神頭鬼臉，還是無法使他悟入，眞的沒辦法！因爲他過去世不曾悟過，這一世是第一次與正法相應，所以他悟入的時候以及悟後的法義整理、悟後起修，都會很辛苦，未來修學道種智時也將是很辛苦；縱然如此，只要是遇到了究竟了義的正法，都不算晚，因爲終究是開始了，遠勝過遇不到的人。

所以說，「**修證**」這個「**證**」字的內涵，得要從以前的無量世來把這一世聯貫起來說。如果只看這一世，有些人可能眞的會氣死；因爲發覺到別人悟了以後這部經能通、那部經也通，而自己悟了以後研究了老半天，還是有很多地方不懂。所以得要瞭解到各人的狀況不同，該怎麼修就怎麼修，該怎麼走就怎麼走，少造身口意的惡業——特別是對正法，那麼未來世修道的路就容易走。不信的人，把《菩薩瓔珞本業經》好好去讀讀看，經中說：誹謗佛寶、誹謗正法、誹謗勝義僧，轉到下一世時，三賢十地一切皆失。因爲捨報的時候見地雖然還在，但是被業力所牽而下地獄時，到了地獄以後換了地獄純苦報身，依止那個地獄身的五色根時，什麼見地都不在了！因爲這些都是不通懺悔的，一定會影響到未來無量世的修證。

有的菩薩因爲自己的習性很重，也還沒有離開隔陰之迷，所以有時候會隨著往世誹謗的習氣種子現行而亂誹謗；他不懂得證量的千差萬別，當別人悟了智慧猶如泉湧，而自己不能，就謗說：「**蕭老師偏心，給他比較多，給我比較少。**」其實完全沒這回事，我沒有多給他什麼，那個心是他自己本有的，他悟到的仍是自己的東西。至於說偏心，那是一定的，我的心本來就歪在左邊——一定要依各人根性的不同而因材施教—你若是無法吸收，我多給了也沒有用，不是我不給。所以這是沒辦法的事，我只能在立足點平等上面作到——同樣內涵的教導，至於他能不能獲得，那就要看他自己的福德因緣了。

佛也是一樣的，諸佛在人間示現時，心臟也是長在左邊的—給大家同等的教導而不是強行把大家都拉到同一種證量中—不是齊頭式的平等。所以佛會觀察因緣，能夠修到什麼地步，就給他什麼法，再多給也沒有用的。有好多人怪我，其實是他們自己的因緣不夠，他們往往是身在廬山而不認識廬山——身陷惡業習氣中而自己不知道；但是做爲一個旁觀者，度眾生這麼多年下來，我的觀察總是八九不離十啊！有人怪我刁難，怪我不肯傳法給他；其實我沒有給他是對的，這表示他的因緣根本就不夠。因緣夠的人總是心地很調柔，只要肯繼續再用功，終究有一天會悟入的；可是性障重而不肯除掉，就會永遠障礙自己，卻要求獲得跟別人一樣的證量，就變成癡心妄想了！

所以證量不可以強求，當因緣具足時就能夠證得；等覺菩薩想要成佛時，一樣必須百劫修相好，他可不能怪佛說：「我只差一點點，爲什麼您不告訴我？」不能這樣講。證量千差萬別，是沒有辦法做表相比較的。所有的證量都是立足點平等，不可能是齊頭式的平等；你過去世修學，假如基礎已經到了第十層，當然這一次悟了就要進入第十一層；假如原來的基礎只在第一層，就妄想這一世悟了要到第十一層去，佛法中沒有這回事。所以說，證量的事情很難具足了知，眞正修證的內涵，也只有到究竟成佛的時候才能完全了知；所以在教、理、行、證上，我所講的「證」，還是有層次的限制。

接下來說「**了義**」。這還是在講經題喔！「了義」的「**了**」，意思是已經眞正的知悉——完全知道了。「**了**」有四個意思：

第一、說世俗的智慧，你眞實了知了，這叫作「了」。世俗的智慧有很多種，插花有花道，喝茶有茶道，行俠仗義有武士道、有江湖道義。種種的法都有門道，所以走江湖敲鑼時會這樣講：「內行人看門道，外行人看熱鬧。」佛教界也是一樣，四大名師不斷在私下抵制平實，現在平實就針對四大名師一一指陳，搞得很熱鬧；這時外行人就看熱鬧，內行的人就去看我的書中到底寫些什麼，大法師們又是講些什麼，設法弄清楚誰對誰錯，這就是看門道。但是一百人中倒是有九十九人不懂門道，我書中明明講「法離見聞覺知」，他們還是繼續堅持說「開悟的眞心是離念的覺知心、是放下煩惱的見聞覺知心」；所以想要眞正懂得我們的法確實很難，一百個人大概只能找到一位，把許多一百人中的那一個人，都集中到這裡來就變成你們這些人。

所以佛法是很不容易瞭解的，特別是佛菩提道，連阿羅漢都不懂，就不能「了」。然而世間法的「了」就容易了，插花只要學個三、四年，只要本身世間慧力好，自己能加以變化，也許還可以比你的老師插得更好。如果過去也練過氣功，有那個種子存在，這一世學密宗的氣功或外道的氣功時，只要肯練，也許經過五年、十年就比老師的成績更好。這些世間法都容易「了」知，現在世間法中的核子彈、氫彈、中子彈、質子彈……等技術，都已被嚴格控制，不許擴散；可是台灣也有能力做啊！只是不敢做，因爲恐怕國際社會的壓力；中國大陸也能做，大家一直在防堵，但大陸還是會了，也擠入世界核子俱樂部了！由於這些都是世間法，只要有心想要「了」，還是不困難。但佛法卻沒那麼容易「了」，我們書寫了那麼多，讀了我的書而確實找到心眞如的人，到目前爲止只有一位。有好多人讀了我的書，以爲悟了，就寫報告來；結果我看全都不是，都是似懂非懂。

因此，世間法的究竟瞭解也叫作「了」，世間法以外還有解脫道的「了」，也是「了」。解脫道的法義，在以前也是很不容易「了」，有誰能「了」解脫道？目前海峽兩岸都沒有，南洋也一樣。好多人說我們只要一念不生時就是涅槃，有好多道場都這麼說，也有人在月刊發行中這麼說。在密宗裡面也常常講「輪涅不二」，說輪迴與涅槃不二；其實只有大乘中親證如來藏的菩薩們才真正懂得輪涅不二，是指心眞如一向都是輪迴與涅槃不二的；密宗卻用意識覺知心的境界來說輪涅不二，想要用一念不生的覺知心入住涅槃中，這正是誤會解脫道的具體事證。

當代人中，涅槃說得最好的算是印順老法師，他的《學佛三要》後面講到涅槃時，說十八界統統要滅盡，他是這麼承認的，所以算是講得最好的，是講得比較像樣的說法；不過印順也只是想像，到底入了涅槃以後是怎麼回事？他又不知道了！所以他說涅槃就是一切法空：是全部都空了，把十八界都滅盡了，滅盡十八界以後的斷滅空相不會再被壞滅了；由於消滅十八界後的斷滅空相永遠存在，就叫作不滅；再因爲滅相不滅，所以這個滅相不滅叫作眞如，所以不是斷滅空，不同於斷見外道。但這話講得通嗎？滅盡了以後怎麼可以叫作滅相不滅？既然是已經滅盡的空相，那就是斷滅空，怎麼可以說滅相不滅即是眞如、叫作中道、叫作涅槃？這是講不通的，這樣的眞如、涅槃、中道都是想像來的。

至於涅槃的實際就是第八識獨住的境界，離開了第八識心，哪裡還有涅槃可說呢？可是，聲聞解脫道在佛世是大部分的出家佛弟子都知道的，他們實證如來藏以後都知道涅槃中是什麼。但是輾轉傳到中國而來到海角一隅的台灣，現在已經沒有人知道涅槃了！爲了在五年、十年之間就要使台灣所有的佛弟子們都懂得涅槃，所以我們大量的印《邪見與佛法》，讓大家建立正確的知見：什麼叫作解脫道？十八界滅盡了以後，什麼是涅槃中的實際？涅槃中的本際究竟是什麼？我們用淺顯的語言、文字敘述明白，佛弟子們讀了以後，就能建立解脫道的正確觀念與知見；再深入理解以後（編案：詳見《阿含正義》詳述），這樣就可以說：「解脫道我已經『了』了。」

大乘法所講的一念無明斷盡時，就是煩惱障習氣種子斷盡了，也叫作「了」，這是出世間法。另外，破無始無明也叫作「了」，只不過這個「了」是總相上的「了」。又如，菩薩證得第八識之後，善知識開示：「這個第八識就是無餘涅槃中的實際，十八界滅盡以後入了涅槃，涅槃之中就是第八識這個心。十八界滅盡以後，一切法都空了，可是祂獨自存在不滅，離受想行識、離見聞覺知，離一切的思量，這樣就是無餘涅槃的無境界境界。」可是這個涅槃的實際，定性而不迴心的阿羅漢不知道，因爲他還沒有打破無始無明——還沒有取證第八識而無法現觀心眞如。得要迴心向大乘，入了大乘之後再來修學；然後等他熏習般若一段時間，建立了正知正見，有一天終於實證如來藏而能現觀心眞如了，終於知道：「我滅盡自己而入無餘涅槃時，十八界滅盡而不再生起時，原來是祂獨住於離六塵、離見聞覺知、離六根的境界中。」這時才能懂得實相般若。

這時更清楚的知道：不是由十八界我來進入涅槃，原來我果眞是沒辦法入涅槃的；我成爲阿羅漢以後，不曾看見無餘涅槃中的本際；而我入涅槃以後，我又不存在了，怎能說我有證得涅槃？所以我們以前在阿羅漢位時，根本不能實證涅槃，只是把自己滅盡罷了！原來菩薩才是證得涅槃的人，而我現在已是實證涅槃本際的菩薩了。這個時候他才眞正「了」解脫道了，原來以前對聲聞解脫道所謂的「了」，只是能夠把我見、我執斷盡而不再輪迴生死，無餘涅槃中的無境界境界還是不懂的。現在迴入大乘而一念相應證得第八識，涅槃中的本際確實知道而能現觀了，這也是對聲聞解脫道更深入的「了」。但是菩薩還沒有斷盡我執入涅槃，就先證得涅槃的本際，所以有的經上說：「菩薩不斷煩惱入涅槃，不斷煩惱證菩提。」不可思議的是沒有把我執煩惱斷除掉，但是已經證得無餘涅槃了，因爲無餘涅槃中就是第八識獨存；所以不斷煩惱而能夠證涅槃，這是阿羅漢所無法想像的。但因爲還無法滅盡自己而入無餘涅槃，所以也說三賢菩薩沒有證得無餘涅槃；諸地菩薩也都留惑潤生而永不入無餘涅槃，或者八地斷盡思惑，以大悲願受生而不入涅槃，所以也說諸地菩薩不證無餘涅槃。正因「了」的層次參差不同，所以定性阿羅漢們遇到 維摩詰居士時，個個都不敢講話，口似扁擔；有時就像禪師講的「口掛壁上」，只能把嘴巴掛在壁上不用，因爲沒有辦法開口講話。

菩薩證得如來藏而打破無始無明時，爲什麼也叫作「了」？因爲破無始無明之後也知道解脫道無餘涅槃中的實際。對於蘊處界的實相及一切法界的實相已有了知，明白都是由第八識所衍生出來的，所以對法界實相已有一部分的「了」。五陰、十二處、十八界，有哪一法不是從如來藏心中出生的？既然是這樣，就是「了」；可是他「了」解脫道、「了」涅槃的實際，是經由證得第八識打破了無始無明而「了」的，所以破無始無明時也是「了」。至於了知到哪一個地步，證量到哪一個地步呢？可得要實際探究而不能自己說了算。

剛證悟時只是「了」如來藏的心眞如總相，我們再出題目給你整理，使你「了」如來藏的別相以及如何跟妄心配合，這也是「了」。禪三回來後繼續聽聞唯識系的經典，更深入了知八識心王的一切法，這也是「了」。到了五法、三自性……等實際上證知了，進入見道位的通達位而成爲初地心，這也是「了」——對般若的見道內容通達了。乃至七地的念念入滅盡定，那也是「了」，八地對解脫道的無功用行，以及但憑作意而不必加行，便能利益眾生，這也是「了」。

所以，這個「了」也是有各種層次的差別，所以眞正到了佛地才可說是究竟的「了」，因爲已經究竟了知嘛！於法界的實相，於眞如的一切種子，無有不知，所以能夠究竟「了」。如果你是從聲聞道的羅漢位迴心向大，而且已經證得如來藏而能現觀心眞如了，對般若已經有一部分的了知，你就可以被佛授記。假使你有道種智，也可以爲人做最簡單的授記；譬如有人明心了，不久又見性了，那你就可以爲他授記說：「你將來不久一定會成佛。」他問：「還要多久才能成佛？」你說：「兩大無量數劫再加上三分之二個無量數劫。」一定如此嗎？絕對是這樣。

可是沒有明心之前就不知道什麼時候能成佛了，所以授記一定要在明心不退之後；若不是從解脫道中具足成就而迴心大乘法中證悟的人，還是有可能退失的，就不一定能被授記成佛。而明心之前是不可能被授記的，因爲連何時能明心都還不知道；但是一旦明心不退了，接下去的路絕對是確定了。

但這時你還沒有究竟的「了」，爲人授記時就無法像佛一樣授記多少劫以後在什麼地方成佛？佛國叫什麼世界？叫什麼佛號？有多少的聲聞弟子？多少菩薩弟子？正法住世多久？像法多久？末法多久？你無法在這些微細處上面爲人授記。諸佛能夠爲迴小向大的阿羅漢們做很詳細的授記，是因爲能夠究竟了知他們心中的種子，所以能做這樣的授記。

雖然你入地後只能依照我整理的〈佛菩提二主要道次第概要表〉，爲別人授記多久以後可以成佛，也是好的；因爲可以讓對方歡喜，鼓勵他努力向前進修。如果他覺得成佛遙遙無期，虛無縹緲茫然無知，不知前途如何行進，他就不會精進努力；由於你爲他授記，讓他心中很穩定，精進心也就上來了。可是有的人也許會想：「**啊！你蕭老師講得好聽，我怎麼從來沒有被佛授記？**」然而授記，有顯授記、有密授記。有的時候顯授記，是當著你的面前而爲眾人說，有時則是密授記。密授記有二種：一種是別人都可以知道，就是不許讓你知道。另一種則是爲你講了，卻不許讓別人知道。

娑婆世界的人們因爲是生活在五濁惡世，往往被授記以後容易起慢心、懈怠。也許 佛已經向天法界、鬼神道法界，還有在那邊的菩薩們說人間有一位某某菩薩再經過多久修行以後會成佛；那些不同法界的有情都知道了，就是不讓人間的人們知道。所以授記的狀況很多，而且能夠做怎麼樣的授記，也要看證量。這就是說，對一切有情的證量已具足了知，才能像諸佛一樣爲人做究竟的授記；這個對於證量的了知，也是「了」。至於因果的究竟了知，只有佛地才能究竟「了」；因果是最難了知的，等覺菩薩尚且無法完全了知因果，只有諸佛才能完全了知，這也是「了」。正因爲證量千差萬別，所以「了」的深入與否，也是與證量有關的。

接著來說「**了義**」的「**義**」。「了」的另一個意思是究竟，是要究竟了知什麼？要究竟了知佛法的義理。義理簡稱爲「義」，了什麼義呢？義有三義：世間正義、出世間正義，還有「了義」的「義」，也就是世出世間的正義。

什麼是世間的正義？也就是屬於世俗而不是諦。諦叫作眞理，世俗法不一定是眞理；世俗法而不是眞理，就叫作世俗，也就是世間的正義。譬如古人說「**烏從來黑，鵠從來白**」，烏與鵠都是鳥類，大家往往會聽人家說：烏從來都是黑色的，鵠從來都是渾身雪白的。意思是說，世間法本來就是這樣，所以有一句俗諺說：「**天下沒有白色的烏鴉。**」或者說：「**天下烏鴉一般黑。**」如果突然間抓到一隻白烏鴉，那你可就賺大錢了，因爲你打破了世間法的正義，人們將會因爲牠極稀有，就來向你開價索買，因世間只有這麼一隻白烏鴉。如果你抓到一隻鵠是黑色的，那你也賺大錢了，因爲鵠從來都是白的，沒有黑色的。這就是世俗法中的道理，也是世俗「正義」啊！但這並不是眞理，世間的正義不是眞正不可推翻的道理，所以世間法不是究竟的道理。

例如老人家常講：「**有生必有死。**」這句話是不可能被推翻的。有個人去求佛，想要在人間求得不死藥，佛說有這種藥；他問：「**我要到哪裡去求？**」佛說：「**你一家又一家去問，只要他們家裡沒死過人的，就有不死藥。**」結果他問來問去，不論哪一家都有死過人，不是爺爺、奶奶死掉了，就是祖奶奶死掉；不論哪一代的祖先都會死，沒有哪一個族姓是從來沒死過人的。這意思當然是說：人間沒有不死藥，凡是曾經出生的人，後來就一定會有死亡的時候。所以世間法的正義是「有生必有死」，我們證悟之後也是一樣啊！有生必有滅，只是滅的時間早或晚的差別而已；這也是屬於世間的正義，但仍然不是佛法中的世俗諦。

世俗諦是出世間法的眞實義理，但不究竟，所以不是了義之眞諦，因此而稱爲世俗諦，不被稱爲眞諦；眞諦是究竟了義的眞實道理，所以被稱爲第一義諦。爲什麼蘊處界的緣起性空既是眞理，卻又不究竟而被說爲不了義呢？因爲世俗諦講的是世俗法的究竟義，不涉及法界實相的究竟義，所以是世俗諦；世俗諦並不是至高第一之理，還有比它更高、更究竟的眞理，因爲這個「緣起性空——生必有死」的世俗諦，是依一切有情的蘊處界有生之法，是以蘊處界世俗法爲對象而說的，不涉及諸法的實相，不是最究竟的眞理。

也就是說，世俗諦講的是聲聞解脫道——四阿含所說的二乘解脫道。二乘的解脫道講的是世俗法蘊處界的緣起性空，可以用三法印「諸行無常、諸法無我、涅槃寂靜」來驗證無誤，所以叫作諦，所以二乘法叫作世俗諦。因爲全是世俗法中最究竟的法，世俗法中沒有任何一法可以超過這個法，所以是諦。譬如諸位有時會聽到別人引述經中的一句話：「**設復有法過於涅槃，我亦說如幻如夢。**」爲什麼這樣？因爲三界世俗所有的法，沒有一法能夠超過涅槃，而涅槃依舊不是了義法，因爲不是最究竟法。

大部分善知識都主張用三法印來印鑑一切佛法，可是卻把三法印誤會了，認爲只要心中不打妄想即是沒有心行，就是離開無常了；以爲只要不打妄想而一念不生，就是離開諸行無常而出三界生死了。可是他們卻不知道「行」的眞實道理：只要有五陰存在就一定有心行，一念不生的時候有沒有聽到聲音進來？別人把香點了起來時你有沒有聞到？如果人家點了沈香，你已了知：「**好香，這是蜜沈。**」雖然當時仍然一念不生，而這個了知的心行已經運作完成了。或者當時了知自己從來沒有聞過，雖然心中仍然不打妄想——不生起語言文字，但是你心中已經了知了，「了知」就是心行；有心行就仍然被諸行無常所拘束，仍然不是實證聲聞解脫道的聖者。

如果說一念不生就是斷了心行，那很簡單：入了初禪即是出了三界了，因爲語言心行「已經」斷了。初禪等至位是一念不生，但初禪等持位中也可以爲人說法而跟語言文字相應；在不說法的時候，亦不起任何法義思惟時，也可以一念不生。假使這樣一念不生可以說是已超過諸行無常的境界，那麼二禪、三禪、四禪乃至四空定當中也應該可以算是離開諸行了，那麼證得四禪八定的外道們也都算是已經出三界了！可是爲什麼舍利弗、目犍連尊者等人在未遇到 釋迦佛之前，都還是不能出三界生死？因爲禪定中一念不生時還是有心行存在不斷的。心行，講的就是想陰；在這一部《楞嚴經》的後面就會講到，其實阿含中也早就說過了：「想亦是知。」只要是還有了知，這個知其實仍然不外於想陰，因爲還有了知的心行存在。

一念不生時還是不離心行，覺知心的行爲還沒有斷，還是不離諸行無常。那麼有人也許會說：「這還不簡單？我只要睡一覺，眠熟時就斷除心行了。」睡一覺就能解決嗎？還是沒有！因爲那只是意識或前六識的心行斷了而已，可是末那識的心行還繼續在運作著。睡熟了的境界中，跟入無想定是差不了多少的，只是定力差很多。外道入了無想定也是那個樣子，但他不是睡著了，因爲是從四禪等至位中進入無想定，意識斷滅了，無覺無知了；但卻與眠熟不一樣，因爲無想定中是住於定境而斷了意識，眠熟卻是散亂心而斷了意識，只有意識心行斷滅是一樣的啦！

可是入了滅盡定，都還有意根的心行存在，何況是在欲界五塵當中的覺知心一念不生，覺知心都還在對六塵了了而知的分別著，怎麼可以說是斷了心行？所以這些大師們對諸行無常的誤會眞是嚴重。一念不生的境界中，或者離念靈知的境界中，既然都有心行，就是無常的法，怎麼說爲常呢？意識的心行，在二禪的等至位當中不接觸五塵，但是仍有定境中的法塵繼續存在，覺知心仍在持續了知等至位中的定境，所以意識心的行爲仍然繼續不斷的住在定境中繼續過去、繼續在運行，仍不離諸行無常的範圍。

那麼爲什麼有心行就是無常呢？因爲覺知心是有心行的心，既有心行就一定會有斷滅之時。譬如睡著無夢的時候，斷滅了；入了無想定中也斷滅了，入了滅盡定中也斷滅了，悶絕時也斷滅了；到了正死位時，覺知心也一樣漸漸斷滅了（但是氣息斷了、心跳停了以後，還不是正死位，那時是準備要進入正死位，到了正死位的時候覺知心就斷滅了），斷滅而不存在了，不就是無常嗎？如果覺知心一念不生即是常，而能沒有繼續在了知的心行存在，並且永遠不會有斷滅之時，才可以說諸行斷了。可是覺知心明明會中斷，存在時也一定會有了知六塵的心行；這樣子，有心行而且會中斷的心，就是不離諸行、沒有離開諸行，當然是符合諸行無常的法印，那就是沒有眞實我可以常住的虛妄法。諸行無常是世俗諦——世間的正義，所有三界中的一切法，都不能超過諸行無常這一句範圍。

接下來略講「諸法無我」。諸法始終離不開我們的五陰、十八界，不管是氫彈、原子彈、質子彈、中子彈……等，全都離不開五陰、十八界；這些懂得氫彈、原子彈的科學家們如果一剎那間全都死掉了，還能有這些法嗎？都沒有了；必定是依附於他們的五陰、十八界才能有這些法，所以這些法歸納到最後都是從五陰而來的；但是在五陰之中、在一切法之中都沒有辦法在其中找到一個眞實不滅的我，因爲都是無常法而會毀壞，能夠毀壞的就沒有眞實我存在。

或許有的人會這樣講：「我的意識、前五識滅盡了，還有末那識意根存在，意根還是可以往生去下一世啊！怎麼可以說不是眞實常住的自我呢？末那識從無始劫以來都不曾剎那斷滅過。」初聽好像也有道理，其實不對。因爲末那識還是可以壞滅的，雖然上帝、阿拉都壞不了你的末那識意根，佛卻有辦法。用惡心不能壞意根，用善心卻可以斷壞你的意根；只要教你實證解脫道，當你把我執斷盡，捨報時讓自己十八界壞滅掉，意根末那識就斷壞了。既然末那識也可以斷壞，當然就不是眞實而常住不壞的自我。

那麼到底什麼是不能壞的呢？只有第八識如來藏。莫說佛不能壞，連你自己也無法斷壞你的如來藏；乃至十方一切佛威神之力合爲一個超強的威神力，要來斷壞一隻螞蟻的如來藏，也一樣斷壞不了，所以第八識才被叫作金剛心。大乘法就是因爲證得金剛心而了知實相法界，產生了實相智慧，所以才殊勝。這個第八識如來藏才是眞正的金剛，所以大乘才是眞正的金剛乘，密宗絕對不是金剛乘，因爲他們沒有金剛的本質，他們所證的法都是可以被凡夫斷壞的法，他們修的氣功、明點、樂空雙運，都是可以斷壞的虛妄法，而他們也都每天自己把它斷滅而眠熟了，自己卻還不知道是可以斷滅的法，還自欺欺人的說是常住不壞的金剛法。

這意思是說，意識心及末那心都可以毀壞或中斷，而不能被毀壞或中斷的只有第八識如來藏；但他們都誤會了，也都找不到如來藏，錯把一念不生的覺知心當作是眞如、當作如來藏；所以密宗不能稱爲金剛乘，他們如果自稱爲金剛阿闍梨，都是妄語。

十方三世宇宙之中，只有第八識是不可壞的，其他一切法都是可以斷壞的；在可以斷壞的法中當然找不到一個眞實不滅的我，蘊處界是一切法含攝的，所以蘊處界都是無常故無我性。只有這個第八識，《阿含經》中佛有時說爲「我」，有時說爲「取陰俱識」，而五陰之內已經有意根及六識等七識了，都是被第八識所攝取才能存在的，所以第八識又名「取陰俱識」。佛又說五陰、十八界中的過去色、現在色、未來色、過去無量色、未來無量色、現在這個色，都是非「我」、不異「我」、不相在。是說這個色身不是常住不壞之眞「我」，但是也不能說完全不是這個常住「我」，因爲有一個我存在而出生了色陰假我。既然講「非我」，又講「不異我」，又說這個色身與眞我「不相在」，是表示有個眞實我與五陰、三世色陰同時同處而不相在的，這就是《阿含經》所講的本住法——常住不壞「我」。

這句「非我、不異我、不相在」，佛不是只講一遍、二遍，《阿含經》中有記載的大約有二、三十處，都講「非我、不異我、不相在」；因此不能像印順老法師說的：講有我的人就是外道神我、外道梵我。這是因爲 佛在《阿含經》中早就講過「我」了！是在講蘊處界無我的時候，同時也講本住我，這樣佛法才不會落入斷滅見中；所以緣起性空的世俗諦並不是只講一切無常，不是把蘊處界滅盡以後變成斷滅空。斷見外道曾經來攀緣於 佛說：「**我的見解跟你一樣，同樣是斷滅空。**」佛卻說二者不一樣。因為實在相差太遠了，佛說法是從來都不會落入斷滅空的；所以我們學習 佛所講的諸法無我時，必須以這個眞實不壞的本住我第八識，來說五陰十八界無我，這才是眞正的阿含佛法。如果否定了第八識，就是斷滅見的外道法。「諸法無我」是世間道理極成——是世間法的究竟眞理，因為都是從五陰十八界的世俗法來說這個眞實道理，所以才叫作世俗法中的諦理——世俗諦。

三法印的最後一個是說「涅槃寂靜」。「涅槃寂靜」也是世俗諦，雖然也可以用來檢查大乘法的證悟。但一般人不瞭解，總是以為只要心中不打妄想時就是處於寂滅、寂靜的狀態；佛所說的涅槃寂靜卻不是這個道理，因為只要有覺、有知、有思量存在，就已經不寂靜了。在欲界中一念不生時，覺知心是接觸到五塵的；具足五塵時是這麼鬧，怎麼可以說是寂靜的？在初禪等持位中，五塵照樣進來，只是不跟它相應而已；即使是初禪的等至位中，也都還有三塵存在，所以初禪中還是鬧而不靜。

那你說：「我入第二禪好了。」二禪等持位仍舊是會與五塵接觸的，雖然等至位中不觸五塵，但仍有個覺知心不斷的在運行著；在運行的過程當中，有時候有很微細、很微細的念，那個念是什麼意思，你也不知道；但那微細念一出現時，你不理它，就過去了；如果你的二禪功夫不夠深、不夠穩定，當那種念一出現，你就退回初禪去了。既然二禪等至位中還會有這種念出現，怎能算是絕對寂靜？那你說：「我入第四禪吧。」那時呼吸、心跳都停了，連二禪中的那種微細念都不在了，那總該絕對寂靜了吧！不！還是不寂靜，因爲還能夠覺知到自己的存在，有自己存在時就一定有覺知，那就不是絕對的寂靜，只是相對的寂靜。正因爲那種極細妄念也不生起了，對定境外的種種法也能清淨的捨棄了，所以叫作「捨、念清淨定」；這時總該算是絕對寂靜了吧？不！還是不夠寂靜，因爲還有自己存在，就一定會有定境中的法塵存在，所以不是絕對寂靜。

有很多人誤會四禪的實證境界，以爲只要不打妄想時就是證得第四禪的「捨、念清淨定」，好多外道都這樣想，也有一些佛門大師這樣講，並且寫在書中。但這是不對的，因爲四禪所捨的念，不是講那個念，而是講很微細的念，這個念是全然清淨的正念；除了緣於第四禪定境中的定境法塵，都不緣於其他六塵，這樣的淨念才是「念清淨」。由於這是捨得很徹底，除了第四禪定境中的定境以外，其餘的六塵都不再攀緣，所以是捨清淨，這樣子才合稱爲「捨、念清淨定」。

四禪中，對其餘的微細境界也都不執著，譬如二禪等至位中，一旦有個念頭出現時，就立即離開二禪而落入初禪中了；這個念一閃就過去，它是什麼念？是什麼意思？完全不清楚，只知道覺知心動了一下，就無法安住於二禪中了！還有更微細的念，就是在三禪中出現了更微細的念頭，就立刻退回二禪中了！連這種極微細的念頭都捨掉了，那才叫作捨清淨、念清淨的四禪定境。並不是外道與南懷瑾說的：覺知心中不打妄想、沒有語言文字時就是捨念清淨定。那其實是不懂定境的人，是連初禪、二禪都還沒有證得底人，才會講出這種誤導眾生的法義來。

但是，涅槃中的寂靜，與第四禪的定境是完全不同的；而且不是只有與第四禪不同，乃至四空定當中都還不是絕對的寂靜，仍然不是涅槃中的寂靜境界；可是當代佛門內外的一切學禪者，對此都是完全不懂的；這表示他們所謂的證量，都是想像而不是實證的。以四空定等最微細境界來說，譬如住在非想非非想定中是不返觀自己的，但是覺知心還是存在的，只是不把證自證分拿出來返觀自己而已；可是定境中的自證分還是存在的，表示自己覺知心還存在。既然自己還存在，能了知非非想定中的定境而安住著，這覺知心終究還是會再動心，也還伴隨著定境法塵，怎麼叫作絕對的寂靜呢？當然還是不寂靜了。

只有滅盡定中勉強可以說爲相似寂靜，但是畢竟還不是涅槃中的絕對寂靜境界啊！所以仍不是絕對的寂靜。因爲滅盡定中的末那識—意根—仍然存在，定中的意根還有三個心所法存在——觸、作意、思；這表示仍然有極微細的妄心還在運作不斷，當然還不是絕對的寂靜，所以不能說那時就是涅槃。只有十八界都滅盡以後，連末那識意根都不存在了，所有妄心都滅失了，連一個心所法都沒有了，這時才是眞正的、絕對的寂靜，才是離一切見聞覺知，連末那識的觸、作意、思量等心行都不存在了，這時只剩下第八識眞如心單獨存在，才能叫作眞正的寂靜，這才是涅槃寂靜。

末法時代好多佛門大師都誤會涅槃寂靜法印，不論北傳、南傳都是如此。如果說意識斷了就可叫作涅槃寂靜，那麼每天睡覺時應該就是無餘涅槃了；因爲睡覺的時候前六識都斷了，表面上看來是沒有六塵了；可是還有個恆審思量的你自己存在，只是這個你不會在六塵中對自己生起證自證分而不知道自己存在，所以仍不是絕對寂靜。如果對於睡著無夢時的末那識意根在哪裡？在幹什麼？你都不知道，而說你悟得多深，那都是騙人的。所以不是找到如來藏就沒事了，還要能夠體驗祂。

可是，睡覺無夢時意識就斷了，要怎麼體驗？須知睡覺無夢跟完全清醒，這當中還有很長的一段距離，你可以時時刻刻去體驗祂，只要定力夠，就可以有猶如光影的現證。就在意識出現還沒有清醒的過程當中，要去證，但是先要有個疑情，什麼疑情？目前不能明說，未來也不能明說；因緣到了自然會出現，但是這種因緣出現時，你並不知道這就是猶如光影現觀實證的因緣。在那個因緣過程當中，意識一出現時就可以做觀行，最後經由這樣的觀行，再經過兩、三個月的整理之後，還是先要有一念相應的（凡是佛菩提智都是一念相應的），先有個一念相應，然後你要去整理兩、三個月。這兩、三個月的整理當中，睡覺是最重要的事情：觀行完了就進入睡夢中，觀察自己的內相分種子是否眞的改變了。如果還沒有被自己改變，就回到清醒位中再作整理（當然還是躺在床上不動而繼續整理）。這樣不斷的整理及進入睡夢中檢查內相分種子，最後你才能夠去轉變祂。而在這個過程當中，有睡熟及睡夢的境界，其中都仍有意根存在，有時則是仍有多分意識、少分意識的存在，所以睡覺時雖然意識不在了，仍然不能稱爲涅槃寂靜，因爲末那識的思量還是不斷的在運行，沒有一刹那間斷過，這怎麼叫作涅槃寂靜呢？

所以，你得要瞭解「涅槃寂靜」所說的涅槃究竟是什麼境界，眞正如實地瞭解無餘涅槃中的本際，也知道無餘涅槃的內涵之後，才能夠眞正知道涅槃寂靜這個法義的眞實道理。對於這三法印的了知，已經完成了，這就是實證世俗諦了——就是世俗法的究竟眞理；因爲三界一切法沒有一法能夠超越這個眞理，這是世俗法中最究竟的法，所以是世俗諦。

依照世俗諦的親證而能符合三法印的檢驗時，就能自知自作證，所以確定涅槃寂靜就是出世間的正義；由於世間一切法都是在蘊處界等世間法上面運轉，現在這個二乘解脫道的法卻是在世間的法上證取世間最究竟的法，憑藉這個出世間法可以讓你出離三界的生死輪迴，這是世間法最究竟的眞理，不可能會有其他不同種類的涅槃、也不可能會有其他種類的絕對寂靜，所以叫作世俗諦。這個世俗諦，諸天天主如果不是由菩薩去擔任，他們都不可能懂；上帝不懂，阿拉也不懂，而阿羅漢都入滅了，不會去擔任天主的職務，所以只有菩薩懂。這個叫作世俗諦，是屬於世間法中絕對不變的正義，這就是聲聞乘的出世間法的正義。

那麼什麼是世出世間的正義？也就是講第一義的眞理，因爲世間法也是以這個法爲第一義，二乘出世間法也是以這個法爲第一義，而大乘菩薩所修的成佛之道仍然是以這個法爲第一義，這是世間、出世間、世出世間的究竟法，所以叫作世間出世間的第一義諦，名爲「世出世間正義」。如果你想要深入了知「義」，就必須要進入大乘法來修學，單在二乘法修學，即使是在古時能夠眞的證得二乘解脫，仍然無法深入瞭解這個「義」。

現在好多人在大乘法中求不到法，蕭平實說的法義他們又不肯信，就只好去找密宗修學了；可是他們並不曉得密宗的本質，以爲找到一個更好的法門了，其實是離佛法更遠，因爲密宗完全是外道法。密宗的法不但曲折離奇，又加上迂迴，而且最後的目標也錯得很離譜，根本就不是佛教、不是佛法。假使能把《狂密與眞密》詳細讀完，就會知道密宗是怎麼樣的曲折、怎麼樣的迂迴、怎麼樣的離奇，而最後所證的佛果卻是大妄語中的佛果。我在那四本書中有詳細的一一說明，可惜那些人沒有智慧，不懂得眞正的法在大乘中才有。有好多人誤信密宗喇嘛的妄說，以爲先有小乘，然後發展出大乘，大乘之後才發展出金剛乘——密乘。

但是，小乘法其實是從大乘法中分析出來的，目的只是作爲接引眾生轉進大乘的進階法門，不是釋尊受生來到人間的主要目的；大乘法若是被破壞了，小乘就會與斷見外道、常見外道合流；印順法師等人所堅持的密宗應成派中觀就是如此，具足了斷見、常見二法而不能遠離。而密宗的法，是在經過小乘法寺院時，只在門外摘幾片樹葉就認爲已經實證小乘法了，其實並沒有入門；到了中乘的緣覺法寺院門外時，又站在門外摘幾片樹葉就走了，自稱已知已證緣覺乘，其實依舊沒有入門；然後再到大乘法的寺院外面又摘了幾片樹葉，自稱已經具足證得大乘法了，一樣是沒有入門。他們不曉得三乘菩提裡面的內容，在只知道一些皮毛表相時就以爲自己全知道了，就公開宣稱已經實證三乘菩提的全部了；然後再繞到三乘法寺院的後面去，在那裡建立密宗寺院，說他們才是最究竟的，是三乘菩提所不及的。這樣的密宗實質，有多少人知道呢？沒有人知道，只有我們正覺才知道，才能講出來、寫出來。

所以密宗根本不是世出世間法的第一義，世出世間的第一義講的是大乘法的佛菩提，佛菩提的中心主旨就是八識心王正義，八識心王的根本則是如來藏第八識，由這一個識出生了前七識，再展轉出生一切世間法；然後由這個第八識如來藏在所出生的世間法中，顯現了一切出世間的二乘法，和世出世間的大乘法；所以第八識如來藏既是世間一切法的第一義，也是出世間一切法的第一義，更是大乘世出世間法的第一義，所以叫作世出世間的正義；只有這個正義能在一切世間與出世間法中被稱爲第一了義的正義，所以叫作第一義諦，這就是「義」的意思。

再把「**了**」與「**義**」合起來看，什麼叫作「**了義**」？能夠了知世出世間的究竟義，再也沒有能夠加以增上的更高層次的法了，才能名爲「**了義**」。世出世間的究竟義就是一切種智，一切種智函蓋了四智圓明的所有智慧。有好多善知識在共修後迴向說：「**願一切有情同圓種智。**」可是弘法時卻又把第八識如來藏否定，這已經表示他們完全不懂**種智**的意思。種智就是一**切種智**的簡稱，一切種智講的是第八識如來藏中的一切種子；這如來藏的一切種子，又叫作一切功能差別；而種子又叫作界，就是功能差別而產生的不同的功能界限。一切種智既是如來藏的一切功能差別，每次講經時迴向想要圓成一切種智，而一切種智是依附在第八識如來藏的功能差別上面，他們每次講經時卻又把種智所依的如來藏否定掉，這不是自相矛盾的愚行嗎？可是他們十幾年來都沒有發覺自己的愚行，直到我們寫出書來說明一切種智的正理，後來他們才換成別的迴向偈。

所以，必定是對於世間的第一義以及出世間的第一義都能夠了知、能夠函蓋，才叫作了義。這部經既然名爲「了義」，我們現在開講這部《楞嚴經》，可想而知：所講的就是要使大家對世間的正義加以了知，也對出世間的正義加以了知，並且對世出世間的第一義也能加以了知，具備了這些內涵，這才叫作「了義」，所以這一部經叫作「了義經」。你們聽聞了以後能夠「了義」——了達眞實義的正理，也就是說，深入聞熏以後就能夠分辨一切修行者所證所說的法是邪或是正；換句話說，如果悟了之後沒有能力去分別善知識們所說的法是邪或是正，就表示他對「了義」二字的內容還沒有眞實了知。

這時所說的「了」，是作動詞用：「了義」就是說，對於一切諸方大師，是不是經由了知世間的正義和出世間的正義，然後出來宣說佛法？如果是，我們就說他所說的法是了義法，你已經能夠加以簡擇分辨，才算是證得了義法的人；否則只是內門廣修六度萬行的初入門者，是說你剛剛才入門。入門後要像孔子一樣「入太廟，每事問」，進得門來什麼都不懂，當然要每一件事情都請問別人；孔老夫子從來不會自大，所以入太廟時，每件事情都會請問執事者；所以說：「三人行，必有我師焉。」所以若說到「植稼」就說：「吾不如老圃也。」意思是說：如果要談到種植與栽稼的事，我是不如老農夫的，事事都要問道於老農。

正因爲只是剛剛開始學習佛法而已，所以縱使有因緣悟了，仍然不是究竟佛，只是已經進入內門而正要眞正開始學習成佛之道。所以實證以後，還要再深入修學及觀行一段時間，把智慧增上了，才能夠分辨大師們所說是不是了義；如果還不能分辨，就表示你本身是還沒有證得了義的智慧，只是知道證悟的名義而已。

另外，「了義」還有另一個意思，就是雙具佛法的二主要道，才能說是了義法。如果你悟了，只知道眞如是什麼；再問解脫道時，你都是一問三不知；經上說的「菩薩不斷煩惱而證菩提」，說菩薩的我執煩惱都還存在的時候，就能證得涅槃，你也不懂，那怎麼能叫作了義呢？顯然你這個修證仍不「了義」；必須要悟了佛菩提以後，不但了知心眞如而能現觀，也要能夠知道解脫道的內容：原來就是實證蘊處界無我，把我執斷了，剩下一個沒有我執、我見的那個第八識我不滅，這就是無餘涅槃中的實際。

由於對解脫道眞實瞭解了，接下來繼續的進修，也漸漸地了知：佛菩提道般若智慧一切種智都依這個第八識而漸修成功的，原來一切法都以這個心眞如作爲中心，原來心眞如是一切法的根本。這樣一來，對佛菩提道和解脫道都有很深入的了知，能夠眞實知道什麼是最究竟的法，這樣就說你已經初步證得「了義」的境界了。可是證得「了義」的境界時，必須要用二乘經典（也就是三法印）來印證，也還要用大乘的般若經典實相法印來印證，進而可以用第三轉法輪唯識系的所有經典來印證，這樣才算是眞實的「了義」，不是光憑自己嘴上講，即是了義法；這是必須要有一些標準加以檢驗的，必須要雙具佛菩提道的二種主要道。

另外又說什麼叫作「了義」呢？「了義」就是說，你所證得的大乘法必須能夠建立二乘菩提，使二乘菩提永遠立於不敗之地；而任何人都無法破壞你所證得的大乘法，也使一切外道法都無法攀緣於二乘法而混淆視聽，能夠如此才叫作「了義」。譬如世尊出來說法，說人就是五陰組合而成的，而五陰虛幻、六入虛妄、十二處虛妄、十八界虛妄，所以一切法無我。但是斷見外道來向 佛說：「瞿曇！你成佛了！而我的見地跟你一樣。你說一切法空無我，我們也是這樣的說法。」可是實質上一樣不一樣？不一樣！但是有人說：「佛說一切法緣起性空，那就是斷滅啊！所以阿羅漢入涅槃以後無所有。」他以爲斷滅了以後，空無所有，就是涅槃。這一類現代斷見外道的繼承者就是印順等人。

佛陀在世時，這種斷滅見中最有名的是焰摩迦比丘，印順等人其實都是他的宗徒。印順等人認為：阿羅漢入無餘涅槃以後一切無所有，而般若經講的也是一切法空，只是把阿含部的緣起性空再講一遍罷了！所以印順才會把般若判為「性空唯名」。如果般若就是斷滅空、一切法緣起性空，那跟斷見外道就沒有差別了！這樣一來，人家就可以破他啊！那時他就不得不再建立意識細心不壞說，又重新墮入常見外道法了，那麼別人都可以破斥他是斷見或常見外道，印順就沒有辦法可以立於不敗之地；這也正是印順等一派人今天無法在法義上回應我們的原因，只能在事相上說些無關法義的門面話。

所以必須要有一個法能夠建立二乘菩提，不讓二乘菩提被斷見、常見外道所攀緣而混淆視聽，不能讓人誤以為佛法中的二乘菩提是與外道一樣的。要怎麼建立呢？佛在阿含經早就建立好了，在末法時代的今天仍然白紙黑字記載著，只等著你去發覺而已。「是什麼原因使得眾生流轉生死？不能到達涅槃的本際。」這「本際」二字已經出來了。「我住於實際中，而你無法了知。」「實際」二字也出來了。「遠離憂悲苦惱，證得眞如之法」，「眞如」這二字也出來了。在阿含部的經中有很多，都是二乘聖人聽聞大乘法而結集在四阿含中的；這已經證明在四阿含中同樣是說：有一個法是不生不滅的，而祂所生的蘊處界緣起性空。

這個不生不滅的法當然是本住法，本住法固然不是阿含經的主題，但是已經隱藏在阿含經中了！就好像會寫小說的人，從一開始就陸續把相關的人物、事件、緣由……不經意地寫在前面故事中；等到後面發生了事件以後，讀者才明白早有蛛絲馬跡可尋，原來作者早已埋下伏筆了。同樣的，佛在《阿含經》中的「**識緣名色，名色緣識。**」「**是名色因，名色習，名色本，名色緣者，謂此識也。**」還有許多地方都已埋下伏筆，這是結集四阿含的二乘聖人所無法捨棄而不得不結集下來的法義，因爲他們都知道：假使不把這個本住法大前提結集在解脫道四阿含中，斷見外道、常見外道就會來攻擊聲聞法，使聲聞法不能立於不敗之地，當然要把本住法結集在四阿含中。

菩薩證得十因緣中「名色緣識」的識，證得十因緣法中「齊識而還、不過彼識」的識（編案：此是本住識而非識陰諸識，詳見《阿含正義》書中舉述的阿含經文），由這個識來建立二乘法，使二乘法永遠立於不敗之地，一切外道、一切天人來了都無法破斥或攀緣。過去我曾聲明：「**可以公開，也可以私下來與我辨正法義。**」結果，別說是公開的，連私下的都沒有。連私下來辨正法義都不敢，表示他們都很愛面子，也都不是眞正爲法而出家的人。絕大多數人都不敢公開辨正法義，只敢背地裡口頭上大罵，在背地裡瞋，並且在網路上以種種化名來否定，甚至也有謾罵及無根誹謗的。這些人是與正法無緣的，他們連二乘法的斷我見都難以實證，更別說是實證大乘了義法。

眞正的了義法，不是只有人間的人無法破斥，乃至諸天天主來了都不能破你；即使諸天天主是地上菩薩發願去擔任的，他來到你面前時，也只能這樣說：**「你的法正確，但不夠深細。」**別說是諸天菩薩，即使是諸佛來了，也不能破斥你，都只能說你講得太淺了。實證了這樣的法，才叫作了義的法；因爲諸佛所說的法都是和你一樣，只是更深廣而已，祂們又怎麼能破你的法？因爲你的法即是祂們自己的法；因爲三界中一切法界的眞實相，完全是相同的。所以說，這樣的法能夠建立一切世間法，也能建立二乘法立於不敗之地，這樣的法才叫作了義的法。

如果不是依《楞嚴經》中所講的如來藏勝法，而是依照印順法師所解釋的二乘法，就會被有智慧的人批評爲斷見論的外道。但因爲有這一個本住法如來藏，使得無學阿羅漢入了無餘涅槃之後不是斷滅空，所以二乘解脫法不是斷滅見，這樣才是了義的法。所以眞正的了義法不只是對治外道而已，要能顧及到大乘本身的了義與究竟，還要能夠建立二乘法及世間法；因爲世間法若沒有第八識如來藏的運作，就會斷滅而不再有眾生了！《楞嚴經》所講的這個法，體性就是如此，所以是眞正「了義」法，這樣的勝法才能夠使人遵循修行而成就究竟的佛道。

接下來說經名的**「諸菩薩萬行」**。第一個字講**「諸」**，就是許多的意思；不是單一的，也不是只有二位，二位叫作「雙」；既然講「諸」，是表示眾多的意思。因爲這部經所講的是成佛之道，而成佛之道並不是短時間，也不是少數人所修的法；是要歷經很長的時劫，並且是很多人都在修證的，所以是「諸」。

修證佛道的人叫作菩薩，修證解脫道的人則不一定是菩薩：可能是二乘種性的人，也可能是菩薩。因爲解脫道不單是二乘人要修，菩薩也是要修的；只是菩薩不急於求證解脫，不迴心的阿羅漢卻急著在一生求證解脫。菩薩在長劫修行當中，解脫道和佛菩提道都必須修完，才能成佛。諸佛所度的弟子中，後來成爲菩薩的人佔了多數，成爲聲聞阿羅漢的人畢竟是少數。諸經中常常說：「與大比丘眾千二百五十人俱。」但這些大比丘眾，大部分人後來都迴心大乘而修學菩薩道，所以大部分的人還是屬於菩薩，只在初轉法輪時期說他們是阿羅漢，後來大部分是轉入菩薩位而修習菩薩道。所以　釋迦世尊弟子之中，聲聞種性的人畢竟還是少數。菩薩既然不是只有一位，所以就叫作「諸」。

此外又說，由於久學菩薩們是同一個稟性，同一種心性，不急著證得無餘涅槃，不急著斷除解脫道所應斷的煩惱；而是去實證涅槃中的實際、去證得佛菩提；既然是許多菩薩都在同一法中如是修證，所以叫作「諸」；如果不是同一個種性，就不能說是「諸菩薩」。譬如諸位同修整體，可以用「諸菩薩」的稱呼；可是如果現場只有少數學佛者，大部分人是世俗人，就不能用「諸位同修、諸菩薩」這個「諸」。又譬如學校開家長會，卻只有三、五位家長，大部分人都不是家長，那也不能用「諸位家長」這個「諸」字。又譬如人多而畜生少，或者畜生多而人少的時候，種類、種性不同，也不能用「諸」。由此可知諸菩薩這個「諸」字，是表示同一種體性的學佛者，所以對諸菩薩可用「諸」字。

另外說，菩薩的修行層次非一，所以人間有許多不同層次的菩薩，就稱爲「諸菩薩」。在臺灣佛教界，往往尊稱學佛者爲某某菩薩；有時因爲已經領受了菩薩戒，所以不管出家或在家身分，都叫作菩薩。玄奘是三地菩薩，也是菩薩；觀世音菩薩、大勢至菩薩都是等覺位的菩薩，也是叫作菩薩；由於菩薩的修證層次千差萬別，所以叫作「諸菩薩」。不能說證悟的菩薩總共只有一個層次，如果眞的這樣，那麼悟了是菩薩，再悟一次就成佛了，就沒有施設五十二階位的必要了。因此，當有人稱諸菩薩的時候，就表示說：有的菩薩是層次很低的，有的則是層次很高的。凡是還沒有成佛的大乘法修行人，都叫作菩薩。還有另外一個意義是說：不是只有我們這個娑婆世界有菩薩，而是遍十方虛空無量無數的世界中，都有無量無數的菩薩，所以叫作「諸菩薩」。因此菩薩這個名詞可以是廣義、也可以是狹義的解釋，有時代表著非常高層次的修證，但也可以是個凡夫，譬如剛才領受菩薩戒的大乘法中凡夫行者。

「諸菩薩」的「菩薩」這兩個字，又叫作「覺有情」。菩薩，是從梵音翻譯過來的，因爲中國沒有適當的名詞可用，所以只好音譯爲「菩提薩埵」。「薩埵」就是有情，「菩提」就是覺悟，所以覺悟的有情就是菩提薩埵，簡稱爲菩薩。換句話說，如果依照梵文的原意來講，即是「頓悟的有情」或者「覺悟的有情」；所以菩薩的標準解釋，應該是已悟的有情；這有兩個條件：一是覺悟了，二是有情。因爲，若是解釋爲「一直都在覺悟有情的人」，這個「菩提」—覺—是作爲動詞使用，仍然是要有兩個條件，才能稱爲「覺有情」：一是自己已經覺悟了，二是以所覺悟的法義來幫助有情一樣的悟入。所以有些時候所說的菩薩，是指已經證悟的有情：第一個條件是證悟，第二個條件則是有情。在還沒有死之前才是有情，若是死了就不叫作有情了，因此而說菩薩是「覺有情」。

另外說，菩薩不但實證佛菩提道，也是證解脫道而永不取滅的。修學解脫道是三乘共道，不是只有二乘法中才修解脫道的。一切的佛弟子，都要修解脫道，只有早修與晚修的差別而已。早修的人早解脫，晚修的人晚解脫；精進的人早解脫，懈怠、放逸的人晚解脫，但是遲早都要修。有的人說我只是來信佛，因為三寶最吉祥，所以我來信受、來上香供養佛，並捐出一點錢財，供養三寶、護持正法……等，目的是求安居樂業、眷屬和樂、事事平順，只是這樣而已，如此的人就不需要勉強他修解脫道。

佛教也接納這樣的人，說這叫作人乘之法；這是在三皈依之後只要受五戒就好，受了五戒之後成為優婆塞、優婆夷，也是人間有情中之最勝者；雖然不如二乘，不如大乘的修行者，但在人間有情中算是最好的一類。德蕾莎修女被天主教冊封為聖人，這叫作世間聖人；因為她不計較一切得失，一心一意為眾生付出，屬於世間聖人。如果有人能夠把五戒十善像她那樣努力去做，全無私心的奉獻自己給眾生，也可以成為世間的聖人，但是仍與解脫道無緣，不能成為出世間聖人。另外一種人專修天乘，聽說欲界天多麼勝妙，便想往生到那邊去當天人，每一個天人有五百位天女侍候著，每一位天女又有七個女婢侍候著；而這位天人與他的五百位天女，都不必賺錢謀生活，不必煮飯洗衣、打掃房間；這種人因為很羨慕這種生活，所以求生欲界天，佛教也接納他這種人。這種人只要持五戒加修十善，就可以升欲界六天之中享福，這就是天乘。

可是眞正修學佛法的人一定要修解脫道，修解脫道是想要解脫三界生死的輪迴；解脫了輪迴以後，不再來三界中受生。菩薩也修證解脫道，可是不取證涅槃，永遠不入滅，不入無餘涅槃。一般人認為如果要證涅槃就一定得斷三界煩惱——我所執與我執，而我們在《邪見與佛法》還沒有出版之前，就說過菩薩是不斷煩惱而證涅槃的；這些話傳出去，有些學員表達的不是很清晰，外面有人聽了還是誤會，於是就起煩惱說：「蕭平實是邪魔外道！亂講！明明佛說要斷我所執與我執等三界愛才能證得涅槃的，他卻說可以不斷煩惱證涅槃，眞是胡說八道！」然而實際上是他們講的這樣嗎？不是！是他們一向誤會了眞正的解脫道（編案：若欲了知眞正的解脫道，請閱讀平實導師著的

《阿含正義》，其中有極詳細的系統化解說，深入淺出，讀後即能確實瞭解聲聞解脫道的修法與理論。總共七輯都已出版，各大書局有售）。

二乘的解脫道只是一個表相，有人以爲斷除我見、我執三界煩惱，就可以證得涅槃，但是二乘人有證涅槃嗎？事實上是沒有！阿含諸經所說阿羅漢證涅槃，只是依聲聞解脫道所作的方便說，從大乘勝義菩薩的現觀來看，阿羅漢們其實沒有證得涅槃，除非後來迴小向大而證得如來藏。現在《邪見與佛法》已經印出來了，書中很詳細的說明：定性阿羅漢們確實沒有證得涅槃，因爲他們入涅槃的時候五蘊十八界都滅了，阿羅漢已不在了，誰證涅槃？所以定性阿羅漢們是沒有證得涅槃的。

所以《大乘起信論義疏》卷二也記載有人提出這個問題，疏主針對這個質疑作了如下的解釋：「問曰：『若七識滅者，誰得菩提？誰證涅槃？』釋曰：『心相雖復滅盡，心性猶在。心性在者即是眞識，是故就此說得說證也。』」這就是不懂二乘涅槃的人，於內有恐懼而不敢斷除我見，恐怕斷我見、我執以後，捨報時滅盡意根與識陰六識以後，七識俱滅而成爲斷滅空，所以這麼問：「如果入涅槃時是七識都滅盡的話，那麼入了無餘涅槃時又是誰證得二乘菩提？誰證得無餘涅槃？」疏主答辯說：「心（前七識）的法相雖然也都滅盡了，但是心的法性仍然存在著。心的法性所說的即是眞識如來藏，所以依此緣故而說得涅槃、證涅槃也。」所以說，證涅槃的阿羅漢們是沒有證得涅槃的，因爲他們都是滅盡七識心自己而入無餘涅槃中；然而無餘涅槃是依如來藏眞識獨存的狀況來施設的，而阿羅漢們自己都不存在了，剩下如來藏獨存時，他們各自的如來藏又都不返觀自己、都是離六塵見聞覺知的，所以如來藏自己也是不知道自己正住於無餘涅槃中，也沒有阿羅漢的七識心來了知無餘涅槃中的境界，那又怎能說阿羅漢們已證已得無餘涅槃呢？

菩薩明心時還沒有斷除我執，就已經看見無餘涅槃中的本際——看見無餘涅槃中的境界了；但阿羅漢還在世時卻仍然不知無餘涅槃中的境界，因爲他們還沒有證得無餘涅槃中的如來藏，入涅槃後他們又滅除自己的七識心而無法觀察無餘涅槃中無境界相的如來藏獨住境界，當然無法了知無餘涅槃中的境界，更不能說已證無餘涅槃，雖然他們都能滅除自己而入無餘涅槃。所以我說：定性聲聞的阿羅漢們都沒有證得涅槃。

然而眞正證得涅槃（這是依二乘法而方便說證、說得）的阿羅漢們，全都不否定眞實法本住我——第八識如來藏實我，否則即無法斷我見，也無法證得無餘涅槃。所以《廣百論釋論》這麼說：「若無我見不稱（不稱：不契合、不符合）實我，汝不應說能證涅槃。不稱實見證涅槃者，知眞趣脫，此說應虛。」（《大乘廣百論釋論》卷三〈破我品〉）這意思很清楚的表明說：假使你說已證得無我而具足無我的見地了，而你所說的實證無我若是沒有一個常住的眞實不壞我永遠獨存，那麼你不應該說自己能證得無餘涅槃。不符合眞實見而說已證得涅槃的人，所說的已知眞實法而趣向解脫，這種說法應都是虛妄說。

也就是說，在滅盡七識以後沒有本住心如來藏獨存的前提下，一切人都會有墮入斷滅空的恐懼：外法蘊處界滅盡以後，會成爲斷滅空。這就是阿含中 佛說的於外有恐懼的人。若是絕對信受 佛所說的無餘涅槃中仍有本際常住不滅的聖教，他心中就對外法蘊處界的滅盡，不再有恐懼之心而能安然的滅盡自己而成爲無餘涅槃了。凡是於外有恐懼、於內有恐懼的人，都是由於否定本住不壞的第八識，以此爲因，恐怕滅盡七識心以後墮入斷滅空中，所以無法斷我見乃至入涅槃。（編案：1、有的經論又說菩薩不證涅槃，是依二乘涅槃而如此方便說：菩薩永不入無餘涅槃，是留惑潤生而世世常在人間廣行菩薩道，不是不能證二乘涅槃。2、於內有恐懼及於外有恐懼的義理，請詳平實導師《阿含正義》舉述的阿含部經文與詳解。）

而菩薩還沒有斷我執煩惱就證涅槃了，涅槃之中是什麼呢？就是那個離見聞覺知而獨自存在的第八識，只是你蘊處界不再出生了，只有祂繼續存在而不再去投胎。至於菩薩明心而證得無餘涅槃中的這個境界時，絕大多數人是還沒有斷我執煩惱的；所以有些人開悟明心以後還是照樣會起貪，照樣生瞋，不懂大乘佛法的人就開罵起來：「**悟了以後脾氣還是那麼大，還是那麼愛錢，怎麼可能是眞的證悟？**」其實菩薩的層次很多，有的人悟了以後一百八十度大轉變，不貪也不瞋了；可是有的人悟了以後，有見地了，可是照樣貪、照樣瞋，習氣都沒改。因爲我所執與我執都還沒有斷除嘛！所以說菩薩不斷煩惱而證菩提名爲不可思議，這當然是指新學菩薩的開悟證境；但是這對二乘人來講，眞的無法想像；對於還沒有悟或是悟錯的人來講，也是不能想像的。

爲什麼一樣是明心開悟，卻相差那麼多呢？因爲，如果菩薩悟了以後照樣有貪心、照樣有瞋心，這是因爲悟了沒有精進修行，或者因爲他是新學菩薩，不是久學菩薩；因爲學佛以來不過百劫，但是你不能說他沒有悟。所以古時有的禪師悟了以後對學人總是兇巴巴的，簡直比強盜還兇，見了人就打。但你能說他沒悟嗎？不行呀！所以菩薩不斷煩惱而證菩提，是說他不從我所執與我執上面去斷煩惱，但他確實證得佛菩提了，證菩提的標的就是第八識；他也確實證得涅槃了，能現觀無餘涅槃中的本際常住不壞，可是我執的現行及習氣仍然都還存在；但是你無法轉易他的智慧，因爲悟了以後般若經典都懂了。這些經文中的密意，不是一般人所能了知的，必定得要親自這麼走過來，親自去證驗，然後才會明白。

所以，菩薩初地以上就沒有世間、世俗的煩惱，只有爲眾生、爲法、爲佛教正法久續存在的煩惱。初地以上可以取證慧解脫，三地滿心也可以取證俱解脫；但是他們都不取證，不樂於斷盡最後一分我執煩惱，一心只是爲了佛教，爲了眾生，爲了正法的永續流傳去做事；也一心在種智上面努力精進，這是層次高的菩薩們；因此說有的菩薩是斷了煩惱也證了涅槃而不入涅槃，是證得解脫道而不取無餘涅槃，這樣的菩薩才是大乘經上一般所說的菩薩們。所以諸位在未來佛出現於人間時，都有機會被寫進經中去，但是不曉得是哪一世、哪一尊佛降生人間時。不但是諸位，一切凡夫乃至下了地獄的提婆達多以及當代那些破壞佛法的魔子魔孫們，未來無量劫以後也都有機會；因爲未來世是無量的，既然是無量，總有一世有一個機會發起菩提心來學佛菩提道，未來終究會悟入而漸修到諸地及等覺、妙覺位，這只是遲與早的事。所以一切凡夫及一切正在破壞正法的有情，未來無量劫以後都有機會被寫進經中，成爲某某菩薩。

然而菩薩爲什麼不像二乘人證得解脫道之後就會入無餘涅槃？這是因爲菩薩有盡智、無生智，還有般若及種智，再加上大悲心，這才是大菩薩。如果光有盡智、無生智，光有佛菩提智，但是沒有大悲心，不能對廣大的十無盡願生起增上意樂，這個人就不是入地的大菩薩，因爲他心中這樣想：「別人不管是怎麼樣的狀況，都跟我無關。我只要自掃門前雪就好了。」這樣想的時候就不是眞實義菩薩了，因爲菩薩從大悲中生，如果不是從大悲心中生起來的種性，那是聲聞種性，是自了漢。大乘經常常說這種人是「焦芽敗種」，焦芽敗種並不是說他們是惡人，而是說他們佛菩提種子的芽已經被燒焦了，或是已經腐敗了，所以叫作焦芽敗種。

有一些人錯悟而自以爲悟，卻敢學自在居士、月溪法師那樣訶罵阿羅漢們，這是愚癡的行爲；我們不可以如此，畢竟他們仍是人天福田，一切天人天主所應供養，所以凡夫們不可以罵阿羅漢是焦芽敗種；也不能像臨濟義玄罵他們是「廁穢」，我們是不能認同的。但是我們要說不迴心的阿羅漢們是焦芽敗種，這不是在罵他們，而是敘述事實：他們的佛菩提種子腐敗了，佛菩提種子的芽已經燒焦了，所以他們不能迴心轉向大乘修學佛菩提道，捨報後必入無餘涅槃。這種阿羅漢在人間，人家有緣來親近他，他會為人宣說解脫道的法；可是如果聽說很多人解脫道都學錯了，他不會主動去糾正。菩薩可就不一樣了，菩薩非常注意凡夫大師誤導眾生的惡事，聽說別人用邪知邪見誤導眾生，竟然沒有人出來救護眾生，菩薩一定會挺身而出，寫書來破邪顯正，想要把被誤導的眾生救回來，因為菩薩都有大悲心。

而且有一些實義菩薩對阿羅漢的盡智、無生智是完全了知的，甚至有些菩薩的盡智、無生智遠超過阿羅漢的智慧。還有一種菩薩是屬於凡夫菩薩，凡夫菩薩與實義菩薩是不一樣的；實義菩薩是修證佛菩提的人，包括天人、鬼神、畜生在內，因為有的畜生是菩薩示現的。譬如《本生經》有記載釋迦佛當過鹿王……等；有時候神道、鬼道中也有眾生是菩薩去受生示現的，所以一個真正證悟的菩薩不會排斥畜生道、鬼神道有情。當我從某些廟前走過時，我也會合掌顧視而不用下巴看待他們，我絕對不跟他們結惡緣。

又如果受了菩薩戒而成為菩薩了，但仍未證悟，這是凡夫菩薩；可是受了戒以後，盡是幹一些破壞佛法、欺騙眾生的事，這叫作假名菩薩。也有人來我這裡得了法以後，起了私心想藉這個勝妙法來謀取錢財等利益，因為我們會裡不能容許而使他們受到阻礙，於是就無根誹謗、欺師滅祖，這也是假名菩薩。我對這些事都很習慣，不當一回事；如果不是鬧得很過分，我就當作沒聽見、沒看見。什麼是實義菩薩呢？必得要證得佛菩提，必須要進入七住位以上而不會退失了，並且都不違犯基本的戒律——菩薩戒的十重戒。

如果悟了佛菩提，找到如來藏了，結果盡幹一些欺師滅祖的事，他捨報以後是保不住七住位的；因爲犯的是十重罪，即使是入了初地、二地（這是方便說，因爲入地的人絕對不會有這些事），捨報以後所有功德都不見了，《菩薩瓔珞本業經》中講得很清楚：三位十地一切皆失。三位講的是三賢位，乃至修到十地了，如果謗佛、壞法，照樣要下地獄；下了地獄以後，由於所得到的五勝義根是地獄的五勝義根，那時智慧全都不見了；道種智、總相智、別相智全都消失了，當然保不住果位。所以說，菩薩一定要能夠不違犯戒律。

有的人也許會說：「不犯戒？這很簡單！我才不會犯戒呢！」那我就知道他一定是每天犯戒的。因爲身爲菩薩，不犯戒很難；菩薩戒和聲聞戒大大不同，行菩薩道時不可能不犯戒的，常常要爲了救護眾生而犯一些小小戒；所以說不犯戒的人一定是外道；如果是菩薩，小戒的部分只要不是每天連續不斷地犯，就已經很好了！但是重戒絕對不能犯，所以說：「有犯名菩薩，無犯名外道。」因爲菩薩戒中的小小戒，一不小心就會觸犯；想要能夠完全不犯，很難！所謂小小戒，當然包括很微細的戒，譬如心中起惡念：見了人家老公英俊，起了貪心想要進一步發展；見了人家老婆漂亮，起貪心而想要進一步發展。這是只要一起念就算犯戒的，因爲菩薩戒是心地戒。所以說二地沒有滿心之前都叫作學戒，都還在學習戒律，因爲沒有辦法不起貪念。

縱然身行、口行不會違犯，意行有時候還是會犯的。往往心中想：「**反正也沒有人知道。**」心中往往這樣想：「**我老公（老婆）也不知道。**」雖然身口行爲上並沒有犯行，可是心中明知自己已經起意違犯了，這也是犯戒，因此還得要繼續學戒。一直到二地滿心以上，才能夠不起惡念，因爲可以自己轉變內相分——可以自己控制內相分了，除此以外都叫作學戒；所以初地以及二地未滿心前都還是要學戒，不是眞正的持戒。如果能夠眞正的持戒，就可以開心的安慰自己說：我現在已經成爲眞實持戒的菩薩。從此以後持菩薩戒時心中很坦然，一絲絲的愧疚都沒有，這也是實義菩薩。

但是初地心中偶爾還會起不好的念，雖然一下子就閃過去了！但是你不能夠說他這樣就不是初地，因爲那種念，阿羅漢遠比初地菩薩還要嚴重；阿羅漢只是不讓它成爲身行口行的現行而已，而初地菩薩這種習氣種子是比阿羅漢們更微細而不會現行的。你也不能因爲看見七住菩薩明心以後脾氣還那麼大，就說他不是實義菩薩，因爲他只是見道而尚未進入修道位中，所以菩薩之中有凡夫菩薩、假名菩薩、實義菩薩層次的差別。而實義菩薩之中又有道種智實證層次上的差別不同，特別是在八地的入地心開始，是另一個完全不同的階段；八地以上的菩薩通常不會示現在人間，往往是追隨佛陀四處去有因緣的星球中一起受生示現，創立佛教。只有七地以下的菩薩才會在人間出現，因爲八地以上的菩薩都是十方世界到處去利樂有情，或是住於色究竟天跟隨報身佛學法，通常不會自己單獨受生於人間。

他們往往在沒有因緣隨佛示現受生時，今天在這個世界，明天跑到另一個世界去，只要有報身佛在說法，而那些法是他在那個階段所需要的，他就以意生身去聽聞領受；因爲八地以上所要修的道種智（一切種智）是非常深細的，在人間不可能聽到。因爲人間的佛，主要是說給人間的人聽的；而佛在這種人間示現時，往往只有幾十年，過去了就不能再遇見了；所以八地以上的菩薩通常不會在人間受生，除非有佛住世弘法時，他來配合示現，因此八地菩薩是另一個層次的菩薩。所以說菩薩有凡夫菩薩、解脫聖位的菩薩、得菩提賢位的菩薩、得菩提聖位的菩薩。

例如你來到同修會，如果明心了，又眼見佛性了，在還沒有進入初地的入地心以前，都屬於賢位的菩薩。但是我們會中仍有一些還沒有證得佛菩提，還沒有明心的人，也可以是菩薩，例如通教的菩薩。為什麼名為通教？因為是專修解脫道，而解脫道通三乘法，所以專修解脫道的三藏教菩薩就叫作通教菩薩。大乘通教的解脫道既通二乘法，也通大乘法，所以他們就叫作通教的菩薩。為什麼會有通教的菩薩呢？因為他們出生的年代沒有證得佛菩提的菩薩住世，但是當時仍有人如實的證知解脫道、如實的親證解脫果。

在公元一九九〇年以前—蕭平實還沒有出來弘法之前—當代大乘佛法中的菩薩們都是通教中的凡夫菩薩，因為他們都以聲聞法解脫道作為佛法的正修，卻都沒有斷我見而沒有取證初果。縱使今天已經有人因為讀了我的著作，終於在今天眞的成為菩薩阿羅漢，仍然只是通教的菩薩，還不能進入別教中。因為雖然已經證得解脫果，稱為須陀洹或阿羅漢，又由於悲心而不忍眾生受苦，所以發起受生願而繼續受生，世世都在人間繼續度眾生得解脫，仍是通教菩薩；直到有一世遇見了一位別教菩薩教導他，如何取證佛菩提，信受奉行之後終於實證如來藏了，實相般若發起來了，這時才能進入別教，成為別教中的第七住菩薩。為什麼證得佛菩提的菩薩叫作別教的菩薩？因為不但已證解脫道，也證得佛菩提道了；而佛菩提道的智慧不共二乘，當然也不共通教的菩薩，所以稱之爲「別」；所證的智慧跟聲聞教、緣覺教、大乘通教都不一樣，所以叫作大乘「別教」。然而別教的菩薩中，有菩提賢，也有菩提聖；證得佛菩提的賢位菩薩，到了初地的入地心以後就成爲菩提聖的菩薩，因此菩薩就有四種了：凡夫的菩薩、解脫聖的菩薩、菩提賢的菩薩、菩提聖的菩薩。

接著說「**萬行**」，爲什麼叫作「萬」？因爲修學佛菩提道的行門，沒有辦法計算。行門很多，而且必須不斷的實行，「萬」字是表示非常多。如果是修解脫道，相對而言，行門很少，那就不能與其相提並論。因爲佛菩提道的大乘經上說有八萬四千法門、八萬四千三昧門，門門可入；既有這麼多法門、三昧，當然是要具足實修才能成佛的，所以也因此而說「萬行」。也是由於這個緣故，四宏誓願說：「法門無量誓願學。」

有的人對佛法不瞭解，聽我們說佛菩提的修證全都要歸結到如來藏，而他們從來不信有如來藏識，追隨邪師誹謗說如來藏是外道神我，他們心中不滿就亂講：「八萬四千門，門門都可以入般若，爲什麼一定要依照如來藏的修法？」這就是不懂佛法的人。他們都不瞭解如來藏是什麼，佛所說的八萬四千法門，行門繁多，可是進門之後所得到的都是同一個實相心，叫作如來藏。所以如來藏不是一個法門，如來藏是修學八萬四千門以後入門時所證得之標的物；因此說，八萬四千門，門門可入，入得門來全都同樣是證得自己的如來藏識。知道了這個道理，才可以說是稍微懂得一點佛法了，而我們出來弘法以前的大師們其實都不懂佛法，只是懂一點兒羅漢法，並且還是落在識陰的意識中，都還沒有斷我見呢！

「萬行」的另一個意涵是修習八萬四千法門後，才能有證悟及成佛的因緣。那麼證如來藏，爲什麼是修習一切法門以後的標的物呢？因爲佛的究竟智慧——一切種智，就是專門講如來藏所蘊含的一切種子。「一切種」表示有無量無數的種子，不要把種子想得太玄了。以前有一位法師在講唯識學的種子時，總是畫一個大圓圈，說這個代表如來藏，然後就拿起粉筆在大圓圈中點了許多白點，說這一些點代表種子。但是把種子這樣說明，學人不容易懂，會像他一樣落入想像之中。

種子又名爲「界」，法界的界。爲什麼叫作界呢？界就是功能差別，也就是說這個功能和那個功能是不同的，是有界限的，所以又名爲「界」。例如眼識叫作眼識界，耳識叫作耳識界，你不能用眼識來聽聲音，不能用耳識來看色塵；所以眼識有眼識的功能差別，叫作「眼識界」，這個「界」就是種子，而你不能用眼識的功能（界）當作耳識的功能（界）來使用。當你明心而證得佛菩提之後，也就是觸證到如來藏的時候，才能藉著所觸證的如來藏心，先通達如來藏自己的界——屬於祂自己的功能差別；然後才能一步步去體驗、領受如來藏所蘊藏的不是專屬如來藏本身的種種功能差別，也就是如來藏含藏的各類種子—各類功能差別—各種的「界」，這就是開始進修一切種智而獲得諸地的無生法忍—獲得道種智—大乘修道位所得的一切種子智慧。

古時候的禪宗祖師，十個人中有九點九人只有明心——光只有明心而沒有眼見佛性，更別說是實證種智了。眼見佛性的祖師，據禪宗歷史所記載，找不到一打人，是非常少的（眼見佛性的實際人數應當不止此數，但因爲能夠眼見佛性的人，都具有世界身心如幻的現觀，無心於權位及名利；若佛教命脈沒有危機時，這種人大致上是不會特地出頭弘法的，所以通常不會被記載於禪宗典籍中）。大部分禪宗祖師都只是明心，也多不知道還有眼見佛性的事，多把看見如來藏具有成佛之性當作是見性，所以明心之後就很滿足了，於是就外出尋覓山頭當起開山祖師來了，絕大多數的禪宗祖師都是這樣的。至於其他宗派就更不用談了，因爲他們大多數是連明心都沒有的。今天諸位是福報大，來到正覺同修會裡，不是只有能明心，悟後還有眼見佛性在等著你實修，明心或眼見佛性之後還有道種智在等著你，可以讓你一步一步前進，這表示你們的福報很大。但是也要秤秤看：自己的福報能夠修到哪一個地步？假使福報還不夠，無法修到預設的理想目標，就趕快把福德補足。

這意思是說，八萬四千種法門的實修，都歸結到最後的一切種智；而一切種子都蘊藏在如來藏中，若是還沒有找到如來藏心，又如何能現觀如來藏所蘊藏的一切種子？所以，想要成佛的第一個關卡，就是禪宗的明心證悟；必須先證得如來藏以後，才能悟後漸修一切種子而生起一切種智。所以說，法門有八萬四千，門門可入；可是入得門來的所證，都同樣是自己的如來藏識。如果有人悟了以後說他證得的不是如來藏——不是第八識，那他的證悟就是有問題的。因爲開悟是證萬法背後的實相，而實相不可能有兩種；所悟的只有層次高低的差別，但同樣都是如來藏啊！

固然想要證悟如來藏，有許多的行門；好比解脫道的修行，有的人什麼問題都沒有，就只是瞋心重，佛就告訴他：「你只要把瞋心斷除了，就可以取證解脫成阿羅漢。」他斷了我見以後，始終沒有辦法成爲阿羅漢，因爲總是記恨曾經傷害他的仇家；當他一聽 佛說要斷瞋，心中信受就努力觀行斷除瞋心而成爲阿羅漢。

有的人因爲貪欲重，放不下俗家美麗的妻子，老是記掛著，斷不了我所執。佛只好拉他上天，讓他見到五百個極美麗的天女，她們卻沒有天人；她們說：「我們正在等候人間的某某比丘，他將來死了以後就會成爲這裡的天人，我們是等著服侍他的。」他心中好高興，因爲那裡每一位天女都比妻子漂亮，因而不想家中的妻子了。佛看他執著那些天女，又把他帶到地獄去，看到鑊裡面都是滾沸的油，獄卒正在燒著油，卻不見受罪的人被油炸，於是疑惑地問，獄卒回答：「我正在等一個人，他現在還在人間當比丘；他捨報了會去天上受樂，受樂以後剩下惡業種子，就要來這裡被油炸，那個比丘是某某人。」他一聽嚇死了，就求佛幫助，佛告訴他：「你只要把貪欲斷了，就可以成爲阿羅漢，就出生死了，這些都可以免除了。」於是他下定決心斷貪，就成爲阿羅漢了。

由此可知，解脫道中，由於眾生根基的差別而有許多不同；但是佛菩提道中更有無量無數的行門引導你趣向證悟。行門既然很多，當然就叫作「萬」，因爲不可計數；若是還沒有完成這些行門，就不能遇到眞善知識教導：想要證得佛菩提而發起實相般若——實相的智慧，就必須一門又一門的廣行菩薩道。當八萬四千法門修完了，有了抉擇慧，遇到大善知識教導他親證如來藏時，就能抉擇而證悟如來藏心。而這八萬四千法門當是必須修學的，所以要一萬大劫修集信心來滿足十信位的功德，然後還要一大阿僧祇劫的三十分之六的長時間來廣修六度萬行；滿足八萬四千法門廣修菩薩行以後，才能出生抉擇慧，才有機會證悟如來藏而成爲菩薩僧中的一分子。所以八萬四千門是行門，所證的內容都同樣是如來藏心；證得如來藏心以後就會發起實相般若，繼續進修以後才能通達而入初地，接著才能進修一切種子的智慧。

但是難道眞的是八萬四千嗎？「白髮三千丈，紅塵六十年」，眞的是三千丈嗎？其實不是，只是表示已經剪過很多的頭髮了，年紀大了，也就是已經出家修行很多年了。同樣的道理，「萬行」的「萬」也是表示菩薩的行門非常多，不單只限定一門而已；但是修行各種法門與修行所要實證的標的，不可混爲一譚。「萬」還有複雜、繁雜的意思，也就是在身口意行上面修證佛菩提道時，內容也是很繁雜的，不是單純的。所謂單純，是相對的說法，譬如在人間修到初地入地心而且證得第四禪，捨報後往生去色究竟天宮聽法時，那可是比人間的唯識學更深奧多了！若是還沒有初地入地心的道種智，卻到色究竟天宮聞法，那時一定聽不懂，去了也是白聽一趟。

且不說色究竟天宮的種智妙法很深奧難懂，單說我們在《成唯識論》詳解的課程中所說的法，若是還沒有證悟第八識，即使開放給他來聽，也是一樣聽不懂的。所以，若是還沒有道種智而求生色究竟天宮想要聽聞 佛說種智妙法，絕對不可能聽懂；但是已有道種智的菩薩卻能多分、少分聽懂，仍然是相較於人間的淺顯而說是比人間的唯識學複雜。譬如明心以後聽我細講《成唯識論》，必須得要忍受二週、三週，甚至於二個月、三個月都聽不懂的辛苦過程，然後才漸漸聽得懂我是在講你心中的種子，因為很複雜、繁瑣而又細膩。一旦開始聽懂了，就能在佛菩提道中很快速地往前推進。

又譬如腳踏車壞了很容易修，普通的機車就困難一些，哈雷機車就更難修，乃至於汽車、飛機、太空梭……等，那就更難修了；因為越細膩的就越複雜，越複雜的也就越細膩，就越難修。但是這個道理卻不能一體通用，譬如密宗的行門雖然很複雜，卻是一點都不細膩，都是很粗糙的。我寫《公案拈提》第五輯時花很長的時間，因為想要寫細膩一點。但幾乎是同一時間，我寫《狂密與真密》時卻很快，都不必怎麼動腦筋，只是把資料整理以後，按部就班一直寫下去，速度很快，五十六萬字，三個半月就寫完了。密宗的法雖然複雜，但可一以貫之——其中心思想離不開即身成佛的雙身修法；從因地灌頂，一直到他們自稱的「究竟」成佛。

你們可千萬不要去被喇嘛們灌頂，灌頂的時候雖然是公開的，但爲你灌頂時的上師，心中一定要先觀想報身佛（自己的本尊佛，都是抱佛母相、雙身相）與「佛母」交合，然後觀想快樂射精而有「甘露」流下來，用那種不清淨的「甘露」來灌頂，所以不要去接受灌頂（這裡不作細說，想要深入瞭解的人可以閱讀《甘露法雨》或《狂密與眞密》）。雖然他們建立了很多的名相，很多的修行方法，但其實只有一個根本的主旨，就是後面的雙身法樂空雙運、樂空不二。一切生起次第所修的上師觀想、中脈明點、寶瓶氣、雙盤腿的跳躍功夫等等，都是爲了能夠實修雙身法而作的準備功夫。密宗爲了攝受學人，就將取自外道的各種邪法，一一冠上佛法的名相來配合，並且還有許多壇城與儀軌需要進行，密咒也非常多，所以密宗的法很繁複，但是都很粗糙，說穿了就不值一文。

可是道種智則不然，一般而言，在人間別說是道種智，即使是對於《成唯識論》，他們連依文解義都做不到；只有我們同修會中才眞正在宣講，會外的大師們是連講都不敢講的。縱使有一些小法師敢講解，也都是在外圍轉來轉去，始終轉不進論的意旨中。且不說道種智，光說「證悟」這個初入道的實證好了，仍然還有許許多多的法師、居士們一聽到明心開悟就說：「那一定是邪魔外道，末法時代哪有可能開悟明心的？」光是一個明心的總相智就已經這樣了，何況明心後進修的別相智——後得無分別智，或是更深的一切種智，那就更困難了！所以說，佛菩提道的修證是非常繁複、細膩，而沒有辦法三言二語說清楚的，因此而叫作「萬行」，表示佛菩提道中的行門是很多的，層次是差異很大的。

另外也由於佛菩提道，得要經過三大阿僧祇劫精進的修行，不是單一的行門，也不是單單一個開悟明心就能完成的，所以叫作「萬」。從十歲開始起算，每過一百年，人壽便增加一歲；這樣一直增加到人壽八萬四千歲時，叫作一個增劫；然後再從八萬四千歲時，每逢一百年，人壽就減一歲，一直減到人壽成為十歲時，這樣的過程叫作減劫；這樣一增一減即是一個小劫，二十個小劫合起來即是一個中劫；我們這個地球可以住人的時間是一個中劫，這就是住劫。但是還有成劫、壞劫、空劫，都是各二十個小劫的時間；把成、住、壞、空四個中劫合起來，就是一個大劫。像這樣的大劫，要經過三個無量無數劫的修行菩薩道，才能成佛，這當然是要修非常多的菩薩道，所以叫作「萬行」。

也許有人聽到這裡時，腳底可能會覺得很冰涼：「要到何時才能修行成佛？菩薩道眞的很難行啊！」可是《解深密經》又說，有的人是以一個大劫爲一劫，這樣過完三大無量數劫而成佛；有的人是以一年爲一個大劫——過一年就等於過完一個大劫，有的人是以一個月爲一大劫——一個月就過掉一個大劫了，乃至有人更以一個小時、一分、一秒、一刹那、一須臾爲一個大劫，這樣過完三大阿僧祇劫。如果是一須臾之間就過完一大劫，那三大無量數劫其實很快就過去了，所以成佛的快與慢，全都看各人怎麼看待佛道及如何精進修行。

如果一直都沒有悟，或悟錯了，口稱菩薩萬行，那都只是外門廣修菩薩行，諸佛都無法爲你授記，因爲你連什麼時候才能悟入，都還不知道呢！但是如果是眞實的證悟，眼前道的次第也爲你鋪排好了，十金剛心的重點也爲你講過了，想要進入初地所必須具足的三大條件也爲你排列出來了；接下去諸地滿心的猶如鏡像、猶如光影、猶如谷響、如水中月、變化所成、非有似有等現觀的義涵，也都爲你說明及排出來了；乃至六地滿心所證的滅盡定，七地滿心的念念入滅盡定，八地的引發如來無量妙智三昧，整個次第都爲你指出來而且排好了。其中有的部分我們可以幫你，有的部分要等待時節因緣到了的時候，自然有佛幫你，不需要我，接下來就看你怎麼修了；你這一世如果精進去修，一定功不唐捐。

爲眾生的道業，也爲自己修學種智，在這些出世間的道業上面盡多少力，就得到多少出世間的果實。幫助大師們誤導眾生，也爲自己而修學錯誤的佛法，在這上面盡多少力，就得到相等的果實：跟著大師大妄語，或是得到誤導眾生的共業。若是爲個人資財去籌謀，就會得到世間法中的利益，可是成佛也就因此而延遲了。得與失是相對的，佛菩提的修行跟世間法也是相對的，怎樣拿捏適當的分寸，完全看個人的智慧去作。至於菩薩除了修證以外，還要同時修集福德，要以世間法和佛法來利益一切的有情；對這個有情要做什麼事，對別的有情又要做什麼事，往往各不相同，因爲每一個人的根性與因緣都不一樣。

就好像禪三時精進共修一樣，有的人用這個機鋒就相應了，同樣的機鋒用到別人的身上卻不相應，因此就要絞盡腦汁，弄出很多不同的機鋒而成爲現代公案，禪宗裡說這叫作神頭鬼臉。這樣辛苦以後，才會有人明心。這些無數的施設，也叫作萬。在成佛前的度眾生過程當中，也會有許多複雜的狀況出現，這一些也都是菩薩要去面對的無量狀況，所以也叫作「萬」。

但不只是知道「萬」就夠了，還得要「行」，光靠嘴巴講是沒有用的。「明心」要確實自己去參、自己去悟，然後自己去體驗如來藏，才能生起智慧；雖然可以用言語把如來藏講出來，讓大家都知道自己身中的如來藏所在，但是聽來的密意並沒有參究過程，見地就不會通透。有少數人去禪三道場打禪三之前，到處打聽而知道密意；可是進了小參室，才一考問就答不上來了；因為我不會正面跟你講，而是要用問的，讓你的智慧越來越深細。所以有的人都不知道密意，打禪三時剛剛破參才十分鐘、五分鐘，還是不太清楚，等到入了小參室，我左問一句、右問一句、前問一句、後問一句，問到後來，他的智慧就開始顯發出來了！如果是聽來的，不是靠自己去摸索參究出來的，我再怎麼樣提問，他的智慧還是一樣提不出來。

參要眞參、修要實修，千萬不要去打聽密意。別人說的是別人底，與你不相干；因為智慧不容易出生，所以打聽密意其實是在害你自己，即使我放人情為你印證了，你的智慧也不會猶如泉湧一般，悟後起修的路子走起來將會比自己參出來的慢。所以說，明心要自己去經歷參究的過程，悟後的智慧才容易生起。如果有人要為你明說密意，你要趕快把耳朵摀起來，轉頭就走！

從短期來講，是容易就得到密意了，似乎是佔便宜了，但從悟後起修的長時期來講，由於進步很慢的緣故，反而是吃了大虧。

眼見佛性這一關更是如此，如果先知道佛性是什麼，而定力、福德還沒有具足，能夠親眼看見佛性的機會不到五成（大約只有二成機會）；即使拚命看話頭，有一天真的讓你看見了，也沒有受用，因爲一定會是霧裡看花、似見非見，無法在山河大地上看見自己的佛性，世界如幻觀絕對不能成就。所以想像的、聽來的一定不是你自己本有的東西，並不可靠；必須要透過實際上的體驗而不是只憑言說及聽聞，因此叫作「行」。不但是要「行」，而且得要「萬行」，否則開悟明心以及眼見佛性的機會是不存在的，縱使知道密意了，也不會有功德正受。不只破參明心須要萬行，想要眼見佛性也得要萬行；由於從每一個方向都找過了，也眼見分明了，當然就不會再聽信僞善知識的假話而退轉，智慧就能夠猶如泉湧，山河大地如幻、蘊處界如幻的現觀就能同時成就。經過萬行的過程了，明心的部分才能夠自己整理，這就是「萬行」的功勞。

爲什麼又叫作「行」？因爲菩薩的種種萬行都能成就業果，都是屬於可愛的異熟果；所以修學到後來入地以後，反而脫下僧衣，不太願意出家了！

所以地上菩薩大多數是現在家相的，若是出家了，大多數還是會示現為在家相，因為只受持菩薩戒而不受持聲聞戒。為什麼會這樣呢？有兩個原因：第一、現在家身容易除性障，如果入地之後還穿著僧衣，大家一定都對你很恭敬，你就沒有讓習氣種子現行的機會，煩惱障隨眠就不容易斷盡。此外，菩薩到了某個層次以後，不必要人家來供養，他自己有可愛的異熟果，受用不盡、享用不完，不必出家受供。

這意思就是說，菩薩在一切萬行中都能成就業報，而成就業報的目的在於積集修學菩薩道的資糧。修學菩薩法和修學聲聞法不一樣，修學聲聞法只是證解脫道，把我見我執斷了就沒事，就成為無學，以外就沒有什麼好再修學的，不需要積集未來世行道及成佛的福德，但是菩薩想要修成究竟佛果，就得具足無量無數的福德啊！福德如果不具足，別說是成佛，連明心都明不了，更何況眼見佛性？如果是福德更差的人，才一聽到明心的事，他轉頭就走了。所以說菩薩外門廣修六度萬行，最主要的還是為了修集福德嘛！當福德資糧具足了，才能有因緣遇到眞善知識及眞實可以證悟的法，並不是沒有福德的人可以有證悟的因緣；藉著福德而實現這個因緣以後，還是要繼續修福德，使它進一步廣大，才能有悟入的因緣；最後想要成佛，福德更必須具足圓滿，所以菩薩悟前要外門廣修六度萬行，悟後要內門廣修六度萬行，入地後要內外門兼顧的廣修十度萬行。

除此之外，在聽聞了正法之後，要能夠修正自己的心行，不去貪求一己的私利。譬如我出來弘法，把眞正好的法送給大家，不但不收學費，還自己出資開出版社，再付出勞力、精神寫書，每一版印出來之後只有三本私有，其他的全部入帳，所有盈餘也都全數捐出；領到的著作權費，也都全數捐出。可是有些人得了我免費傳授的正法以後，卻老是想在正覺同修會中獲得個人的世間法利益，因而被同修們檢舉、糾正，我不得不制止這種不良行爲；然後他們就開始對我無根誹謗，甚至也有欺師滅祖的行爲——直接否定根本上師及祖師所證的如來藏或見性的境界。所以說，應該要懂得修正自己的心行；如果心行不修正，就會有私心；可是因爲正覺講堂的制度是公開公正的，不能有點滴錢財落入私人的口袋中；我們也都不受他們的供養，而且把最勝妙的了義正法免費送給他們，幫他們見道明心；但他們卻不肯遵守會裡的清規，常常藉本會名義在私底下作了求自己世間利益的事，因而引起其他人側目，當然會有人出來檢舉；所以這顯示他們不能修正自己的心行，證明他們只是新學菩薩。

菩薩是不可以這樣的，眞正要行的是菩薩行，必須完全的付出，只問自己能夠爲三寶、爲眾生做什麼事？不該在證得極難實證的妙法以後，不但不作回報，反而處心積慮在會中謀取私人利益，這是在毀損自己的功德法財而退回世間法中。假使能如實地去修正心行，那麼口行和身行就會跟著改變，就會使實相般若智慧快速增長，功德法財也會一樣快速增長，這才是「諸菩薩」眞正的「萬行」；相反地謀取不當得的世間利益，被制止以後又做了無根誹謗，那叫作地獄行而不是菩薩行；在將來捨報的時候一齊結算，那時再來後悔，已經來不及補救了。如果不能這樣修正身口意行，反而去效法凡夫們的所想、所說、所爲，就叫作凡夫的萬行，不是這一部經所講的「菩薩萬行」。

這一部經典爲什麼又叫作「**菩薩萬行**」？是因爲菩薩總是不求自己的利益，明知道爲正法、爲眾生所做的一切事都是義務的，都沒有世間利益可言，都是在利他的，可是卻能夠長期的夜以繼日、不辭勞苦的努力去做，這才眞正是任勞。可是修菩薩萬行的人，除了任勞以外還要能夠任怨。正覺會外的人，有些人因爲沒有辦法從我的書中得到佛法眞正的密意（因爲密意不能明講），所以有少數人一面讀我的書，一面心裡恨得牙癢癢的：「**我始終讀不出**

蕭平實到底悟個什麼。」至於曾經被我評論到的大師或居士，不是咬牙切齒，就是在網路上化名謾罵。但我們聽到了那一些誹謗，心中想：「反正娑婆世界眾生本來就是這樣的。」心裡接受了，才能任怨；任怨之外要能再加上任勞而不斷的行菩薩行，這才叫作「菩薩萬行」。

菩薩很清楚地看見解脫果和佛菩提果的果報，所以在受到傷害的時候能夠往上提升，在艱辛度眾時能夠不辭疲累；我過去世曾經是非常有錢的人，可是被敗家子給敗光了，所以現在就打定了主意，只想一心弘揚正法，四十來歲就退休不想掙錢，因爲各自修行是各得果報，法財是不會被人給敗光的。菩薩必須難忍能忍、難行能行，因爲無量數劫以後還是要回到這一條路來，這是唯一能夠究竟解脫的成佛之道，除此而外沒有別的路。而且菩薩萬行並不是只有一世，也不是只有十百千生，更不是成佛就停止了。釋迦牟尼佛成佛以後，提婆達多學了祂的法，還從山上推石頭下來要砸死祂，還唆使國王把大象灌醉了，要來踩死佛陀。佛、菩薩眞的不好當，因爲眾生無知，所以對佛菩薩是一樣的誹謗、傷害。你必須有這種認知，才能當菩薩；否則當不了幾天就會喊累，不久就會退失而不再修菩薩行了。

接下來講「**首楞嚴**」的「**首**」字，這一部經講的是如來藏，是心眞如，所以繞著心眞如—如來藏—爲中心來說，不管是因地眞如或是果地眞如，眞如都是一切法之首，因爲一切法皆由阿賴耶識直接、間接或輾轉而生，所以因地的眞如阿賴耶識是一切法之首；再漸漸的往上修，因地的眞如阿賴耶識斷盡了一念無明，成就了解脫道而改名爲異熟識，有人稱之爲第九識，其實還是原來的第八識，只是改個名稱叫作第九識，作爲與阿賴耶識階段不同的區分。月溪法師把異熟識講成白淨識，若是從解脫道來說，倒也可以講得通，因爲流轉三界生死的愚癡污染已經滅除了；但是若從佛菩提道來說，就不通了！因爲在大乘法中所說的白淨識，意思是不再有染污種子了，這就是白淨識，庵摩羅識，成爲佛地的眞如心了。這時是連阿羅漢所無法斷除的煩惱障習氣種子都滅除淨盡了，連大菩薩們所無法斷盡的所知障塵沙惑也都滅盡了，所以稱爲白淨識——無垢識。

在因地時，如來藏已是一切法之首了，因爲一切法無不從祂出生，而眾生並不知道這個法界中常住不變的眞相。開悟明心而悟得如來藏所在時，能觀察一切法都從祂出生，自知自作證：如來藏眞如法，確實是一切法之首，因爲祂不同於凡夫，所以悟後的此時祂還是一切法之首。如此證得佛菩提道之後，廣泛觀察如來藏的眞如法性，發起後得無分別智，能證實出世間的聲聞緣覺解脫道，以及世出世間的佛菩提道，都從如來藏的眞如法性中出生，證實祂是聲聞法、緣覺法、佛菩提之首。然後又進修十度波羅蜜及一切種智，把大乘解脫道—佛菩提道—所應斷的煩惱障習氣種子斷除淨盡，同時也把所知障所攝的無始無明塵沙惑斷除淨盡，這時如來藏改名爲無垢識，又稱爲果地眞如；這時住在佛位中，當然更能證實果地眞如是三界六道、出世間、世出世間一切法之首，無出其上，這就是「首」字的眞義。

但是密宗常常有人誇口說：「**你們正覺同修會才只證得阿賴耶識而已，但我們密宗早在入門時就證阿賴耶識了！不但如此，我們還都證得佛地眞如了。**」可是你們千萬別被唬住了，因爲他們所講的阿賴耶識不是我們顯教所證的阿賴耶識，而他們自稱已證的佛地眞如也不是我們顯教所講的佛地眞如；密宗說的全都是他們自己發明的阿賴耶識，自己發明的佛地眞如。他們觀想有一個中脈，從頭頂直直的往下延伸到海底輪，中脈心輪這邊有一個東西叫疙痘（編案：又名和合、或譯爲結子），要在這個疙痘裡面觀想出有一個明點，有一個小點好像芥子一般，而且是透明光亮的明點，這個明點就是密宗所證的「阿賴耶識」；而他們宣稱一切眾生都是由各人觀想出來的明點所出生的。但我們所證的阿賴耶識卻不是觀想所成的明點，而且明點是學密以後才觀想成功的，是後有之法，是由生滅性的蘊處界觀想成功的，怎麼能反過來出生有情的蘊處界？

他們還說，這個明點如果跑出去，就是阿賴耶識跑出去了，人就死掉了！但我們也可以觀想明點跑到外面去，但爲什麼卻沒有一個人因爲觀想明點離開而死掉？所以密宗講的法義眞是荒唐到極點，而他們那個觀想所得的明點也完全不是阿賴耶識，只是把明點給個名稱叫作阿賴耶識。因爲他們證不到阿賴耶識，就發明另一個他們可以證得的明點而叫作阿賴耶識；當顯教賢聖說證悟的內容就是親證如來藏阿賴耶識，他們就說他們也有證得阿賴耶識，然後再謊稱他們也已經證得佛地眞如了，成爲究竟佛了！這樣大膽的大妄語，是沒有人敢做的事，而他們個個都敢，這是無法思議的，也是無人敢冒險的；但他們自古以來就這樣被教導而全然相信了，也就不覺得自己是大妄語。所以顯教中人聽到他們這樣宣稱的時候，當然不敢懷疑而公然否定他們；因爲大妄語的結果大家都知道，沒有人敢相信他們眞的是大妄語，他們就這樣大妄語，再加上恐嚇手段而籠罩了顯教行者。

至於密宗的佛地眞如，依據《大日經》（《大毘盧遮那成佛神變加持經》），簡稱爲《大日經》，因爲大毘盧遮那意譯爲中文時就是大日，所以大毘盧遮那佛就是大日如來）或者依據《金剛頂經》（全名叫作《金剛頂一切如來眞實攝大乘現證大教王經》，名稱非常響亮、偉大），這二部經所講的佛地眞如，也不是顯教所說究竟佛地的第八識眞如法性。他們說的是：你觀想有一個月輪，大概猶如手肘長度的直徑，再觀想梵字的阿字，把這個字放在月輪裡面；這樣觀想成了以後，接著在阿字旁邊還要觀想分布一些別的字，是順時針的方向放置觀想出來的梵字，就像時鐘一、二、三、四點鐘一樣分布下去；這樣子分布完成了，認爲就是證得佛地眞如而成佛了！其實他們是錯把這時的覺知心當成佛地眞如，是把生滅性的意識當作是佛地的眞如心，根本就是未斷我見的凡夫。

密宗所說的佛地眞如，跟眞正佛法所講的佛地眞如完全不同，那只是意識心，是由如來藏所生之生滅法，不是一切法之首，所以他們都不敢用《楞嚴經》來印證或說法；密宗的喇嘛、上師、修行人，都不持眞正的楞嚴咒，而加以改頭換面；因爲《楞嚴經》是專門對治他們的邪法，而楞嚴咒則是專門對治密宗所謂的護法神——牛鬼蛇神、山精鬼魅。所以說，密宗的法義並不是眞正的佛法，而眞正的一切法之首是心眞如、是如來藏，是心而不是明點影像。當一切法都圍繞著如來藏直接、間接或輾轉而出生，並且是法界中永遠不變的眞相時，佛在這部經中所說「首楞嚴」之「首」，當然講的是心眞如──第八識如來藏。

證得這個心眞如而進修到達佛地以後，還是這個第八識心眞如，雖然改名爲第十識無垢識了，其實還是這個第八識心體。中國禪宗眞悟祖師說開悟明心叫作證得眞如，那個眞如當然是方便說，是證得因地眞如；接下來次第進修而到達佛地時，佛地的眞如仍是三界之首；而諸佛都同樣證得佛菩提果之首的佛地眞如，也都是三界一切有情之首，因此諸佛當然是一切人天至尊。三界有情中，層次最高的無非就是菩薩，但佛位是菩薩繼續修道後的極果，所以諸佛爲眾生之所瞻仰，爲人天之首。因爲諸佛是人天導師，當然是一切人天之首。如果想要當人天導師，光憑禪宗的開悟是作不到的，最多只能成個度人師；到了末法時代，若是想要成爲人天之師，最少要有道種智。因爲佛是人天之師──度天也度人眾，這個名稱是在讚歎諸佛的，菩薩們都不敢用；但是現在有些人都還沒有悟──因爲悟錯了，卻敢自稱「人天之師」，膽子確實很大。

另外，「首」也指佛教，因爲佛教是一切宗教之首；而這部經所講的是佛教所弘揚的主要勝法，當然這部經就稱爲「首」楞嚴了。佛教爲什麼是一切宗教之首呢？因爲所有的外道們都沒有辦法修證解脫道，無法想像阿羅漢們的解脫證境，更沒有辦法修證佛菩提；外道們都不曉得什麼是解脫道，什麼是佛菩提，所以他們那一些宗教雖然也有層次高低的差別不同，不過總歸而言，不外乎就是世間法的宗教，不能觸及出世間法。因爲他們所說的法義，最多只是死後生天堂；乃至在古印度最高級的宗教可以修到無色定而往生無色界天，誤以爲已經得涅槃了，但都還是在三界之內，無法出三界，不離生死苦。只有佛教中的聲聞緣覺解脫道，能夠讓人家跟著修學而得到解脫果，出三界生死，所以說佛教是一切宗教之首。

如果有人能夠依這部經的法義如實修行，就可以成爲三界眾生之首，因爲可以證得有餘涅槃的境界，成就解脫果而成爲一切眾生之首。如果再能迴心大乘而證得佛菩提，也就是明心而證得如來藏，就可以成爲聲聞法中一切聖人之首，因爲阿羅漢位都還不曉得佛菩提的見道智慧。因此說，能夠依這部經所講的解脫道和佛菩提道而如實正修，他就是一切眾生之首，也是一切二乘聖人之首；如果把這部經學通了，就有能力簡魔辨異，別人說法時，不論說得多麼精妙，你都能夠簡擇那是魔說、還是佛說，而且還能辨別其中的同異之處。依這部經修學的人有如此的勝德，所以這部經稱之爲「首」。如果把這部經的法義表相學通了，算是通了教門的表相；但是還沒有通宗門，因為還沒有證得如來藏啊！得要進一步證得如來藏而通宗門時，這部經中的眞義才有可能眞的瞭解。

另外說，依這一部經來弘揚時，可以救護一切願意聽法的學人轉向正道。為什麼能夠這樣呢？因為外道所修的一切法無非都是意識的境界，總是把意識的種種變相當作佛地的眞如心；你如果學了這一部經，就會曉得別人的落處。譬如很多人都以為一念不生、沒有妄想的時候，就是證眞如，說那時就是親證佛地眞如了。但是這一部經卻告訴你：那只是處在五陰的想陰之中，仍不是眞如的境界。你如果有這個正知見，就有能力去辨別錯悟大師落在何處，確定他們都還沒有斷我見，更別說是證得佛地眞如了！那時你就有能力來為佛門中的凡夫以及外道說明，避免他們落入大妄語業中，能夠救他們回歸正道；因此說這一部經是超越一切外道經而為首，一切的宗教所有的經典，都沒有辦法和這一部經來相提並論。

此外這一部經所說的是佛菩提道，因為這部經所說的法，主要是針對那一些迴心大乘的阿羅漢們說的，那些大阿羅漢們聽到佛說這部經的時候，往往面面相覷，沒有辦法瞭解經中的意旨。因為這是非常勝妙的經典，所以連那些大阿羅漢們都弄不清楚。那麼這部經中究竟是講什麼？講的就是佛菩提道。本經的前五卷，著重在說明如來藏，主要是講如來藏的總相智；光是總相智，那些大阿羅漢們就已經聽不懂了，更何況是別相智以及一切種智？所以這一部經不是不迴心的二乘聖人之所能知，得要迴心大乘並且證得如來藏之後，佛菩提道才算入門了；而這部經專講入門所應證的如來藏——心眞如，所以說是**「首楞嚴」**，排在首位。

佛菩提道能夠含攝一切萬法，菩薩依此勝法才能夠救護學人向正道；菩薩依此也能夠次第進修而成就究竟的佛道，所以說這部經稱之爲首。本來應該是三個字合在一起叫作「首楞嚴」，但是「首」字別有其他意義，所以也應該再分開來說。現在我們先講一下什麼叫作**「首楞」**，一切事的修行，能夠達到究竟的地步就叫作「首楞」；換句話說，修行並不是只有理上的證悟而已，還有悟後在事相上的修行究竟，才能說是成佛了。在卷六至卷九，從色陰區宇、色陰盡，受陰區宇、受陰盡，乃至到最後的識陰區宇、識陰盡，就是悟後在事相上面的修行。理上是證得如來藏，只是見道，但悟後在事相上還有很多要修的啊！

譬如這部經中講的色陰盡、受陰盡、想陰盡、行陰盡、識陰盡，五個層次是不同的。這個五陰盡的道理，行陰盡與識陰盡，阿羅漢是做不到的，因爲那是要斷除煩惱障所攝的五陰習氣種子隨眠以後才能斷盡的，而阿羅漢們只是斷除五陰世世現行的煩惱——見惑與思惑，而無法將五陰的習氣種子斷除乾淨。由此可知，悟後再依著這部經去修，可以得到一切事相上的修行究竟，所以叫作「首楞」。

「嚴」是依照梵音翻譯過來，是「堅固」的意思；不但究竟，而且堅固，不會被破壞、不會被人所轉。被人所轉，表示他的見地不堅固，所以被轉了；一切事修已經究竟之後，當然就不會被人所轉了，所以「一切事究竟堅固」叫作「首楞嚴」，這是《大般涅槃經》中所講的。換句話說，經由這部經典中的義理精研，可以讓你對佛菩提道建立正確知見，配合禪宗的參究方法而獲得理悟，並在理悟之後可以依於佛菩提而在事修上面廣修菩薩道中的無量萬行，最後能證得一切事究竟，而且是堅固不變的境界，得以成佛，所以這部經典就稱爲「首楞嚴」。

此外由於這部經能使菩薩們於世間和出世間的一切事相上面進修究竟（世間法是五陰、十二處、十八界、六入，出世間法是佛菩提道以及所含攝的解脫道都能夠得到究竟），不但究竟而且堅固不壞，一切外道見、佛門凡夫的邪見，或者淺悟者的不究竟見解，都無法轉移你依這部經修行所得的見地，所以叫作「首楞嚴」。又，證得如來藏之後，有了根本無分別智，由這個根本無分別智依止此經來繼續修學，可以發起後得無分別智，快速轉進初地心中，不再是三賢位的菩薩了。

後得無分別智有二個部分：第一個部分是般若所講的別相智，另外一個部分是第三轉法輪所講的唯識學，也就是一切種智。般若以及種智暫不談，先來談根本無分別智。有的人不瞭解佛法，就說：「既然是無分別，那就應該什麼都無法分別，怎麼可以稱之爲『智』呢？」又有人錯會了，就說：「你不要再分別解脱道、佛菩提道了，也不要分別別人所説的法是對或錯，當你辨正法義時就落入分別中了，哪裡還有無分別智？」請問：諸佛有沒有分別？從《四阿含》的記載中，佛破盡一切外道，那麼釋迦佛應該是有分別了，爲什麼又叫作證得無分別智？而且更是究竟的無分別智？

有很多人誤解這個佛法名相的意旨，就說：「每天打坐一念不生，心不動了，不起分別，這樣才是無分別智。」所以就說：「打得念頭死，許汝法身活。」是以離念靈知作爲開悟的境界，作爲明心所悟的眞心。早年的台灣佛教，有許多寺院總是在牆壁上貼著這樣的字句，都是以離念作爲開悟的境界。普遍堅持這種說法的，以密宗爲代表；不論是樂空雙運或是靜坐而求明光，追求的都是一念不生的離念靈知境界。以靜坐爲例，他們每天至少要坐一座，一座是二個鐘頭；又規定：想要學眞正的佛法，最少要連續坐六百座。如果有一天事忙而沒有打坐，就要從頭再開始坐起。元音老人傳的就是這樣的法，他的女徒弟趙曉梅來臺灣時，就是這麼傳的呀！但她竟然會坐到打呼，也眞是有「本事」。

問題是：即使有定功，打坐的時候眞的可以一念不生，可是下了座以後，心隨境轉，跟著五塵轉，又有念了，又變成沒有悟了，這樣的開悟豈不是變異法？是有時悟而有時沒悟，成爲變來變去變異法，那當然是悟錯了。即使他們每天靜坐時都可以沒有妄想雜念，仍然沒有辦法像無相念佛一樣在種種境界中淨念分明。而且，我們只要三、五個月，就可以讓心一直住在淨念裡面，而他們是上座時有禪，下座時就沒禪，正念就失掉了！即使他們下座以後能夠繼續不失正念，那算不算無分別智？仍然不是！那只是意識境界的變相而已。

意識通常都是語言文字妄想一大堆，他們那樣修，只是變一個表相——從有念境界變成沒有語言文字的妄想了，但其實還是有妄念啊！只是那個妄念中沒有語言文字而已，那個妄念還是有分別的；因爲了知就是分別完成了，聽到聲音時不必故意去思惟：這是杯子破了？還是碗破了？一聽到的時候馬上就知道是什麼被打破了。又譬如聽到背後有人叫你，當下就知道他叫的是自己，就立刻轉頭，這個過程中都沒有語言文字啊！但是只要一了知，就已經分別完成了，所以這時的離念靈知仍然是分別心。但他們卻以爲心中不生起語言文字的思惟時就叫作無分別。所以，凡是開悟時找到的心是有覺知的——是了知六塵的覺知心，那就是分別心了；所證的心既是分別心，當然那時的智慧就是分別智，不是無分別智。

也許有人又這樣想：「那就是要滅掉覺知心了，否則怎能對六塵沒有了知呢？」但是沒有覺知的境界中，一定就是無分別心嗎？那又不然！譬如說你睡著無夢的時候，覺知心沒有現起，這個時候有沒有分別？若是外面道場的修行人就會說：「這個時候哪有可能起分別？覺知心都不見了，還分別什麼？」可是我請問你：當你睡得正沈的時候，突然間像九二一大地震一般的天搖地動時，你醒不醒過來？一定會醒啊！不但醒，接著還懂得跑開呢！但是爲什麼睡得正熟時還能醒過來？因爲還有一個能分別的心。這個分別心雖然不像意識這樣有覺知，但祂還是能做簡單的分別，那就是你的末那識意根啊！末那識的分別性比覺知心差很多，自己無法清楚的分別，只能了知法塵上的大變動；至於詳細的變動是什麼內容，祂無法了別，所以我們不是馬上就醒過來；必須要在幾秒鐘後，才能清醒過來。

在這幾秒鐘的時間裡，末那識發覺法塵的變動很大，但自己無法了知，所以趕快叫醒意識，意識慢慢地出現，是經過半秒或一秒以後才生起的，這時才覺察到是大地震；由於搖得很厲害，意識判斷得要跑到屋外才行，末那識就決定開跑了。若是從世間法來講，末那識是沒有覺知的；但在種智上來說，祂其實還是有覺知的；只是行相很微細，祂又沒有一般唯識學者所知道的證自證分，所以是極少數的某些大阿羅漢才能知道的，但卻是多數的證悟菩薩所知道的，一般人及錯悟者當然是無法知道的。

末那識意根對法塵的知覺，仍然是有分別的，不是眞的無分別，這種知覺都是妄覺。但另外還有一個層次的知覺，那不是三界六塵中的知覺，而是如來藏獨有的知覺，而如來藏這個知覺是從來不對六塵加以了知的。世間人所知道的知覺，都只是意識覺知的層次，對於末那識意根的知覺就完全不曉得了，現代心理學卻已經在探討這個意根了，他們往往稱為潛意識。至於阿賴耶識，為幫助還沒有證悟的人，所以告訴他們說：「如來藏離見聞覺知。」

以免他們不斷的落入意識境界中。但從種智上來講，菩薩們都說祂還是有覺有知的，但不是意識、意根在六塵中的覺知。但是眾生無始劫來都在妄心上面執著，佛爲了預防眾生誤會而把意識覺知心認定爲如來藏，所以就講「離見聞覺知」，所以經中又說：「**一切諸法無作無變、無覺無觀，無覺觀者名爲心性。**」說眞實心的法性，是在一切諸法中運作之時都離六塵見聞覺知的，是從來都沒有覺觀的，這才是佛菩提道中所應證悟的心眞如——如來藏。一切諸法都是從這個如來藏來的，一切法出生以後也都依附如來藏才能存在及運作，所以都歸屬於如來藏；因此這句經文中所講的一切諸法，講的其實就是如來藏，說祂離世間六塵的覺觀。所以佛有時說：世間六塵中的覺觀，就是世間境界；由於對覺觀的執著，於是有眾生不斷的出生與老死。講的就是這個道理。

《大方等大集經》卷二中說：「**無覺觀故，名無分別。**」在《大方等大集經》卷十也有如此說：「**一切眾生無覺觀，其心本淨無有貪。**」所以說，開悟明心時所應證得的心，是從來離六塵覺觀的第八識如來藏，而且這個眞實心是本來清淨無染的，也是從來不曾起過一念貪心的。這都很清楚的表明，如來藏才是一切眾生的眞實心，有覺觀的心並不是眾生的眞心，所以說

「一切眾生無覺觀」。如來藏恆離六塵中的一切覺觀，而眾生所知的境界都是六塵中的覺觀；意思是說，凡是有覺有觀的心，只要還有一絲絲的了知，有一點點的覺觀，就是分別心，這正是離念靈知意識的特性，也是意根仍然保有的局部覺觀的體性。凡是住在六塵之中的覺知心，完全是意識心的自性；即使定力很好而能離五塵，住入極微細的定境法塵中，仍然不離法塵，仍然是有分別心，依舊是意識境界，不是佛菩提中的眞正開悟境界。雖然經中常說心眞如是本來就離六塵而無覺無觀的，但那只是對凡夫、二乘愚人而說的；對於眞悟的菩薩們來說，如來藏其實有覺觀而能了知六塵外的許多法，但是那個覺觀不是三界六塵中的覺觀，連俱解脫的大阿羅漢都不懂，除非他們後來迴心大乘而證悟了。

現在回頭來說無分別智，由於證得如來藏才發覺祂於六塵萬法都不像意識和末那識一般去取六塵而作分別，末那識往往會在法塵上做簡單的分別，也就是在直接反應上面而作的分別，這是一般證悟菩薩所能知道的；但是祂的所緣極廣，所以祂所作的分別是同時廣作分別，而且都是極簡單的分別，這並不是一般證悟菩薩所能了知的。可是如來藏從來都不分別，若是證得如來藏而現觀祂的不分別性，這時意識的分別性繼續存在而能分別、了知諸法，但是卻已經知道還有個不分別六塵的如來藏心，依舊本於眞實而如如的法性，繼續遍在十二處中不斷地運行著，卻又從來都不分別六塵諸法，於六塵中是從來都不起覺觀的。能夠這樣現前觀察這個法界中的事實，就是有了無分別智，於是實相般若開始生起了。

所以無分別智指的是證得那個無分別心如來藏，而使意識擁有了對無分別心的了知，這個了知無分別心的智慧就稱為無分別智，而不是指意識住於無分別的愚癡境界中，叫作無分別智。如果佛法的實相智慧是要讓意識住於無分別境界中，那乾脆去當植物人算了。世尊都還一天到晚破斥外道邪見，常常辨正這個外道的法義錯在何處，那個外道的法義又錯在何處，當然是有分別的；但是卻不妨礙無分別智的運作，不妨礙有分別的意識心繼續以無分別智來度化眾生。

有很多大師誤會了，認為佛法的正修就是要使覺知心如如不動、不起分別，因而打坐修一念不生，說一念不生時就是如的境界，就是實相境界；縱使他們能這樣「如」個三天、五天，後來還是撐不住而一直打瞌睡，其實是「如」不了多久的。禪宗祖師往往會罵說：「這個叫作黑山鬼窟，冷水泡石頭，智慧不生。」這種大師，連自己都度不了，怎能度眾生？教外別傳的禪門證悟，必須是用有分別的意識心去證另一個無分別的第八識眞如心才對；而祂是本來就不分別，不是修行或靜坐以後才不分別的，是眾生正在生起貪愛分別、瞋恚分別、愚癡分別之時，祂仍然同時存在而從來不分別的。菩薩們雖然證得了祂的無分別性，然而自己意識照樣擁有分別的功能，所以意識正在為眾生廣作諸法的分別時，仍然保有無分別心的無分別性，菩薩的意識就觀照這個無分別心的本來自性清淨涅槃，而以意識分別如來藏這種三界外境界的智慧，來為人說法、度化眾生。這是有分別智和無分別智並行不悖：是擁有分別智慧的意識心，和無分別的實相心並行不悖，意識以自己能廣分別萬法的智慧，來為眾生說明本來無分別的實相心所住的清淨涅槃境界。這樣才是眞正的大乘別教佛法，不共二乘聖人，亦不共大乘通教聖人。

所以大乘禪的修行，不是要把意識自己變成像白癡一樣的不會分別；所以，當你證得如來藏時，一定能夠體驗祂。譬如在禪三精進共修時，好不容易找到如來藏了，心中一陣狂喜，有些人甚至會顫抖；可是不敢講出來，因為自己還沒有能力確定，於是慢慢地一點一滴去體驗、觀察、檢驗，後來篤定如來藏就是祂，終於敢進小參室了。被印證之後，解三時誦《心經》，不知不覺相應而掉下淚來。回程途中又不由自主地唸起來：「**觀自在菩薩，行**

深般若波羅蜜多時，照見五蘊皆空……。」才證實五蘊與眞心如來藏眞的從來不一亦不異，原來《心經》就是講我這個眞實心，終於明白了！再誦起來時，心中眞的好歡喜，因爲確定眞的懂《心經》了！從此時開始，心中再也沒有石頭了，對於佛法的實證已經很篤定、很實在的領受了，正式進入菩薩數中。

回家之後又把般若經請出來讀，《金剛經》懂了！《維摩詰經》也懂了！讀後卻發覺其中仍有許多自己沒想到的實相眞理，經中也已經爲我們說明了。這是因爲明心時所體驗到的只是總相智——根本無分別智，還很粗淺；後來由於不斷地去讀般若系的諸經，經由佛菩薩在經中的說法，漸漸增廣對實相的了知，於是慢慢的產生了更深細的無分別智，叫作後得無分別智，後得無分別智是剛破參時所無法了知的。

可是密宗卻說打坐到一念不生時就是根本無分別智，下座以後能夠保持一念不生，卻又能夠了知六塵等種種法，說這個叫作「明性」，說這就是後得無分別智。他們以爲不打妄想時就是無分別了，其實是覺觀具足存在而時時在分別的；這是以覺觀心作爲無分別心，落入覺觀之中，正是三界境界，不離三界生死，根本不能與顯教經典所說契合，顯然還沒有進入顯教見道之門，怎能說是已經具足顯教之法而修起密宗來了？依照密宗自己的說法，必須顯教的法理已經具足修完了以後，才可修學密宗的；而他們連顯教的法義都還沒有入門，何況通達及具足修證？但他們卻各個都在修密，可見密宗都言過其實、言行不符。當他們靜坐時離念，或是樂空雙運時離念，其實都仍是覺觀很重的意識境界，都是分別心，否則怎能領受離念的輕安境界？怎能領受樂空雙運中的樂觸與空覺？顯然他們是完全不懂顯教之法的，所以都落入有分別性的意識境界中，都只是顯教中尚未見道的凡夫俗人。

眞正的佛法開悟，應該是每個人正在大肆分別的時候，就已經有一個無分別的心同時存在著，祂並不是睡著了所以無分別，祂只是不分別六塵中法。祂雖然不分別六塵諸法，但也不是癡呆者，祂是很伶俐的，能了知凡、愚所不知的一切法；這樣的證悟，才是眞正的大乘佛法。

後得無分別智，也稱之爲別相智，爲什麼是別相的智慧呢？因爲明心時雖然已知道般若的總相，可是如來藏自身還有許多功能，而如來藏也含藏著七識心相應的各類種子；種子也就是界，或者稱之爲功能差別；這都是你所不知道的，必須要悟後跟隨眞正的善知識再深入修學，然後才能夠漸漸了知，終於漸漸有了種智。種智也屬於別相智，是了知一切種子的智慧。一切種就是講一切種子，不是指外法稻子、麥子的種子，而是你的內種。

種有外種、內種，外種是講如來藏能夠顯現於外的，譬如爲什麼色身能夠成長呢？爲什麼投胎以後藉媽媽供給的血液，就可以成長爲胎兒而具足五根身呢？爲什麼不小心劃傷了，漸漸能癒合？這些都要去了知，這就是如來藏所含藏的一切種子。可是外道們並不知道，譬如他們說：「被刀子割傷了，傷口自己會好，就是上帝的奇蹟。」這其實只是自心眞如的種子——祂的功能差別，是自己的眞心所擁有的功能，爲什麼要推給上帝呢？心眞如是天上天下唯我獨尊的，祂雖然唯我獨尊，祂自己卻一點兒都不尊；祂不會有自我尊崇的觀念與行爲，隨你怎麼罵祂，都無所謂，但這才是天下之至尊。這種現觀境界，如果沒有找到如來藏，就沒有辦法去觀察，何況能整理？

有很多人在學唯識、教唯識，可是都學錯了、也講錯了！因爲唯識學是如來藏一切種子的智慧，沒有證得如來藏的人，連第八識如來藏的基本功能都不知道，又怎麼能夠瞭解祂的種子呢？所以，想要眞正修學唯識正法的人，先得要求證如來藏的所在，把祂找出來了，才有能力觀察祂的種子，才有可能往上次第進修，一步步發起種智。佛門中很多道場在共修後，迴向一切有情同圓種智，這是大心；可是他們說法時卻又否定種智，說專門弘揚一切種智的第三轉法輪諸經是不了義法，都不曉得唯識學就是種智妙法，密宗的應成派中觀自古以來就是這樣愚癡。

這部經典是可以幫助我們在這上面修正方向，而且依之修學的人是可以有所體證的，除非被人講錯而誤導了！因此說，這部經既然能夠讓我們證得根本無分別智及後得無分別智，後得無分別智又包括別相智中的種智，這就能夠使你在事相上面以及理體上面，能得到究竟而且堅固不失的功德，所以這部經又叫作「首楞嚴」。

此外又說，修學《首楞嚴經》還能夠幫助你眼見佛性，雖然其中的密意不可以爲你明說。可是有很多人誤解佛性，譬如徐恆志，誤以爲自己的見聞覺知性就是佛性；如果眞的是這樣，那麼《首楞嚴經》讀過以後應該都算是已經見性的十住菩薩了，因爲大家都已經找到了自己的能見之性、能聞之性、能嗅之性乃至能覺、能知之性了。可是這樣並不是眼見佛性的實證啊！只是自性見外道所墮的六識自性罷了！

佛性無形無相，肉眼可以看見，並不是用體會或想像來說的，而是眞的可以肉眼看見——在山河大地上都可以看得見自己的佛性。假如見性後修到最後身菩薩位，成爲妙覺菩薩了；那時看到人間有許多人已經有得度的因緣了，就降生到人間受生，示現跟凡夫完全一樣有隔陰之迷，完全不知道過去世的模樣；然後出家修道，卻能自悟自了；接著在夜後分，目睹東方明星的時候眼見佛性了，那時成所作智現前，於是究竟成佛了，這樣才能叫作見性成佛。在見性成佛之前的每一世，菩薩都照樣有眼見佛性的證境，但是仍不能成佛；只有在最後身菩薩位時眼見佛性，才能發起成所作智而成佛。一般大師們連我見都還斷不了，何況明心與見性？何況最後身菩薩的見性？他們都不曉得，誤以爲見性就是成佛了，又誤會見性就是找到六識的見聞知覺性，不知道那是自性見外道的落處，於是就大妄語，說自己成佛了。

那麼你如果明心以後又能眼見佛性，未來世要見性成佛就很容易；如果沒有這個過程，不但悟後修學種智會比較緩慢，將來成佛也會比較緩慢。因爲地上菩薩隨順佛性是跟一切種智有關係的，不是像十住菩薩只有單純的眼見，因此種智的進步與否，和有沒有眼見佛性是大有關係的。在佛法的修證上，由於這樣明心與見性的具足，能夠讓你於一切事究竟而且堅固；這部經中的法義是有這種實質的，所以叫作「首楞嚴」。

但是，這一部經主要的內容還是在如來藏自體上面來說，所以從卷一的後半到卷五的前半，都偏重在如來藏上面，然後以如來藏再來解釋見性的法門；你可以經由證得如來藏，智慧漸漸通達，漸漸就會瞭解一即一切，一切即一；一即無量，無量即一。這個一就是如來藏，一切就是無量法，有大法師不瞭解這個道理，就亂說：一即無量，是從道家來的，一生二，二生三，所以輾轉就無量。於是就自己發明了「多、一、無」的妄想，也演說出來誤導眾生。但一即無量的說法，其實跟道家沒有關係，道家的這種說法其實也是攝取了佛法後才講出來的。

佛法中講一即無量、無量即一，是說一切諸法都從一來，一就是如來藏；由這個如來藏直接出生種種法，間接出生種種法，輾轉出生種種法，而無量的所生法都從如來藏中出生，出生以後也都得要依止如來藏才能運作；菩薩現觀這個道理時，就一定會把無量法都攝歸如來藏，所以叫作一即無量。這是因爲一能夠生萬法，只要找到了如來藏，萬法漸漸的就會通透，因爲你是從根本來瞭解萬法嘛！如果是從樹葉上去瞭解整棵樹，並不容易找到根，也不容易瞭解整棵樹；尋枝摘葉的人，總是這一片、那一片，一片一片去找，總是落入無數片的樹葉中，只見樹葉而看不到根本，那究竟要找到什麼時候呢？宗門禪—中國禪宗—的修行法門，就是要叫你離開枝葉，直接找到根本；然後從根本再往幹、枝、莖、葉、花、果，順著去找出樹的各個不同部位，很快就能全面瞭解整棵樹——全面了達整個佛法面目。也就是說，由於證得如來藏而能夠通達「諸法即一，一即諸法；一即一切，一切即一」，由於這個緣故，一切事相上的修行，自然都能得究竟以及堅固，所以說這部經典又叫作「**首楞嚴**」。

至於「**經**」是什麼意思？世間法當然也有經，譬如儒家也有他們的思想，把所說的世間道理結集而貫串起來就是儒家的經書；所以他們的四書、五經即是儒家思想的中心；貫串了儒家所有的思想，所以叫作經。凡是把一個法，一個思想次第結集而連貫起來就叫作經；就好像一本書的完成，是把每一頁裝訂起來，依序從頭貫串到最後。「首楞嚴」等法爲什麼稱之爲經呢？這裡的「經」不是指經本，一般人說：「把那本經拿來。」這句話是有語病的，那一本書怎麼能叫作經？是那一本書裡面所講的法義才叫作經。修學「**首楞嚴經**」是要去證得其中所講的法義，而「首楞嚴經」中所講的法義都是如來藏與佛性的內容，所以修學「首楞嚴經」的人必須先以親證如來藏爲目標；若是否定如來藏，他就不是眞正在修學「首楞嚴經」的人。

當你修學到因緣成熟而證得如來藏的時候，發覺這部經所講的法義是正眞之道，一點兒都不虛僞，也不夾雜戲論。戲論的意思是「言不及義」，這個成語已經廣泛被用在世間法上，譬如人家來找你談論事情，你沒說幾句話就扯離話題，人家就說你「言不及義」。而佛法中這句話指的是沒有說到第一義，所以凡是所寫的書、所說的法，若是不能講到第一義諦，就是戲論，就是言不及義。而這一部經中所講的都是圍繞著心眞如來說的，也就是從各個方向、各個高低深淺不同的層次，來為大家宣說心眞如——如來藏，並且是遠離戲論而說，全部都是第一義的眞實道理，所以叫作「了義經」、「首楞嚴經」。

這一部經是從宣講本經的因緣開始，中間說到佛菩提各種不同層面的究竟了義的眞實「理證」，以及悟後修行的「事修」法門、修證層次的不同境界；最後咐囑要流通這一部經，也就是要為人廣說；這樣整個前後具足圓滿而貫串起來，所以叫作「首楞嚴經」。

此外這部經的法義，從低層次的凡夫、中層次的賢位菩薩、高層次的聖位菩薩，乃至有情世間和無情世界，都能夠用心眞如整個貫串起來；以第一義的眞實理來宣說，所以叫作大乘了義的首楞嚴「經」。換句話說，如果所說的法，不能具足通達有情與無情之間的關係，不能夠具足通達深淺的整個次第，那就不能稱之為「經」；因為只是片段的，就好像學生寫專題報告一樣，先搜集資料，再歸納、分析、統計，最後作出結論，只是成篇、成章而已，無法函蓋全部內容而貫串起來。

最後說這一部經是用心眞如的法——如來藏法，來函蓋了三界、六道、四生、十二類、二十五有等一切有情，從凡夫地一直說到聖位。凡夫有染污，賢位有染有淨，聖位淨多而染少，乃至佛地的究竟清淨，在這部經中所說的法義已經都函蓋了！是把凡聖都含攝在裡頭，有情無情也含攝在裡頭，所以叫作「經」。

以前有人說：「這是一部僞經，不是佛說的。」主要是密宗應成派中觀師等六識論諸邪見者，印順法師等人即是這一類人。然而應成派中觀師爲何都說這部經典是僞經？當然是有其時空背景的，若不深入探究他們這種說法的時空背景，就會跟著懷疑而不信，最後甚至可能會毀謗這部最究竟、最了義的大乘經，成就地獄惡業。應成派中觀起源於天竺的佛護，本是誤會中道觀行的聲聞凡夫所說的般若理論，起源於聲聞部派佛教，後來被天竺的左道密宗所採用。他們爲何一代又一代都很努力弘傳應成派中觀呢？是因爲應成派中觀是六識論者，他們的法義認爲人類總共只有六個識；認爲最終心、最了義心即是意識，從意識中細分出較細的意識來取代佛所說的第七識意根與第八識如來藏（這個說法很矛盾，因爲意根與意識都是從如來藏中出生的，意識又必須藉意根爲緣才能從如來藏中出生，所以意根與如來藏二心，一爲意識的所依緣，另一爲意識的因緣，當然意識不可能出生意根與如來藏）；這樣一來，他們所修的雙身法意識境界就取得合理的生存空間了！若是要依本經所說親證如來藏而入道，將會顯示密宗所有人都是凡夫，而他們又都沒有智慧來證第八識如來藏，那麼他們向世人謊稱早已見道、已是聖人的謊言，就不能成立了，他們的名聞、利養與聖人的尊貴身分就全部破滅了！這是他們長久以來不斷否定《楞嚴經》的原因之一。

其二，《楞嚴經》中說，凡是與淫心、淫行相應的法，都是沈淪欲界之法；縱使在淫事上有所修證，最多不過是精行仙的境界，仍在凡夫位，與佛法的實證無關；而且將來必定會成爲魔子、魔民，與佛法絕緣。世尊預見末世佛門出家人的惡形惡狀而在本經中作了預記，也直接否定雙身法在佛道修證上的可能性，是密宗所不能接受的。由此緣故，他們就主動繼承應成派中觀見，用這個六識論邪見來抵制《楞嚴經》，同時也免除了他們無法實證如來藏的窘境，而他們原有的名聞、利養、身分地位也就獲得有力的支撐。所以密宗的各大派別都一致抵制《楞嚴經》，連源自清辨論師自續派中觀的藏密紅教、白教、花教等六識論者，也都有志一同抵制《楞嚴經》，因爲他們同樣都是追求雙身法樂空雙運、樂空不二的最強烈淫樂的貪求者。至於近代的印順法師主動繼承應成派中觀的六識論，明著抵制密宗的雙身法，暗地裡卻是支持密宗的，才會說應成派中觀是密宗的驕傲。而他個人也因爲支持應成派中觀的六識論，就免除了無法實證第八識如來藏的窘境了。因此，他一生都爲支持應成派中觀的邪見而努力，至死不改邪見；所以印順只是密宗的末流，是被密宗所看不起的，因爲他沒有廣修雙身法，而他極力弘揚的應成派中觀見卻是來自天竺密宗末流的左道密宗繼承者——西藏密宗。

所以，西藏密宗自創立以來，除了篤補巴至多羅那他爲止的覺囊派所弘揚的如來藏他空見以外，全都是六識論及雙身法的終生奉行者。這是因爲如來藏妙法的境界是離見聞覺知的，而六識論的意識、細意識、極細意識，以及雙身法中的樂空雙運、樂空不二境界，全都是在六塵中具足見聞覺知的，二者是迥然不同的境界，所以是凡聖大異、境界大異的二種證境與見解，是不可能並存的。因此，除了被黃教假藉軍事及白教力量消滅的覺囊派以外，密宗四大派全都是六識論及雙身法意識境界的忠實奉行者，他們絕對不樂意看見《楞嚴經》存在人間而被人弘揚，當然會設法全面抵制。

除此以外，還有一些人假藉考證及學術研究，以不正確的文獻取材，來否定《楞嚴經》；因爲他們一貫的作法是只作文字訓詁而不事修證，並且是持六識論邪見爲根本思想，否定第七、八識，偏執地認定如來藏是外道神我，所以才會有呂澂造出《楞嚴百僞》的邪書來。假使《楞嚴經》的公信力，已在人們心中完全消失了，如來藏妙義就被全面否定了，只好以意識爲中心來弘法，密宗就能取得合乎佛法的公信力，雙身法的意識境界就可以藉此而公開的、大力的弘揚起來，這其實是少數學術研究者由於無知而犯下的過失。呂澂的《楞嚴百僞》說法其實是不能成立的，破綻百出，未來一定會有人據理加以破斥的，所以我們只從法義上來探究其眞僞，因爲我們沒有時間來做考證，這事就留給別人去做吧！（編案：後來已有紫虛居士作出了考證，雖然不很如理，但已提出百種反證；以前也有大陸的釋愍生法師寫了〈辨破《楞嚴百僞》〉一文，都不是印順派門人所能反對的。）至於判斷經論的眞僞，沒有實證法界實相（萬法的功能差別從何處來）的凡夫，是沒有具足判斷經論眞僞能力的人；尚未證得如來藏的人，絕對沒有能力判斷如來藏法義是否爲外道見。如同一個不懂物理、化學的人，卻能批評物理學家、化學家所說的物理與化學原理，並且加以全面否定，這是天下最不合邏輯的事。當我們親證如來藏了，並且也親證他們所否定的意根末那識了，對於極粗淺的、由如來藏與意根所出生的意識境界，當然更能深入瞭解，所以我們有能力、有智慧、有資格評論他們，因爲他們的所知，我們已經都知道了。而他們對我們所證的第七識意根與第八識如來藏，都是全無所知的，又怎麼有能力來否定呢？連評論都是不許可的，因爲一定會破綻百出。但是千年以來直至如今，那些從來不懂如來藏的人，卻來評論、批評、否定如來藏妙法，這是多麼不合理與不智的行爲與主張，卻能獲得某些人的認同，表示他們同樣都是沒有智慧的人。

縱使這部經不是佛陀親口所說，但是如果所說的法完全同於佛說，跟佛講的法義完全沒有違背，又能夠有次第性的、圓滿性的函蓋一切佛法，也一樣應該被認定爲「經」。不一定要佛親口講的才算經，只要能夠把諸佛所說的法義發揚光大，完全沒有悖離佛法，也可以叫作經，《六祖壇經》就是一個具體的例子。更何況，《楞嚴經》根本不是一般的地後菩薩所能創造的，何況是一群凡夫眾生，又怎能創造出這樣深妙的經典？而應成派中觀見的那些六識論凡夫們，連讀都讀不懂了，何況能評論、否定此經？可見他們的說法都是曲理狡辯的。有能力評論或否定此經的人，只有諸佛；而諸佛的所證卻都同樣是第八識如來藏，更不可能否定此經。已經親證如來藏的地後菩薩及三賢位菩薩，都沒有能力評論此經，應成派中觀那些未證如來藏的凡夫，卻有能力來評論及否定此經，這是何等荒唐的事？而這種荒唐事，卻一直有人接受，可見他們是如何的沒智慧了！反過來說，如果有人主張這部經典是佛陀親口講的，可是這部經中所講出來的卻跟佛法不一樣，跟三乘經典也不符合；這時不管經中說得怎樣勝妙，都是僞經，密宗上師、喇嘛所弘傳的《大日經》就是現成的例子。

最努力毀謗《楞嚴經》是僞經的人，是密宗的黃教——應成派中觀師。至於紅教、花教、白教，雖不會公然誹謗，但他們也不會喜歡，所以總是抵制而不支持；因爲這部經專門預破密宗的雙身法，也預破他們的意識境界，他們受不了啊！楞嚴咒很好用，他們把楞嚴咒改頭換面後拿去用，不承認是楞嚴咒；藉此制伏鬼神，卻把眞正的意涵棄置。至於其他三大派別，雖然紅教、白教、花教也承認有如來藏，但他們是以觀想的中脈明點取代如來藏，不是眞的親證如來藏；所以他們絕對不會鼓吹大家學楞嚴，因爲這部經中預破密宗的雙身修法，他們非常厭惡這部經。

黃教中人當然更討厭此經，因爲黃教不但同樣是雙身修法的意識境界，而且還公然否定第八識，不承認有如來藏。但他們無法、也無智慧來否定如來藏，就大聲的說：如來藏是外道的神我思想，是外道的梵我思想。達賴喇嘛是這樣，顯教的印順法師也是這樣，這是很嚴重的問題。但他們都不懂：外道的神我、梵我都是意識，與他們自己的落處及主張相同；而如來藏心性卻是完全異於意識，怎會是外道的神我、梵我？所以他們才是外道神我、梵我的信徒，卻指責完全異於外道神我的如來藏是外道神我，所以他們全都是指鹿爲馬、顛倒黑白。

他們認爲此經是唐朝房融等幾個人所僞造的，我們當然要請問：房融到底有沒有開悟而證得如來藏？這沒有任何文獻可以稽查，也沒有他的任何文章可以證明；既然沒有辦法證明他有悟，他能夠創造這部經嗎？不可能！一個能「創造」這種極深妙而且完全符合諸地菩薩證境的人，一生之中不可能獨自隱沒而不出世弘法，也不可能一生之中都不寫書、論來流通度眾；但是一千多年來卻不曾看見房融有什麼文章或論典來弘揚佛法，所以呂澂、印順等人的說法都是胡說。更何況這部經有許多地方，連明心的人都仍看不懂；沒有一個眞正明心的人敢拍胸脯說：「我懂這部經，我來講《楞嚴經》。」即使我十年前破參了，在五年前仍然還不敢講，因爲還沒有把握能通達這部經，何況是未悟的凡夫能創造這部經？

我曾經聽到某某法師在講這部經，膽子好大啊！他連明心都沒有，根本不知道如來藏的所在，當然不懂如來藏的本來涅槃而又能生萬法的自性，講起來不但會是依文解義，而且一定會錯解連篇。法說錯了是要負擔因果的，特別是第一義諦的法，決不能隨便。以前古德宣講《楞嚴經》時，一定得穿起海青再搭衣，現在我講《楞嚴經》一樣是很愼重的。肚子裡得要有料，否則不能講這部經典的；未離胎昧的再來菩薩，在此世眞正明心後三年五載，還講不了此經的；而地後菩薩也創造不了此經的，更何況房融，能創造出這部經典來嗎？絕對沒有這個能力。

此外，如果是一個眞正有證悟的人，必然會像禪宗祖師所說的「布袋藏錐」，錐尖遲早會戳出布袋外面來，一定會被人家瞧見的，能像我上輩子那樣隱藏的人，其實是很少的。我那時是打定主意不出來弘法的，因爲有很多大師在弘法了！那時虛雲老和尚在弘法啊！來果禪師也很有名哪！楊仁山居士也在努力護持正法啊！我爲什麼要出來弘法與人相爭？而且時局也不穩定。但是願意這樣隱忍不發的人，永遠都是極少數人。由此可知他們說是房融所創造的，根本不是實情。所有破參明心回來的人，都會瞭解我說的完全沒錯；因爲這部經完全在說第八識，沒有證得第八識的人如何能夠寫出這一部經？又如何能夠從各個層次，各個方向來解說這個第八識的體性呢？而且這部經中還講到如來藏的妙眞如性，也就是講到佛性；這可是必須眼見佛性以後，再加上地後隨順佛性的境界以後才能讀懂的，也都還無力創造出來的。即使是智者大師加上他的師父，再加上他的徒弟三代人合起來都寫不了，何況一個默默無聞的房融？更是不可能的。

因此，說此經是僞經的人必定是門外漢，眞正明心的人看到這部經典時都會非常歡喜，因爲可以從此經中學到很多妙法，而眼見佛性的人也可以從這部經得到印證。這部經既然講明心又講見性，並且層次分明詳盡，即使是初地菩薩來了，想要動筆寫這一類經，也要絞盡腦汁，並且永遠無法達到此經的層次，哪有那麼簡單就讓房融他們寫出來呢？

接著再分析：這一部經所對治的就是以意識爲眞如的宗教或者宗派，不只是對治密宗外道，也對治佛門中的外道，因爲在佛門中一向都有人外於第八識心而求種種法的修證——心外求法。古時候在印度就已經這樣了，很多人考證說天竺佛教是滅在西元十三世紀，當時是回教軍隊把印度的佛教國家波羅王朝打敗了，所以佛教就滅亡了；可是他們都只看到表相，其實是在第十世紀末、十一世紀初，整個佛教已經全面轉變成密宗的時候就已經滅亡了，那時已經只剩下佛教表相的空殼子；本來是佛教的寺廟，已經被一群穿著佛教法衣，並已在佛教中剃度、受戒的外道取而代之，全面弘揚外道法了（學術研究者稱之爲坦特羅佛教，就是印順說的晚期佛教。坦特羅，今時台灣新聞媒體新譯爲「譚崔」），眞正的佛法完全不見了。

這就好像電影中，異形侵入人體，控制了那個人，而那個人的精神已經滅失了，那時還是原來的人嗎？只是人形的異形生物罷了！又好像把五臟六腑都換掉，把頭腦也全部換掉，只剩下原來人形軀殼，那仍然是原來的人嗎？天竺晚期佛教就像這樣，李代桃僵而從實質上被滅亡了，只剩下佛教軀殼，本質已經全然外道化了。佛陀應該是預見了這種狀況而講這一部經，這與《法滅盡經》中的說法是互相契合印證的。假使這部經是佛滅後幾位地上菩薩共同合作寫成的，但只要是和 佛所說的法義完全相同，就仍然是眞經，不能夠說它不是佛經。反而是那一些中觀學者所不否定的《六祖壇經》不能稱爲經，最多只能算是論；因爲只說到般若的總相智而已，只說到見性的總相智及解悟的部分而已，別相智的部分很少，種智就更談不上了。所以不能夠隨便誹謗《楞嚴經》，而這部經主要是對治以意識爲眞如的外道邪見，以及貪欲爲道的左道密宗無上瑜伽、樂空雙運法門。

接下來要進入經文來講了！不過針對經題作了這些說明，聽過了以後，就已經大概瞭解你在這部經中將會聽到什麼法義；這就好像一本書中第一章的概論、概說或者總論，先在這兒做一個概略的介紹，讓你知道大略的內容。所以經題的講解仍是必要的。

這部經是大唐神龍元年中天竺沙門般剌蜜帝，在廣州制止道場譯出的。神龍是年號，中天竺就是中印度，沙門又叫作勤習——勤修戒定慧而習學佛法。是由中天竺的沙門般剌蜜帝，在廣州的制止道場翻譯出來的，是在南方譯出而不是政教中心、佛法比較興盛的京城譯出來的，應該是從天竺經由海路傳入中國的。翻譯者的身分有了，翻譯的地點也有，從天竺來的僧人名稱也都有了；而當時南方的人文素養及學佛風氣，也不像北方那樣興盛；這已經足夠證明這一部經，不是房融等幾個人創造的；這是由當時的房融等幾人加以潤色及證明經典的來源；否則，房融等人「寫出來」以後，又如何能流通這部經典呢？

然後又記載說，菩薩戒弟子前正諫大夫（「前」是已卸任之意），「同中書門下平章事」就是宰相，清河是地名。又載明是「房融筆授」，也就是說，當中天竺的沙門般剌蜜帝翻譯時，房融就拿著筆抄下來。譬如一貫道有沙盤，當神降臨（大多是假的），神乩在沙上寫字，旁邊有個「筆生」趕快抄起來；房融的角色就類似這個人物，他不能有任何意見，人家如何誦出來，他就完全照抄；筆授成爲文字以後，當然要經過潤飾才會優雅而且通達，具有公信力。烏長國的沙門彌伽釋迦譯語，是說房融可能懂得梵文，所以般剌蜜帝口述出來，他抄寫下來以後，再由烏長國的僧人彌伽釋迦翻譯成中文，這部經是這樣來的。在譯經及後代印經的時候，這個部分都不能省略掉；這不但是檢驗文獻的證據，也是參與翻譯者的功德，要隨著這部經永遠存在，就好像現代人尊重著作權一樣。

由這一段記載中可以看得出來，房融不但是尚書，而且是受過菩薩戒的人，不可能自己創造經典而妄說是 佛講的；而此經是由中天竺沙門般剌蜜帝從海路來到廣州誦出的，誦經地點是制止道場；然後由烏長國沙門彌伽釋迦翻譯成中文，房融筆記以後一定會有國家指定的一群文人來潤飾譯文。由此看來，人事時地具足而流通出來，當然不可能是僞經。再說，若是由房融等人創造的，房融等人顯然個個證量都已經超過七地了，那一定是光芒畢露的大菩薩，絕對無法隱藏不顯，皇帝怎有可能不接入宮中奉養隨學呢？所以呂澂與印順等人眞是腦筋壞掉了，才會認定此經爲僞經。接下來經文說：

【如是我聞：一時佛在室羅筏城祇桓精舍，與大比丘衆千二百五十人俱，皆是無漏大阿羅漢，佛子住持，善超諸有；能於國土成就威儀；從佛轉輪，妙堪遺囑；嚴淨毘尼，弘範三界；應身無量，度脫衆生；拔濟未來，越諸塵累。】

講記：「如是」的字意是「像這個樣子」，表示確實有經過那個境界，是親自接觸，親自得來的，不是自己創造、想像來的。「**我聞**」是說我親自聽來的。所有的佛經都會冠上這四個字，但是冠上這四個字的不一定是眞正的佛經，因爲密宗創造了《大日如來經》、《金剛頂經》……等，他們也模仿而寫上「如是我聞，一時佛在」等字樣，但是「經中」講出來的卻都是外道法，卻是用緣起性空無常空來講佛菩提的空性，那就是一切法都空了，卻又主張意識是常住法，自相矛盾。

他們講的空性是諸法緣起性空，不是 佛所講的如來藏空性；所以主張所有法中都有一切法空，就叫作空性；換句話說，這朵花也是空性，因為這朵花一定會壞掉，最後歸於空。但這樣的「如是我聞」並不是眞正的佛法，只是世俗老人們所講的無常空啊！但他們都很會借用佛教中的多數名相。譬如 大毘盧遮那佛本是 釋迦牟尼佛的法性身，出生圓滿報身 盧舍那佛及無數億的 釋迦牟尼佛，所以 大毘盧遮那佛（大日如來）本來在《華嚴經》中是非常崇高的，卻被天竺密宗編造成假冒的外道佛，說他們的雙身法是 釋迦佛沒有講過的更妙法，而是法身佛「大毘盧遮那佛」所講的，而顯教中人都不曾聽聞過。反正也無法對質，他們就大膽的亂講一通。所以，並不是在經文開頭有「如是我聞」這四個字，就一定是佛經。當初 佛陀入滅的時候，吩付法藏給阿難陀菩薩，菩薩就問 佛說：「我將來把您所說的佛法結集出來以後，開頭要怎麼講？」佛就說：「用『如是我聞』作為開頭，表示你阿難是親從佛聞而誦出來的，不是你自己創造出來的。」所以一切的佛經開頭都有這四個字。

「一**時**」是講時間，但不指稱是某國的某一年，因為那時天竺分裂成好多國，無法在經中記載是某國的某一年，就用「一時」來作爲通稱。譬如在台灣講中華民國幾年幾月幾日，在大陸卻是講公元幾年幾月幾日；可是如果在同一個地點再往前推一百年，講的卻可能是道光或光緒幾年幾月幾日（編案：這是在二〇〇一年八月講解的），又美國東岸和西岸相差四個鐘頭，到底要以什麼時間爲準？所以最好的時間就定爲「一時」，因爲「一時」通一切時地。一時，是說我們娑婆世界的這麼一個時間裡，曾經講了這一部經，當時即將宣講這部經時，佛陀是在室羅筏城的祇桓精舍。

我們在經題中曾經講過，必須解脫道具足修證，佛菩提道也具足修證而圓滿究竟了，才能稱之爲佛；如果這二個主要道，其中有一個不具足，就不能稱爲佛。譬如有人宣稱他已證得解脫，是四果羅漢；可是問到將來要如何入涅槃時，他說：「**我到了將要死的時候，繼續保持一念不生、清楚分明，當我離開色身以後繼續保持這種狀態不滅，就是入涅槃。**」其實這樣根本不得解脫道，甚至於連聲聞初果的見地都沒有，仍然具足凡夫知見，這樣的人連初果都還不能證得，竟敢自稱成佛，未免太大膽了。

又如密宗喇嘛、上師們的書中說的「輪涅不二」，是說輪迴與涅槃不二；但他們都認爲打坐的時候一念不生，就是輪迴與涅槃不二；這眞錯得太離譜了！因爲這個一念不生的覺知心是生滅心，在晚上睡覺就中斷而滅失了，何況是死後斷滅，要到中陰身境界時假借微細的五色根才能再現前；中陰身七天後就消滅了，意識心當然也不可能存在而中斷了，中斷以後覺知心意識不在了，怎麼能說是入涅槃？他們都認爲是覺知心要進入涅槃中安住，但無餘涅槃中是滅盡十八界而沒有覺知心意識存在的；這時覺知心意識不在了，怎麼進入涅槃中安住？意識等七識心及色身都滅盡了，才是無餘涅槃；既然死後色身滅壞而不再受生了，意識就不可能存在了！意識既然不存在了，怎能說是意識住在涅槃中，那怎麼能叫作輪迴與涅槃不二？所以密宗喇嘛們講的輪涅不二都是錯誤的臆想所說！

其實輪迴與涅槃不二，是如來藏的境界；他們都還沒有證得如來藏，都是住在意識的一念不生中，當然還是處在輪迴的境界中。何況意識背後還有一個末那識意根，那更是輪迴的根本，而密宗所有喇嘛們都還不懂這個意根的意涵，也不知道自己的意根何在；乃至顯教中號稱佛教導師的印順，對這個意根的理解也是錯到很嚴重的，他們根本就不懂。從這裡可以瞭解，不管是佛菩提道或者聲聞解脫道，必得如實親證，而且必須圓滿具足而究竟了，才能說是已經成佛。

「佛在室羅筏城祇桓精舍，」室羅筏城是一個城市，講到這裡時，人、事、時、地都已具足，這是對這部經典的證信。**「與大比丘衆千二百五十人俱」**，「與大比丘眾」，由於當時大比丘有很多位，所以叫作眾。什麼是大比丘呢？那必須是已經成爲阿羅漢，一定是實證聲聞道中的究竟無漏，煩惱障再也不會現行了，才能稱之爲大比丘，所以接下來說「**皆是無漏大阿羅漢**」；表示當時的大比丘眾共有一千二百五十人，都是阿羅漢；這一千二百五十人中，沒有一個人是三果以下的。三果以下而被寫進此經中的只有一位，就是阿難陀尊者，因爲他是持法藏者，而且過耳不忘。

「佛子住持，」在大乘佛教中所說的「佛子」，有很明確的定義，也就是修學佛菩提道，證悟之後還得要發起道種智，還要發起金剛心——願意盡未來際承擔如來的家業；也就說，只有初地以上才有這個願力與能力，一切外道不能把他屈服，這樣才是佛子。因此在大乘法中，只承認菩薩是佛子——如來眞子，不承認聲聞羅漢是佛子；因爲不迴心的阿羅漢都是死後入涅槃，不能盡未來際住持佛法；他們也沒有種智而無力單獨住持佛法、弘揚佛法（不是解脫道聲聞法），不但不能廣破外道法，也無法避免被外道所攀緣或破壞。菩薩修到了初地以後，才叫作入如來家；還沒有進到初地以前，都不算是已入如來家。因此，這裡講的「佛子住持」是說能夠獨力住持佛法，承擔、弘揚佛的了義法。定性阿羅漢是沒有辦法做到的，只能夠弘揚四諦、八正、十二因緣法，而這些解脫道法義只是佛法中的局部而已，所以不迴心阿羅漢無法在佛滅後獨力住持成佛之法。由此緣故，「佛子住持」所講的佛子，就是指菩薩；因爲 佛講這部經時，那些大阿羅漢們已經迴心大乘而眞實修證了。

「善超諸有；」菩薩和阿羅漢都一樣能夠善超諸有，諸有就是講二十五有，二十五有的範圍很廣，歸納起來是四生——卵、胎、濕、化四種。把四生細分下來就有二十五種的三界有，所以叫作四生二十五有。有時又講四生三有，三有就是講欲界有、色界有、無色界有。欲界有講的是人間，人間爲什麼叫作欲界有？因爲六塵具足，有男女兩性而有男女欲；到了四王天、忉利天、夜摩天、兜率陀天、化樂天、他化自在天，都有男女欲，所以也叫作欲界有。欲界有是有層次差別的，愈往上愈淡薄，但始終都在兩性愛欲的範圍內。這個以後還會再說，暫不談它。

那麼能夠善於超越三界有、二十五有，叫作善超諸有。諸佛都能善超諸有，因爲超越了三界的有，二十五有也無非是三界有。至於色界有是什麼？

欲界中有男女兩性互相貪愛，但色界有全都是中性身，已經沒有男女兩性，身中也沒有五臟六腑，但仍然有色界天的色身再加上意識靈知心與眼識、耳識、身識；到了無色界就沒有色身了，可是還有受想行識四陰，意識靈知心還是繼續存在的。無色界天人依於各自的定力與禪悅，加上原有的意根，如來藏就現起無色界的意識覺知心；但因爲如來藏中本有大種性自性的功德，所以無色界的天人如果突然間起了「想要聞佛說法」的作意時，如來藏就會變現出一個色界天身，然後就去色界天聽佛說法；這就是無色界有，是因爲還沒有完全證得五蘊空，所以無色界雖然已經沒有色身與形質，仍然被叫作「有」。

善超諸有，就是善於超越三界有一切法；一般的三果人還不能做到；因爲對於無色界有，還沒有辦法完全了知，所以無法超越；但是阿羅漢可以證知五蘊全部虛妄，所以超越了。菩薩初地可以證得有餘涅槃、無餘涅槃，但他不證；菩薩三地滿心的時候，也可以證得俱解脫的有餘、無餘涅槃，但他也是故意不證，所以說菩薩也是善超諸有的。諸有的境界，菩薩比阿羅漢了知得更清楚；對於諸有後面那個涅槃中的實際，也比諸大阿羅漢都還要清楚，所以他們是善超諸有者。

「能於國土成就威儀；從佛轉輪，妙堪遺囑；」是說大阿羅漢以及菩薩能於國土中成就威儀，和一般凡夫不一樣；凡夫走路時總是到處攀緣，好像猴子一樣。給牠花生，牠把嘴巴先塞滿，右手抓一把，左手又抓一把，可是心中還不滿足，兩手抓滿了以後還想再要，只好放掉一手再抓，不斷的放掉一手來抓；但是抓來抓去始終都是那麼多，心中沒有辦法滿足。所以當猴子如果爬上香蕉樹以後，牠會拔下一根來，咬一口含在口中就把手中的丟掉，又拔另外一根；兩手抓滿了還是不滿足的繼續拔了又丟，丟到後來滿地都是香蕉，猴子就是這樣子貪心，不停的執取而所得不多。凡夫也是一樣，在街上走的時候，不停地聽來聽去、瞄來瞄去。但是阿羅漢們在路上走的時候，只看眼前幾尺的地方，不會到處看來看去；菩薩雖然也會看一看，卻不動其心；這就是他們威儀庠序，因爲住於自心內境而不向外攀緣，才能於國土中成就威儀。

佛在世的時候，阿羅漢大約早上十點就開始托缽，下山的路上是不交談的，也不東張西望，各人看著眼前大概七尺左右的地上，住於自心內境，不向外攀緣；由於外道們也是很用功精進在修行，所以當他們看見舍利弗、目犍連時，就好像當初舍利弗看見了憍陳如威儀不同於一般修行人的情況一樣，所以好奇走過去問：「你的師父是誰？他說什麼法？」他們回答：「我師父是釋迦牟尼佛，講的是五蘊空、十八界空。」外道們本來落在常見中，聽了以後覺得特別殊勝，再加上聖弟子們舉止異於常人，所以外道信受了，就跟隨聖弟子去拜見 佛陀；在佛陀一場開示之下，當場成爲阿羅漢，也成聖弟子了。

這就是說，成就威儀是由於住於自心內境所產生的；如果沒有那個功夫，煩惱很重的話，人前假裝是不自然的，終究會被某些人看出破綻。可是如果眞有那個境界，根本就不必僞裝，自然而然就是那樣住，心中總是沒有煩惱，外境與他無關。

接下來說「**從佛轉輪，妙堪遺囑**：」從佛轉輪就是跟著 釋迦佛來轉法輪。佛世的聖弟子們，並不會因爲成爲阿羅漢了，就認爲自己有資格當師父而擅自度眾生去了，都是從佛——跟隨著佛；後來阿羅漢很多了，聚集在同一個地方共住，造成當地民眾很大的負擔，但是名聲也早就傳揚各地，佛知道緣熟了，就命令他們到處去度化眾生。可是聖弟子們四處度化眾生的時候，他們都不收徒弟，如果有人要皈依，這些阿羅漢們都說：「你不應該皈依我，應該皈依人天之師——我的師父釋迦牟尼佛。」這在《阿含經》中屢見不鮮，這叫作規矩，就這樣一直延續下來。也就是和尚還住世的時候，不管他的首座、上座多麼有名氣，也都是不收徒弟、不剃度任何人的。這個規矩到現在末法時的佛教界還保持著，倒是個好現象。所以這些阿羅漢們雖然在外面轉法輪，其實還是不離佛，以佛為依歸，所以叫作「從佛轉輪」。至於「妙堪遺囑」四字，是由於這些聖弟子們說法時能夠說得微妙，不負於 佛所囑託，而在 佛滅後可以繼續弘揚佛所說的法，這叫作妙堪遺囑。堪是堪能，有那個能力。

「**嚴淨毘尼，弘範三界；**」嚴就是莊嚴，淨是清淨，毘尼就是戒律，意思是他們已經莊嚴清淨戒律了。毘尼有時候又譯作毘奈耶，講的是身與口的行為約束：什麼事應當做，什麼事不應當做；什麼事不能做，什麼事必須要做；嚴守軌範，使身口意清淨，這叫作嚴淨毘尼。由於戒律守持清淨了，所以能夠將 佛的家風軌範，在三界之中加以弘傳、加以顯示，這叫弘範三界。為什麼說是弘範「三界」呢？因為 佛陀住世時不是只有人類來聞法，常常在半夜子時開始，就會有諸天天人來求見 世尊，或者來求見諸大阿羅漢聽聞佛法，所以不是只有人間的有情來求法；因此不說弘範人間、弘範欲界，而說弘範三界。另外也說阿羅漢殺盡了煩惱賊，所以能斷分段生死；慧解脫的阿羅漢，雖然還沒有神通，只是慧解脫，看起來好像是個凡夫，但卻是一切三界中的天主、天人所應當要供養的，所以名爲應供、應儀；又名殺賊，因爲諸阿羅漢都已殺盡三界煩惱賊，不再受制於三界煩惱，所以不會再出生於三界中，當然是三界有情所應歸依的聖僧。因此他所弘揚的法、所軌範的眾生，當然是包括三界內所有的眾生，因此叫作「弘範三界」。

「**應身無量，度脫衆生；**」指的就是俱解脫，並且已經有五神通，也就是六通具足的大阿羅漢，此時他們雖然還沒有成爲證悟的菩薩，可以隨著眾生心之所應而示現化身度化眾生，所以叫作應身無量。這是由神通而生的應身、化身，不屬於菩薩三、四、五地的意生身，所以叫作應身。他們可以感應許多眾生而以化身去度脫世間的眾生證得解脫果。

「**拔濟未來，越諸塵累。**」拔就是用力量往上拉，就好像蘿蔔生長在泥土中，抓著它的枝葉往上拉出來，這叫作拔；意思是說，將沉淪在生死海中的眾生加以拉拔，救濟他們出離生死苦海；但不是當下而是未來，因爲度眾生成爲阿羅漢，通常不鼓勵他們當時就入涅槃，除非有特殊的狀況。佛陀都會觀察因緣，如果不適合在成爲阿羅漢時就立刻入涅槃，佛陀通常都不答應的。假使我記得沒錯，被 佛陀答應立即捨壽而入涅槃的阿羅漢並不多，《阿含經》中的記載大概有十幾位吧！在他們聞 佛說法之後成爲大阿羅漢，當場向世尊請求入無餘涅槃，世尊應允了，就說：「汝自知時。」於是那個剛剛成爲阿羅漢的聖弟子就在 佛前入涅槃了。如此一來，外道見了就生起很大的信心，因此而度了很多的外道入佛門。

這是因爲有許多的佛弟子是定性聲聞，不可能成爲菩薩，就藉他們的實證來示現佛菩提的實證與功德；但有的人是菩薩根性，不應該讓他馬上入涅槃，而是成爲阿羅漢以後要再教導他們生起受生願，預留一點思惑，或是教他們重新再生起一分思惑，滋潤未來世再受生的種子，才能繼續受生於三界中而自度度他，所以說拔濟未來也有這個道理存在。

「越諸塵累」是說超越種種六塵的拖累、牽累，換句話說，所有阿羅漢們都是已經心得自在的人，所以超越了六塵境界的拖累。有些人不瞭解解脫的境界，認爲證得阿羅漢時既是已經解脫了，當他們被惡人搥打時應該不會痛；也有些人認爲成佛以後就不會痛，所以被殺也沒關係。但他們都錯了，解脫是心得解脫，成佛是心得成佛；不是身得解脫、身得成佛，與色身的痛覺是否繼續存在無關。如果解脫了就不會痛，應當肚子也不會餓，那麼阿羅漢還要每天下山托缽做什麼？

其實阿羅漢還是照樣會餓、會痛啊！當年富樓那、迦葉都曾經因爲托缽的事情而被冤枉過，因爲當時僧團裡面並非每個人都是三果以上的比丘。如果想要僧團中永遠沒有是非，必須每一位出家人全都成爲三果以上的聖人，至少必須都是三果，不然的話一定會有是非。佛陀住世時制了很多戒，比丘二百五十戒，比丘尼三百多戒，都是因爲僧團中的凡夫很多；只要其中有一個人還沒有進入三果，就得要制戒，才能使僧團成員和合共住。比丘托缽應該不擇貧富，連續七家托缽而不許將中間的某一戶人家跳過去，這些威儀戒就是因爲凡夫妄誣阿羅漢而規定的。由此可見阿羅漢們也是一樣會餓、會熱、會痛、會癢的。

所以有很多人誤會了解脫果的意涵，其實解脫生死只是斷我見和我執；但如果由於斷了我見和我執，就會使得八識心王的功能差別（種子）斷滅了，那就會在成爲阿羅漢或者成佛之後變成身心有缺陷，這樣又怎麼可以當人天至尊呢？所以成佛之後，痛時還是會痛，冷時還是會冷，熱時還是會熱，只是知道怎麼去對治，心不起煩惱。阿羅漢也是一樣啊！所以當時有人冤枉富樓那尊者偏心，說他把容易托缽或比較富庶的地區，留著自己去托缽，而規定別人一定要到其他地區去托缽，結果別人托空缽回來，又要整整一天空著肚子受飢。因為佛世的出家僧團只有日中一食——中午吃一餐，早上和晚上都是不吃食物的，那麼今天中午沒托到缽就意味著要餓到明天中午；而富樓那尊者從來都沒有喊餓，凡夫比丘們便胡亂猜測，所以就抱怨了。富樓那尊者加以辯解，說自己也一樣托空缽回來，可是那一些凡夫比丘不信；到最後眞的沒辦法了，富樓那尊者就用手指往喉嚨摳，吐出來給他們看，大家才知道他往往是吃牛糞。因為牛糞不會臭，所以吃一點牛糞再喝一些水，抵過肚子餓。這些比丘明白後，於是趕快對他懺悔。

這個眞實典故，表示阿羅漢的七轉識種子都還在，當然還是會餓啊！可是他們心中並不煩惱。現代的人以為牛糞髒，以前的人從來不嫌牛糞髒，都拿來糊牆壁或刷在泥地上面的；若是為了美觀，可再用白粉把牆壁刷一刷，所以古代糧食歉收時，阿羅漢吃牛糞也是蠻正常的。《楞嚴經》中還會講到用牛糞鋪地，所以在古代，吃牛糞是阿羅漢所常做的事，都只是因為餓得難受嘛！於是用它來騙一騙肚子；肚子飽了就好，心中都不貪美味。阿羅漢們雖然色身還是有寒熱等苦，但是心無煩惱，所以叫作「越諸塵累」；這表示，解脫與色身的冷熱痛癢無關，而是能夠不再受生於三界中。那麼像這樣的大阿羅漢們，比較有名的是些什麼人呢？

【其名曰：大智舍利弗、摩訶目乾連、摩訶拘絺羅、富樓那彌多羅尼子、須菩提、優波尼沙陀等而為上首。復有無量辟支無學，并其初心，同來佛所。屬諸比丘休夏自恣，十方菩薩諮決心疑；欽奉慈嚴，將求密義。即時如來敷座宴安，為諸會中宣示深奧；法筵清衆得未曾有，迦陵仙音遍十方界；恒沙菩薩來聚道場，文殊師利而為上首。】

講記：就是說一千二百五十位大比丘眾都是阿羅漢，但是以這些人為上首，等於是帶領著大家。並且還有一些專學因緣法的辟支佛無學（辟支佛是自參自悟不從他聞的，也有可能因為佛說了一些因緣法而輾轉傳了出去，有些人聽了一些片段，就自己思惟整理而悟得因緣法；或者聽聞佛說因緣法而證得辟支佛果，名為緣覺，仍然要攝歸聲聞阿羅漢，但他們的解脫本質仍然是辟支佛），這些聖者也率領著追隨他們修學的初發心的學人，共同來到 釋迦佛所在的地方。

這時剛好是屬於諸比丘結夏安居後的解夏之時，也就是結夏安居已經三個月期滿了，這叫作「休夏」。為什麼叫作「自恣」呢？因為結夏安居結束的時候，先要大家做自我檢討：我這三個月中結夏安居時，修行好不好？有沒有什麼成果？檢討之後，就知道自己解夏以後該怎麼修行了。這時因為經過三個月都不外出而精進努力，所以有很多人已經成爲阿羅漢，有的人則是從二果進入三果位，也有人從凡夫進入初果位……等；這樣在大眾中自我檢討說明以後，佛陀看見結夏三個月下來，弟子們都大有長進，佛法上的修證都有成績，佛陀心中很歡喜，因此「休夏自恣」這一天又稱爲「佛歡喜日」。

剛好是僧安居的解夏這一天，十方菩薩要來請 世尊開示而諮決他們心中的疑問。十方菩薩是爲眾生做事的，所以沒有結夏安居；但是 文殊、普賢等出家菩薩原則上還是應該結夏安居的，在家菩薩則不需要。一般說來，如果成爲菩薩以後，離開了聲聞道，不以聲聞法爲依歸，也可以不參加結夏安居；所以如果夏三月看見法師仍然爲眾生奔忙在外時，可別見怪，說他們沒有結夏安居，違背了佛制。但是聲聞僧如果不結夏安居就是犯戒，所以南傳佛法到了夏天最熱的三個月時，一定要結夏安居，不然就是犯戒。所以在這一段經文中所說的結夏安居者，沒有一位是菩薩。但是這一些上首的阿羅漢們，譬如舍利弗、目乾連、拘絺羅、迦旃延……等人，後來迴心大乘也成了菩薩。

這時有十方菩薩來到 世尊跟前，想要諮決心疑。「十方」表示並非只有娑婆世界而已，《阿彌陀經》中不是說有東方、西方、南方、北方、上方、下方的諸佛嗎？其實還有東北、東南、西南、西北總共是十方。這是說，並不是單單只有娑婆世界，還有十方世界的很多菩薩們知道娑婆世界的 釋迦牟尼佛結夏安居已經結束了，所以他們也想要來諮決心疑。諮是下對上，決就是加以決定；由於對某一個法，沒有辦法確定是對或是不對，心中不能決定而有疑惑，所以要來仰諮如來，請求如來為他們決定：究竟如何才是正確的。這叫作諮決心疑。

「**欽奉慈嚴，將求密義。**」欽奉，下對上仰欽，上對下欽賜；譬如古時候皇帝能欽命或者欽點狀元等人，這些進士們經過考試，上殿面見時皇帝這麼一點，他就是狀元或者榜眼了，這個叫作欽點；但也有由於考官的推薦，再被皇帝認定而成為狀元的；然後他們的官位就由皇帝親自指派，這叫作欽命。由於佛是究竟皈依處——法王，所以大家來晉謁時就叫作欽。奉就是侍奉，仰見如來而侍奉在 佛的旁邊，叫作欽奉。

「慈嚴」，既然是「慈」為什麼又「嚴」呢？通常用慈悲二字時大多不會又說威嚴，但這裡怎麼會用慈嚴二字呢？可是如果蒙 佛召見，特別是在定中，你就會知道為什麼這裡要用「慈嚴」二個字了。不管 佛示現的是化身或莊嚴報身，當你看見佛時，心中會有很複雜的感覺：覺得祂很慈悲而很喜歡親近祂，想要跟隨在祂身邊；卻又覺得祂極有威嚴，於是心中自然而然生出恭敬心而不敢稍微放肆。只要見 佛一次就會永誌不忘。佛的慈嚴不是裝出來的，自然而然會有那個威德力存在，所以叫作慈嚴。

「將求密義」就是即將向 佛請求開示般若或種智密意，密是說還沒有實證的人所不知道的意涵。沒有進了這個門，你就不曉得門裡的事。但這個密不是講密宗的密，密宗的身密、口密、意密都是意識思惟即可了知的，讀過《狂密與眞密》的人，就知道密宗的密意是很簡單、很粗淺的道理，都只是世間人的閨房技藝罷了；只是如同世間法的製造機密、商業機密一般，不想讓別人知道而說爲密。所以他們所謂的密，只是不讓密宗外面的人知道，也不讓初學密宗的人知道；目的是爲了保守令人難以啓齒的祕密，以免外洩而使女信徒的名節受損，並不是他們的法眞的有什麼玄祕處。

這段經文中所講的密義是般若的密意、種智的密意，而般若與種智的密意，其實是第八識的密意，其實是第八識所含藏一切種子的密意；十方菩薩們就是想要問這個密意而來的，他們不是想問解脫道的密意，因爲解脫道的密意對菩薩來說確實是太淺了。末法時代的大師們都認爲解脫道很深，其實大家都誤會了；但現在我們終於又把它變淺了，因爲我們已經出版了《邪見與佛法》，將解脫道以淺白的文字大略的加以解說了；未來還會出版《阿含正義》，把解脫道講得更廣泛深入而淺白，讓眾生容易進入解脫的境界。解脫道的法義對菩薩來說是太粗淺了，而佛菩提道這個般若的種智，深奧、廣大、微妙，才眞的叫作密義。因爲不管你修證多麼好，只要還沒有成佛之前，終究都還有祕密存在，一直到成爲究竟佛時才算完全沒有密，所以菩薩們終究還有所不知的密義啊！因此他們要來求佛開示，這叫作「**將求密義**」。

就在這個佛歡喜日，不但這些聲聞比丘們，連十方菩薩也來聞佛開示。既然十方菩薩能夠來到娑婆世界，可見他們最少也要初地以上，如果是戒慧直往的菩薩，最少要三地滿心；甚至於有的菩薩要到四地、五地，才證得意生身的，所以這些當然都是大菩薩眾了。如來看見這個情形，就「**敷座宴安**」。敷座就是把法座鋪好，當然敷座不一定由祂親手來做，也許是弟子早已鋪好了，服侍 如來坐在法座上。宴安是說已經坐好而安頓下來了，譬如說我要上座說法時，由於搭衣的緣故，坐定以後一定要先把縵衣整理好，所以會有一、二分鐘的時間沒有辦法宴安；必須整理妥當而坐定了，才叫作宴安。

「**爲諸會中宣示深奧**；」宣就是宣演——演說出來，示是顯示，就是演說顯示深奧的佛法。爲什麼深奧呢？是因爲不但外道不知，佛門中的凡夫不知，佛門中不迴心大乘的二乘聖人也不知，所以才說是深奧。深是說由於不能到達源底、源頭，沒有辦法弄清楚底蘊；譬如一個水池，大人下去踩到底，小孩子卻踩不到底，所以就說太深了！同樣的道理，諸佛是徹窮源底，可是菩薩還沒有辦法徹底了知，所以叫作深。奧是因爲很多人不能如實的體會、瞭解，是精深而難以理解的，所以叫作奧，表示很微細、很微妙、很難理解。

「**法筵清衆得未曾有，**」法筵是講法會中來享受法食而成就法筵。一般宴席吃的是世間的團食，可是法會裡面吃的是法食，不是世間的食物，所以不是用嘴巴吃，而是用耳朵、覺知心來吃，所以叫作法筵。受法食的人當然是清眾，如果心不清淨的人，將會待不下去，必得離開；因爲 佛所說的是清淨法，他聽了一定覺得很刺耳，當然聽不下去；所以說，法筵裡面的受用者，當然都是清淨的大眾。這些法筵清眾聽到開示以後所獲得法上的利益，可以說是過去所不曾得到過的；因爲 佛所說的法是很深妙、微密的，所以叫作「得未曾有」。

「**迦陵仙音遍十方界；恆沙菩薩來聚道場，**」這是講，佛說法的聲音很美妙，不像我們說法還要透過麥克風，用擴大機加壓傳送出去；諸佛是不用這種物品的，不管聽眾有多少，祂的聲音始終小小的，但大家都聽得很清楚，就好像每一個聽眾都帶著耳機一樣；又因爲聲音好聽而無雜質，所以叫作迦陵仙音。而且這個聲音無窮無盡，若是一般的聲音，縱然我們用再多再大的喇叭放送出去，能聽到的範圍還是有限，但是 佛的聲音遍法界；只要有眾生法界的地方，有天耳又有因緣，就聽得見，所以是「遍十方界」。因此，往往某一尊佛說法時，別處的菩薩聽到了，就趕快來聽，所以就有恆河沙數的菩薩在這個道場相聚了！因爲是講佛菩提道的地方，所以叫作道場；如果是講世間法，就不能叫作道場，可是現在道場二字都被濫用了。

從他方世界前來道場相聚的菩薩們，猶如恆河沙數那麼多，全都是地上菩薩；誰是這些菩薩眾的上首呢？就是 文殊師利菩薩。有很多人說曾見到文殊師利菩薩，是眞的嗎？在密宗裡流行五種顏色，所以有紅文殊、黃文殊、白文殊……等說法；他們說宗喀巴見到的是黑文殊，其實諸佛菩薩沒有什麼紅、黃、藍、白、黑的顏色；而且也都只有一種光，全都是金光——在金光中夾雜著一些禪定的白光，或是各種微妙的雜色光，都以金光爲主；而這種光絕對不可能會顯現出某佛、某菩薩是黑的、紅的、藍的，所以喇嘛們所見的紅文殊、黑文殊……等，全都是鬼神化現的。常常有人說密宗的祖師們針對某一個法請示過某一個菩薩、某一尊佛，千萬不要誤信他們好像修證很高，其實全都是鬼神感應而妄說的。

講到這裡順便提到，也該讓大家瞭解，宗喀巴早年學密時見不到黑文殊；後來有一天看見了，從此以後所有的法，鉅細靡遺都要請教黑文殊，據說連搭衣時右肩要露多少，都得要請示；像這樣子，宗喀巴到底有什麼見地？所以說宗喀巴沒什麼證量，只是把人家寫的東西抄出來，再加以綜合、整理，然後寫成書，其實只是文抄公；後來的人不知道，就封他爲至尊，而他有時會遇到黑文殊。請問：文殊師利菩薩會是黑色身而放黑光嗎？有些寺院中如果有佛像漆成黑色的，那不好，要趕快貼金，免得感應鬼神，黑色容易招感鬼神來相應；而他們會化現紅、黃、藍、白、綠、黑等等奇特顏色的佛菩薩像，對實修佛法的人會產生阻礙。

至於他們所說看見報身佛，那其實也不是眞正的報身佛。在顯教中如果見到報身佛了，就意味著已經到了初地以上的證境，所以這一句話不能隨便講。而且菩薩即使在人間入了諸地，也沒有多少機會可以見到報身佛，得要捨壽升到色究竟天去，才能夠見到。然而密宗祖師們爲什麼動不動就說見到報身佛呢？

密宗所謂的報身佛都是男女交抱淫合的雙身相，只是欲界鬼神化現的男女交抱淫合的模樣，或是貪淫的夜叉男女交抱而冒充佛菩薩的模樣，事實上與眞正的報身佛全然無關。請問，解脫於欲界、色界、無色界而超過三界境界的報身佛，還會淪落在欲界中抱著女人不斷地交合嗎？那都是鬼神一類有情化現的，大部分是夜叉所化現出來的；因爲夜叉很喜歡吃人的精氣，只要教導了密宗的徒弟、上師修雙身法，他們就有吃不完的精氣。密宗那種「報身佛」—抱身佛—其實都還沒有超過欲界的境界；你只要證得初禪，就能勝過他們的報身佛了。除此以外，他們所見到的菩薩也不是我們顯教所講的眞正菩薩，大多是鬼神所化現的；眞正的佛菩薩是很不容易遇見的，得要有什麼特殊的因緣才見得到。因此他們一天到晚說看見佛、菩薩，其實都是鬼神或夜叉冒充的。這個知見一定要先建立起來，才不會被密宗所籠罩。

來到楞嚴會上的這些大菩薩們，以 文殊師利爲上首。爲什麼以 文殊師利爲上首？四大菩薩中，文殊代表智慧。智慧是十方諸佛之母，而智慧是指般若，所以佛母就是般若，般若就是佛母。但是密宗說，跟人家共修雙身法的女人即是佛母；眞是離譜，那個怎麼可以稱爲佛母？只是一個沒有般若實相智慧而且貪愛淫行的女人而已。般若的智慧能夠讓菩薩們成佛，所以般若智慧才能叫作佛母。文殊師利是八佛之師，能度菩薩們成佛；其實祂本身就是佛，由於大願的關係，所以示現菩薩相，襄助 釋迦佛弘化；既然如此，當然是諸菩薩之首。

【時波斯匿王爲其父王諱日營齋，請佛宮掖，自迎如來，廣設珍羞無上妙味，兼復親延諸大菩薩；城中復有長者居士同時飯僧，佇佛來應。佛敕文殊，分領菩薩及阿羅漢，應諸齋主。唯有阿難先受別請，遠遊未還，不遑僧次。既無上座及阿闍黎，途中獨歸，其日無供。即時阿難執持應器，於所遊城次第循乞；心中初求最後檀越以爲齋主，無問淨穢、剎利尊姓及旃陀羅；方行等慈，不擇微賤，發意圓成一切衆生無量功德。阿難已知如來世尊訶須菩提及大迦葉：爲阿羅漢，心不均平。欽仰如來開闡無遮，度諸疑謗；經彼城隍，徐步郭門，嚴整威儀，肅恭齋法。】

講記：當時波斯匿王因爲父王的忌日——過世的紀念日，所以營齋。中國人也是這樣，再怎麼窮，到了先人諱日，就要準備一些牲禮祭祀，台灣話叫作「作忌」——忌日必得奉祀祖先。同樣的，波斯匿王營辦齋食，要宴請他死去的先人父王；爲了增加先王的福德，當然要先請 佛來受供，再撥一小部分來祭祀祖先，就把供佛、供僧的功德迴向給他的父王；所以諱日營齋的時候，請　佛到皇宮裡來受供。於是，他親自去迎接　佛陀，把　佛陀迎請到後宮或是偏殿來受供。

「**廣設珍羞**」，「羞」字在現代都有加上食字旁，但古時「饈」與「羞」是通用的。「珍羞」的意思是甘美而珍奇的食物，因爲要供佛—人天至尊—當然要準備最好吃的食物，不但甘香甜美，還得要入口即化，並且是珍貴而奇特的無上妙味。「**兼復親延諸大菩薩**」，他不但請佛，而且同時親自去延請諸位大菩薩來，被他延請的都是大菩薩。只有　佛在世時才會有很多大菩薩，佛陀入滅而轉到別的地方示現以後，留在這裡的大菩薩一定很少，因爲大菩薩們一定要跟隨　佛陀去別的部洲—其他的星球—示現成佛轉法輪；只有極少數的大菩薩認爲跟衆生有很深厚的因緣，才會暫時留下來；其他大菩薩們都跟著　佛陀走了，留下初轉法輪所度的阿羅漢們迴心大乘證悟以後，來住持佛陀的正法。波斯匿王爲了增廣亡父的福德，所以「自迎如來」，而且「兼復親延諸大菩薩」一起來受供。

「**城中復有長者居士同時飯僧，佇佛來應。**」但是這一天在城中還有長者以及一些居士等佛弟子們，同時準備了飯菜來供養衆僧，他們也在等候　佛陀來應供，於是「**佛敕文殊，分領菩薩及阿羅漢，應諸齋主**」，佛命令　文殊師利菩薩說：你們諸大菩薩分別率領菩薩及阿羅漢們，各自去應供於各家齋主。也就是分開各自去諸家齋主家中應供。

「**唯有阿難先受別請，遠遊未還，**」只有阿難尊者回應前幾天預先受邀別請——另外有人請他單獨去應供，因為路途遙遠，阿難尊者第二天回來的時候趕不上應供的時間；因此「**不遑僧次**」，不在這些被邀受供的人之中，不能受波斯匿王的供養；所以「**既無上座及阿闍黎，途中獨歸**」，這個時候阿難並沒有上座比丘及阿闍黎（軌範師）同行，只有自己一個人正要回到 佛所住的地方；所以「**其日無供**」，那一天沒有隨著大眾去應供，無人供養他。

「**即時阿難執持應器，於所遊城次第循乞；**」這時阿難尊者看看日頭晌午了，所以執持應器（應器主要就是他的缽，還有三衣）；他執持應器而且搭衣出去托缽，這樣就具足了托缽的威儀；在還沒有回到 佛所住的精舍之前，於他所遊歷的城市中，也就是在別的城市中「**次第循乞**」。佛陀規定托缽乞食時要照著順序行乞，如果第一家沒有食物供養時，必須依照次第連著七家行乞，不可以跳過其中一家或數家，另外尋找比較有錢或者伙食比較好的人家乞食，必須按順序行乞。如果連著七家行乞都還沒有托缽成功，沒有得到食物供養，就得要回去，得要餓著肚子挨到明天中午，所以叫作「次第循乞」。

佛世是這樣規定的：寺院中不可以自設爐灶，而且托鉢到什麼就吃什麼。後來，中國禪宗設有叢林（寺院），而禪宗叢林大部分都在山中，離市鎮很遠；不像佛世的時候，從靈鷲山走路下山到舍衛城，大約半個小時就到了；可是中國禪宗叢林，下山一趟就要半天時間；如果還要托鉢的話，早上六點鐘就要下山，然後托到鉢還沒有回到寺院，就得在路上趕快吃掉，不然中午過去了就不能再吃了；吃完回到山上，天已經黑了。這樣乞食對於修行難有很大的幫助，所以百丈禪師就制定了百丈清規：自耕自食，一日不作一日不食。叢林中上上下下，天天都要到田裡耕田，包括普請和尚；當然和尚不一定親自下去耕田，但總是要到場，在那邊指指點點，徒弟們就遵照奉行。這是徒弟們對和尚的尊敬，但和尚仍然要到場，這就是禪宗叢林中所行的普請之法。後來有很多虔誠的佛弟子奉獻田地，田多了，僧眾自己種不了，就分一些給沒有田地的貧窮居士們種；居士們每年收割以後，就送一些回到寺院來，僧眾也可以安心辦道，不怕沒糧食。

但是佛世托鉢有種種的規定，不許耕種及生火自炊，爲的是要讓僧眾身無長物，也就沒有什麼牽掛，才好修行。二十年前的印度，還是有一些修行人仍然這樣生活；他們年輕的時候在人間奮鬥，四十來歲以後就把家業交給孩子，他自己一人出家去了。這種人居無定所，到處托缽、修行；如果四處都走過了，次第循乞而重新再回到故鄉時，才又回到家門前，卻還是不住進家裡，只是在門口托了缽，在門外吃過以後又走了；據說現在印度婆羅門教還有這樣的修行人，那是一個很好的觀念。我個人很喜歡像那一些野獸、鳥類一樣，可以到處吃；至於吃完了以後的下一餐呢？那是下一餐的事；也許飛到另一棵樹上吃，到最後死在哪裡，都無所謂；這樣就能讓自己心無罣礙，一切的我所都沒有罣礙。佛世就是因此而規定要乞食，不許比丘們自己煮食及積蓄財物或持有錢財。

阿難這個時候**「心中初求最後檀越以爲齋主，無問淨穢、剎利尊姓及旃陀羅；」**他心中起了這個念頭說：「我現在只想要求得今天的最後一位還沒有布施過的齋主，也不要連著七家求施，希望初求之時即是今天最後一位尚未供食的人家，不必再托缽第二家了。」「檀越」就是布施的施主。阿難希望有這麼一位齋主請他受供，這時並不顧慮這個施主是個清淨的修行者或是污穢的世俗人，也不管他是當官的剎利尊姓，或者是殺生的屠夫等不淨人家的施食；那都沒有關係，只要有這麼一位尚未施食的齋主就行了。

「方行等慈，不擇微賤，」他心中想：難得有機會托缽。因爲他是　佛的侍者，出去托鉢的機會不多；很多人爲了供養佛，往往會主動送上門來供養；既然主動送上來供養佛，當然一定會準備一份侍者的食物，同時也會供養他；他很少有機會自己托鉢，所以說「方」行等慈。這時阿難尊者爲什麼「方」要「行等慈」呢？這表示他是慈悲平等的，所以準備「行」於「等慈」。因爲當時有許多大阿羅漢，憐憫貧窮的百姓，所以凡是遇到有錢人家、官宦人家，就不托鉢而跳過去，認爲他們已經這麼有福報了，不必把培植大福德的機會送給他們，於是把供養聖僧的機會留給平民百姓，特別是貧苦的人家，雖然他們布施的食物往往是最差的。

許多阿羅漢們因此故意不去找那一些有錢人家、官宦人家，偏找貧窮的人家去托鉢，給他們有機會種福田，未來世就可以有大福報。可是這樣一來，有錢人家、官宦人家都沒有阿羅漢去托鉢，他們就去向 佛陀訴苦，所以佛就開示阿羅漢們：不可以偏心，要行等慈。阿難尊者這個時候正準備要行等慈，所以不選擇是否卑微下賤，只要有人願意當齋主而今天尚未施食，他就願意應供。他發起這樣的意念，想要圓成一切眾生的無量功德，因爲這時阿難至少也是個聲聞僧，正是大福田，此時阿難尊者並沒有刻意要給哪一類人來布施食物，而是行於等慈。

如果要當菩薩，有種福田的機會就不能放過，所以凡是有種福田的機會我都會參加，這已經成爲習性了。佛陀也是一樣，阿那律尊者眼瞎了，有一天要縫補袈裟的破洞時，穿針不方便，於是就在心中以語言想著說：「有誰想要求福，願意來幫我穿針？來種個福田吧！」佛陀天耳清淨，聽見了他的心聲，於是就來幫他穿針；穿好針了，阿那律尊者就問：「請問你是哪一位？我爲你祝願吧！」阿羅漢們都有個規矩：人家爲我做事，做好了，我就必須要爲對方祝願。人家布施給我，我就得要爲對方祝願，願他未來世得大富、得尊貴、得證果等等。至少要選一種來世的好處，爲對方祝願，因此阿那律尊者也要爲對方祝願。結果沒想到對方說出身分時，竟然是 釋迦世尊；阿那律說：「佛陀！您還要修福德嗎？」佛說：「修福德還有嫌多的嗎？」

在律經中的《菩薩優婆塞戒經》說：如果布施給一條狗、一隻畜牲，未來世得百倍報；如果布施給一個破戒者，未來世得千倍報；如果布施給佛門受持五戒的修行者，還得十萬倍果報；如果布施給外道離欲得初禪的修行人，得百萬倍之報。佛又說：「施外道離欲，得百萬報。施向道者（初果向）得千億報，施須陀洹得無量報。」這個機會難得，阿難當然知道齋主施食給他，這個善業在未來世可得極多果報，所以這時準備要行等慈之心而「不擇微賤」，不是特地選擇微賤的人來成就福德，而是想要平等地讓有緣的眾生圓滿成就這個福德。

「阿難已知如來世尊訶須菩提及大迦葉：為阿羅漢，心不均平。欽仰如來開闡無遮，度諸疑謗；經彼城隍，徐步郭門，嚴整威儀，肅恭齋法。」阿難尊者早已知道 如來世尊曾經責備過須菩提和大迦葉尊者，說他們身為阿羅漢，但心不均平；因為大迦葉只照顧升斗小民，須菩提只樂於接受富人供養；所以大迦葉捨棄大富長者以及當官的人家，須菩提捨棄貧窮人家而就富有人家。應該要同樣照顧，不能夠只因憐憫升斗小民，就不讓有錢有勢的人同樣有機會種福田；也不該只照顧富有人家而捨棄貧窮人家，否則便是心不均平了。「欽仰如來」，因為這是 佛的開示，所以對這個開示加以尊重時，就叫作欽仰。他就想起 如來有這樣的開示，想要遵行。並且 世尊對此曾經加以說明，「闡」就是加以詳細說明，說應該讓一切眾生都有種福田的機會，對一切願意布施的人都應無遮；不應該對某些人有所遮止，說這個人有錢，所以不讓他種福田。這樣才可以「度諸疑謗」，使得有懷疑的人、誹謗三寶的人，都可以得度而入佛門。

「經彼城隍」，城隍就是城門，隍包括圍牆與牆外乾掉的水溝。本來城隍指的是城牆跟城門等建物，但是後來在中國演變成神的名稱了，說城牆所圍住的這個地區都是這一尊神所管轄的，這一尊神就叫作城隍。阿難經過城牆門下的時候，「徐步郭門」。古時郭與廓是同義字，郭是外城，也就是在原來舊城的外圍加築的第二道城牆。每一面城牆都有城門，外城的城門就是郭門。這時阿難尊者「徐步郭門」，徐步表示慢慢地走，也就是緩慢地走進外城的門中來。「嚴整威儀」，進了城門一定要有威儀，必須修整衣衫，不可以散散亂亂地。譬如下了法座以後，要向 佛問訊以前，我一定得要把縵衣整理好，然後才問訊離開。即將上座前也一樣，要先整衣肅恭，然後問訊，再上座。向 佛陀問訊時不可以衣衫不整，一定要嚴整威儀。「肅恭齋法」是說，依照托鉢的規矩，不可胡思亂想，東張西望。要在很安祥而無雜念的狀態下，住於自心內境而不攀緣外五塵境，這樣來托鉢，才是「肅恭齋法」。

【爾時阿難因乞食次，經歷婬室，遭大幻術摩登伽女，以娑毘迦羅先梵天咒攝入婬席，婬躬撫摩，將毀戒體。如來知彼婬術所加，齋畢旋歸；王及大臣、長者、居士俱來隨佛，願聞法要。于時世尊頂放百寶無畏光明，光中出生千葉寶蓮，有佛化身結跏趺坐、宣說神咒，敕文殊師利將咒往護。惡咒

銷滅，提將阿難及摩登伽，歸來佛所。阿難見佛，頂禮悲泣，恨無始來一向多聞，未全道力；殷勤啓請「十方如來得成菩提妙奢摩他、三摩禪那最初方便」。於時復有恆沙菩薩及諸十方大阿羅漢、辟支佛等，俱願樂聞；退坐默然，承受聖旨。】

講記：因爲阿難想要對眾生行等慈，所以沒顧慮那是什麼樣的人家，也沒有顧慮遇到了什麼樣的人物，就在外城開始托缽了；結果沒想到，由於過去世的因緣，剛好經過婬室（婬室就是妓女戶）而遭遇到大幻術了！也就是說，有一個女人學過大幻術，會使用先梵天咒，這個人是摩登伽女的媽媽。摩登伽女由於往世的因緣，所以很早就愛上了阿難尊者，但始終沒有機會親近；這時阿難尊者正好上門托缽，等於是主動送上門來；機會難得，於是摩登伽這個妓女，就請她媽媽用娑毘迦羅先梵天咒，攝取拘束阿難尊者，阿難就被她攝入了婬席，也就是已經被攝取而上了婬女的臥床了！這時婬躬撫摩，在即將正式進入婬行的過程中，開始撫摸阿難尊者的身體；「躬」就是親身的意思，也就是在他身上開始撫摸起來，就是開始挑逗的意思。正在撫摸的過程繼續進行中，阿難尊者所受的比丘戒體及菩薩戒體即將被毀壞掉了；如果開始淫合就破了邪淫戒，不只是淫戒；這不論在聲聞戒或菩薩戒中都是重罪，佛說這是不通懺悔的，是很嚴重的事情。

「如來知彼婬術所加，齋畢旋歸；王及大臣、長者、居士俱來隨佛，願聞法要。」佛陀受供即將完畢之時，已經知道阿難被先梵天咒所攝，沒有辦法主動脫離，所以齋畢以後立即回到精舍；波斯匿王、諸大臣、諸長者、諸居士都來親隨於 佛，「願聞法要」，都想要聽 佛說法。到這裡爲止，講的都是這部經的緣起。講到這裡，諸位就要瞭解：這部經所破斥的是什麼對象？就是專破貪淫之輩，當然也預破後來密宗最自豪的雙身修法。

「于時世尊頂放百寶無畏光明，光中出生千葉寶蓮，有佛化身結跏趺坐、宣說神咒，敕文殊師利將咒往護。」所以佛眞是不好當，阿難尊者在那麼遠的地方發生事情了，佛就得要趕快處理，於是匆匆用完齋食就趕回祇桓精舍；若是等到破了戒體，就已經來不及了！就在這個時候，世尊就從頂上放出具有一百種以上寶光的光明，那個光明之中出生了一朵具有一千個花瓣的百寶蓮花。只要有眾生被這種光明照射到，心中就得到無畏——不再有畏懼、沒有恐怖了。這是佛的威德之一。

有一個大家都知道的故事，有一隻鴿子，因爲被老鷹追逐而躲到阿羅漢的影子下面；由於阿羅漢是大修行者，老鷹不敢當面吃牠；但因爲老鷹還是守在旁邊，鴿子還是會害怕。後來看見 佛來了，就趕快躲在 佛陀的影子下面，這時牠就心安了！因爲只要在 佛的身邊，老鷹是不敢生起惡心的，這就是 佛的威德。遇見了阿羅漢時，老鷹還是會有惡心所法，只是不敢對鴿子動手而已；可是遇見了 佛時，就不會有惡劣的心所法出生，只會有善心所法出生，所以鴿子很安心的依附在 佛的身影中。

就在這個危急的時候，釋迦佛放出百寶無畏光明，在百寶無畏光明中又出現了一朵寶蓮花；這朵蓮花很寶貴，花瓣共有一千片；這朵蓮花上面有一尊化身佛結跏趺坐——盤腿坐在寶蓮花上面；這尊化佛隨即宣說了神咒，命令正在別處受供完畢的 文殊師利菩薩，用這個神咒去救護阿難尊者。古時候的「將」字，是拿取的意思，「將來」就是「拿來」，但是現在「將來」已經變成「未來」的意思了。你們若是讀公案的時候看到禪師說：「將椅子來。」就是拿椅子來。將咒往護，就是拿這個咒前往阿難尊者那邊去救護他。

「惡咒銷滅，提將阿難及摩登伽，歸來佛所。」文殊師利菩薩受命去救阿難尊者，去到外城的婬舍時，就誦首楞嚴咒，把先梵天咒的威力消除掉，然後就「提將」阿難等二人來見 佛陀。提就是抓起來，將就是拿取，也就是把阿難尊者跟摩登伽女二人，提起而提持來見佛陀。文殊師利菩薩當然一看就知道摩登伽跟阿難尊者有過去世的緣，這時不度還要等什麼時候？就一併把摩登伽女提將起來；「歸來佛所」是來到 佛前面。佛陀就是爲了這個因緣，才宣講《楞嚴經》；如果不是阿難尊者跟摩登伽女的往世因緣，我們就沒有機會聽到《楞嚴經》。所以這部《楞嚴經》得要把緣起記錄進去，目的是感謝他們二人，而不是嘲笑阿難尊者。此外，因爲阿難尊者在這部經講完時已經成爲初地菩薩了，再也沒有面子難堪的問題存在了。我也是不講面子的，如果有糗事，就直接寫到書上公開懺悔；身爲菩薩，沒有什麼好隱諱的，並不需要覆藏。

「阿難見佛，頂禮悲泣，恨無始來一向多聞，未全道力；殷勤啓請『十方如來得成菩提妙奢摩他、三摩禪那最初方便』。於時復有恒沙菩薩及諸十方大阿羅漢、辟支佛等，俱願樂聞；退坐默然，承受聖旨。」這一段經文說，在當時阿難被 文殊菩薩提將回來，已到精舍見 佛；他頂禮 佛陀以後心中還是覺得很難過，因爲恨責自己無始劫來都只是在多聞上面用功。「**一向**」是一直都只是這樣，從來不做別的的。譬如日本的本願念佛宗，古時叫作一向宗。因爲他們一向都只要一個法，別的都不要；他們一向只要持佛名號求願往生，排斥念佛門中的聖道門和其他所有念佛法門。在 彌陀四十八個大願之中，他們一向只要這個願，其他四十七個大願全都排斥；因爲一向都只要「持名念佛即得往生」一個願，所以就被稱爲一向宗。

至於阿難尊者，他從多生以來一向都只在多聞上面用心，不樂於實證；哪裡有在說法，就去聽受而記住；但是聽聞回來以後並不照著所聞的妙法努力精進用功，一向都只要多聞。眞學佛的人，一向多聞以後應該要加上一向精進、一向付諸於實行、一向努力修行，應該多加幾個一向，變成「二向」、「三向」才好。因爲阿難尊者多生以來只有一向多聞，所以「未全道力」，修道的功德力沒有成就。這時鑑於被摩登伽女所攝而幾乎毀了戒體，心中想要改變一向多聞的習慣，所以就「殷勤啓請」，很誠懇地向 佛祈求；他求 佛開示「十方如來得成菩提妙奢摩他」，妙奢摩他就是心得安止的妙法。心要安止於什麼地方？應如何安住？《金剛經》不是也講「住」嗎？說菩薩悟後「云何應住？」布施時要怎麼安住自己的心？十方如來能夠成就佛菩提，如來的心是如何勝妙的安住？是得到什麼樣的妙住？

還有「三摩禪那」—三摩地—禪定或智慧定境等，想要修學智慧三昧境界或禪定時，最初的方便又是什麼？一定有個最初方便啊！不可能剛出來時就金光閃閃，刺人眼目；所有的成就，一定都有一些過程的，不可能在一剎那間就變成圓滿的；這就是請問修證三摩地的最初方便，在最初進入三摩地的實修階段時，一定要有一個方便法，讓你著手去修；直到最後突然間突破了，才能到達某一個境界，所以一切三摩地境界，一定都有一個最初的方便法來幫助你實證。這時又有從十方遠來的恆沙菩薩以及大阿羅漢與辟支佛，因爲他們有意生身或是六通，可以飛行來去自如；這一些大阿羅漢跟辟支佛等人，同樣都是很希望聽 佛開示，想要知道佛菩提的進入，在親證時的最初方便是什麼？既然有志一同，所以阿難尊者請求過後，「退坐默然」，退下去坐在自己的座位，不再講話而「承受聖旨」，承受 佛所開示佛菩提入道的神聖旨意。

辟支佛有兩種，一種是獨覺，另一種是緣覺；獨覺是自參自悟因緣法而成爲辟支佛，這種聖人是不會來見佛聞法的；若是聽聞有佛在人間降生了，就會立即入涅槃，不樂見佛。第二種辟支佛名爲緣覺，是隨佛學法成爲阿羅漢以後再隨佛修學因緣法，證得辟支佛果，一般都仍然稱爲阿羅漢，也是聲聞所攝；但因爲他們的證量同時具足辟支佛的智慧，因此也可以名爲辟支佛。若是這種辟支佛，就會隨從菩薩們前來見佛聞法。

【佛告阿難：「汝我同氣，情均天倫，當初發心，於我法中見何勝相？頓捨世間深重恩愛？」**阿難白佛**：「我見如來三十二相勝妙殊絕，形體映徹猶如琉璃，常自思惟：『此相非是欲愛所生，何以故？欲氣粗濁，腥臊交遘，膿血雜亂，不能發生勝淨妙明紫金光聚。』是以渴仰，從佛剃落。」**佛言**：「善哉！阿難！汝等當知：一切眾生，從無始來生死相續，皆由不知常住眞心性淨明體，用諸妄想；此想不眞，故有輪轉。汝今欲研無上菩提眞發明性，應當直心酬我所問；十方如來同一道故，出離生死皆以直心；心言直故，如是乃至終始地位中間，永無諸委曲相。阿難！我今問汝：當汝發心緣於如來三十二相，將何所見？誰爲愛樂？」**阿難白佛言**：「世尊！如是愛樂，用我心目；由目觀見如來勝相，心生愛樂，故我發心願捨生死。」**佛告阿難**：「如汝所說，眞所愛樂，因于心目；若不識知心目所在，則不能得降伏塵勞。譬如國王爲賊所侵，發兵討除，是兵要當知賊所在。使汝流轉，心目爲咎；吾今問汝：唯心與目，今何所在？」**】**

講記：佛對阿難說：「你和我是同一個聲息、同一個氣分——本是堂兄弟血親，兩人之間的情誼是不分上下的，本是世間的親人至戚，這是生來就存在的天倫之親。」因爲人間講五倫，有時講六倫，五倫是天、地、君、親、師，如果加上朋友就是六倫。在人間不能離開五倫，而天倫不包括朋友，也不包含君與師。父母是屬於天倫，堂兄弟、堂姊妹、表兄弟、表姊妹也是屬於天倫。在人間，所有的人都有父母，只是緣深緣淺的差別，不可能沒有父母而出生在人間的，所以父母是天倫中的至親；出生以後還有兄弟姊妹，廣義天倫的還包含堂兄弟姊妹、表兄弟姊妹。天倫是指生來就存在的親人之間的關係，因爲不是你可以選擇要不要這些天倫，而是天生就有的，所以是名爲天倫。

至於君以及師，是後來在世間法上追求才有的；以前皇帝最大，是統治者，所以生來就有皇帝存在來統治你；不管你要不要，他始終是你的皇帝，所以被儒家排在五倫之內，因爲儒家是以求官平天下爲己任。至於老師，是教導世間法、出世間法的教師，情同父執；如果要學習世間法或出世間法，一定要有師父，所以師父也屬於五倫之一。但是天倫並不包括君與師，不過廣義的天倫卻也包括這兩者。由於　佛陀與阿難尊者本來是堂兄弟，屬於天倫所函蓋之內的親人，所以說「情均天倫」。佛問阿難：「你當初到底是在我釋迦牟尼佛的法中，看見了什麼殊勝的法相，所以能夠頓時之間捨棄了世間最深最重的家人恩愛呢？」因爲在世間最深最重的恩愛，無過於父母子女之情，而阿難竟然能夠頓時捨棄、發心出家。

阿難白佛：「我見如來三十二相勝妙殊絕，形體映徹猶如琉璃，常自思惟：『此相非是欲愛所生，何以故？欲氣粗濁，腥臊交遘，膿血雜亂，不能發生勝淨妙明紫金光聚。』是以渴仰，從佛剃落。」阿難尊者向 佛稟白：「由於我看見了如來的三十二種大人相非常的殊勝、微妙，絕對沒有任何天王、天人或者其餘一切人能夠相提並論……。」即使是轉輪聖王，不論是金輪王、銀輪王、銅輪王、鐵輪王，雖然一樣有三十二大人相，可是相差懸殊，都沒有佛這麼殊勝、微妙。佛的形體是映照極為透徹，就好像琉璃一樣。所以阿難尊者常常思惟：「佛的大人相、光明相，絕對不是由於世間的色欲、貪愛所能夠出生的，為什麼這樣說呢？因為世間的貪欲，它的氣分是粗濁的、粗重的、不微妙的、不清淨的，也是腥與臊二種不淨氣味交互混合的。」腥與臊是兩種氣味，菜市場中魚販及肉販處一定可以聞到。人間的色身是由粗濁的欲氣，在腥臊交遘的狀況下形成，所以阿難說：「是由膿血雜亂而互相配合所形成的，都是不清淨的；這種不淨物，不可能發生佛陀這種殊勝、清淨、微妙、光明猶如紫金色光明聚合而成的大人相。我由於這樣思惟，所以非常欽渴、仰慕，於是跟著佛陀把三千煩惱絲剃掉，出家落髮為僧。」

佛言：「善哉！阿難！汝等當知：一切眾生，從無始來生死相續，皆由不知常住眞心性淨明體，用諸妄想；此想不眞，故有輪轉。汝今欲研無上菩提眞發明性，應當直心酬我所問；十方如來同一道故，出離生死皆以直心；心言直故，如是乃至終始地位中間，永無諸委曲相。阿難！我今問汝：當汝發心緣於如來三十二相，將何所見？誰爲愛樂？」佛又說：「善哉！阿難！你們應當要知道：一切眾生，不論是欲界、色界或者是無色界有情，都是從無始以來就生了又死、死了又生，相續而不斷絕，都是由於不知道自己有個常住眞心，不知道自己這個常住眞心的自性是本來清淨的光明體性，落入種種虛妄不實的想法之中；由於這些想法不眞實而全屬虛妄，所以才會有無量劫來的生死輪轉。」

一切眾生，當然包括三界六道二十五有，因爲既然是眾生而又說是一切，當然就無所不包了，凡是有情都包含在內。至於無始，就是沒有開始；無始輪迴，不能說是曾經從什麼時候開始輪迴的，因爲無始劫以來就一直都在輪迴了，推不到剛開始的時間。譬如有很多人講《圓覺經》，卻總是誤會了佛講的法，就亂講說：本來一切眾生都是佛，因爲突然起了一念，所以就去輪迴了。如果一切眾生本來都是佛，起了一念就還要再輪迴，那麼釋迦牟尼佛、阿彌陀佛、迦葉佛……成佛以後，是不是後來還會突然起了一念又都要去輪迴呢？所以他們都誤會了！佛說一切眾生本來是佛，是從理上來說的，並不是從事相與修果上面來講的。是從理體來說一切眾生本來是佛，因爲佛是不生不滅、不垢不淨、不增不減、不常不斷，具有八不中道乃至無量不的中道體性，本來就沒有輪迴；這是說自性佛，祂既不和所知障相應，也不和煩惱障相應，而諸佛全都以祂爲體，依著祂的本來自性清淨涅槃進修，才能成佛。

再從「常住眞心性淨明體」，來說「常住、眞心、性淨、明體」。眾生的理體第八識如來藏，從無始劫以來就不和所知障相應，也不和煩惱障相應；因爲祂離一切知見，不管是邪見、正見全部都離；既然離一切見，怎麼可能和煩惱障、所知障相應呢？既然不受這二障所障，當然也就是佛；所以從理上來看，一切眾生都是佛；天人、天主、人、蟑螂、螞蟻乃至糞坑裡面的蛆，全都是佛。但理上是這樣，事相上卻不是；因爲事相上，蛆還是糞坑裡的蛆，鬼神還是鬼神，人還是人，天主還是天主，畢竟都不是佛。所以，千萬別把佛的聖教誤會了！佛陀有時候是從理體上來說，有時候卻從事相上來說。既然一切眾生都是佛，佛又何必來人間示現度眾生呢？因爲從事相上來看，眾生都還在輪轉生死中，但是仍然有一個不生不滅的理體—自性佛如來藏—這個沒有生死的理體，繼續在他的五陰中運作，而眾生將來成佛就是靠這個自性心如來藏，所以才說一切眾生本來是佛。

但從事相上來說，凡、愚有情的七轉識不能和這個理體相應，所以眾生事實上仍不是佛；由此緣故，佛陀才要來人間說法四十九年，辛苦地度化眾生。以前 佛陀度人時都是靠雙腿走路，非常辛苦的；但今天因為淹水而使台北捷運暫時不能通行，有人就起了煩惱，覺得今晚要到講堂聞法眞的很不方便，便不想來共修。但是以前 佛從菩提伽耶到鹿野苑去度五比丘時，都是靠雙腿走路。我十幾年前從菩提伽耶，坐遊覽車到鹿野苑，坐了整整六個鐘頭（時速大約四十到五十公里的碎石路），可是 佛陀走路要走多久？現在大家穿的是皮鞋、布鞋，當年 佛陀卻是打赤腳的；讓你打赤腳只走兩個鐘頭試試看，相信大部分人都會哇哇大叫。那麼，佛為什麼來人間受生度眾生？為什麼要這麼辛苦？都是因為從理體上來看，眾生本來是佛；可是眾生無法證得本來佛，所以從事相上來看，眾生還是眾生啊！畢竟還沒有成佛；所以佛才要這麼辛苦來人間受生，示現成佛以後還要以四十九年時間到處奔波，為眾生說法。

那麼「常住」的「眞心」究竟是什麼心呢？眾生爲什麼從無始劫以來就這樣生死相續不斷，從來沒有停止過生死的輪迴呢？原因都是由於不知道有一個常住的眞心。不知道有這個常住眞心，爲什麼就會生死相續不斷呢？因爲眾生不能體會到這個常住眞心，當然就不知道祂是性淨明體，遍一切時而不間斷；佛又說出離生死是要滅掉意識覺知心自己，眾生恐怕修行無我而入涅槃以後會成爲斷滅空，就不想修行成佛，當然就會繼續不斷的輪轉於生死之中了。如果是有間斷的法，就不遍一切時，不遍一切時就不是常住，就是妄心而不是眞心，就會來來去去而不能常住不斷。所謂來來去去，就是來的時候在，去了就不在，是有來有去的生滅心，而意識生滅心是阿羅漢入涅槃時都要滅盡的。

見聞覺知心爲什麼不是常住的眞心？因爲睡著了就斷滅；如果有人用力打你一記悶棍，因而悶絕時，這個覺知心意識又斷滅了。既然斷了就是去了，醒來時就是來了；有來有去，就不能夠說是遍一切時。大陸曾有人在網站上強辯說：「蕭平實講覺知心是會斷的法，但覺知心哪裡有斷？今晚睡著時祂只是在睡覺不動，明天早上祂又出來活動了，哪裡有斷？」所以說這眞的是末法眾生啊！很難爲他說清楚。因爲相差太遠了，我們在書上說了很多意識覺知心有起有滅、有時斷而有時相續的道理，他們是讀不懂的。諸位都瞭解這見聞覺知心睡著了就斷了，但他們還是不瞭解，所以大陸的佛法程度和台灣大概相差二十年。我這麼說，是因爲在網站上罵我的這個人，在大陸佛教界還算是小有名氣的居士，還常常寫文章登出來；但仍不曉得意識離念靈知心每天生滅的道理，所以我才說大陸的佛法水準和台灣相差大約二十年。

由世間的常識已經可以瞭解意識是斷滅的法。例如醫生在急診室看見人家送來傷患的時候，第一個先問的問題是：「還有沒有意識？」就是要問這個人清醒或是不清醒？若是不清醒，就說「沒意識了」，那就要趕快急救；如果還有意識存在，就可以望聞問切一番，然後作出最好的處置；如果沒有意識，就完全要靠醫師自己觀察了。這表示意識是會斷滅的，而這只是現代的醫學常識；號稱學佛有成的開悟者，理當很有智慧，卻不知道意識會生滅，是連世間醫學常識都不具備的愚癡人，根本就沒資格學佛、學禪。意識在今天晚上眠熟時斷滅了，這個事實總不能否認吧！當祂明天早上又現起了，就說某人已經睡醒了，這證明意識—離念靈知心—是每晚都會暫時斷滅的。對每夜都會暫斷的意識離念靈知，卻強辯說祂是常住不壞的，只能說是強詞狡辯罷了！

睡著時意識離念靈知心還在不在？這裡面大有問題。意識今天晚上睡著了，暫時斷滅而不在了；請問，斷滅不存在的時候，是不是無——沒有了？沒有了以後，空無之中就可以無因無緣而突然間自己就重新蹦出來嗎？從故事來說，石頭裡面蹦出個孫悟空，是如來佛把牠打進去的，還是有前因啊！如果可以無因之中蹦出一個意識來，也就是說意識斷滅不在以後又突然自己出現，那麼眾生也應該不必修學佛法，突然間就可以成佛了！無因可以自有嘛！既然在空無所有的狀態中，無因就可以有第二天早上的意識突然出生，那也應該可以無因而能成佛；此既如是，彼亦如是；此若不如是，彼亦應該不如是，這是可以推論而完全符合比量與現量的。

然而事實上，意識斷滅了以後還會在後來出現，一定有其他的因和緣，也就是依靠法塵的緣、意根的緣、以及意根接觸法塵的觸為緣，而且背後還一定要有一個因，不可能只有諸緣就能使意識離念靈知心出現。如果只有緣就能出現的話，應該是買下一隻死了的全豬，把被殺而毀壞的血管接好，心臟及所有五臟六腑都裝回去，然後找一些血漿灌進去，那條豬就應該立即活過來了！因為各種緣都具足了，只差如來藏眞心這個因。可是卻不可能活，所以一定另有其因，那個因就是如來藏眞心，也就是第八識阿賴耶識。無因唯緣是不可能使有情繼續存活的，意識也是一樣，不可能無因唯緣就出生，否則壽終正寢的六十歲者，色身仍然完好無缺，只因壽命盡了就死亡了，這時應該只要輸血加以純氧等方法來急救，就可以再活三十年了；並且三十年後也可以如法炮製而永不死亡，但事實上卻完全不可能。所以晚上睡著斷滅之後，若沒有意根與五色根及眞心如來藏繼續存在不斷，就不可能從無生有而繼續有意識在明天早上生起；若是第二天早上意識可以重新再現起，必有祂生起的因和緣，不可能無中生有。

從世間常識可以證明意識離念靈知心不是常住法，再從聖教來講，佛陀也已經說過意法觸等三法爲緣而生意識，當然意識是依他而起；依他而起的意識心當然是眠熟就斷滅的，要靠其他仍然存在的因與緣，才能在明天早上再度生起，怎麼可以辯稱意識是常住不壞的法呢？所以意識—見聞覺知心—不是常住的。而能見之性、能聞之性，能嗅、能嚐、能覺、能知之性都只是識陰六識的自性，依附生滅的識陰六識而有，當然都不是常住法，都是依於因緣而有的生滅法。那麼，也許他可以說：「那時還有個意根啊！佛說意根從無始劫來都不曾斷滅過。」好像也有道理，但這不就已經爲他自己證明意識是生滅法了嗎？

意根，就是我們那個時時作主、剎那剎那作主、處處作主的自我。有人說：「因爲意根在，聽到有聲音時我就喚醒意識，於是我就醒過來了，所以意根應該是常住的法。」那麼我們從現實和證量來看好了，意根如果是常住法，一定是自在的，請問你的意根自在不自在？如果有人敢講：「我的意根是自在的。」我現在立即做個實驗，不必說是拿刀子割他一刀，只要罵他幾句就夠了，那時瞋心就起來了！意根是時時作主要不要生氣的心，也是時時作主起貪、起瞋的心；當意根決定不起瞋時，面對逆境時卻無法不起瞋；又如意根起瞋而使得意識的瞋心生起來時，祂還能算是自在的嗎？所以意根是不自在的，因爲凡是自在的心，一定永遠如如不動，永遠不會被外境所轉。

另外從佛法修證的事實來講，如果說意根是自在法，就違背聖教了！因爲阿羅漢要把意根滅了才能入無餘涅槃，這已顯示意根是可滅的法，怎麼可以說是自在的常住眞心？可見意根也不是自己本來就在的常住眞心。那他如果再問我：「誰告訴你阿羅漢入涅槃是把意根滅了？」那就表示他連基本的佛法都沒讀過。因爲四阿含是最基本的佛法，而《阿含經》中有好多部經都說阿羅漢入涅槃時是把十八界滅盡、五陰滅盡，而五陰中就已經函蓋了十八界了，那麼請問：「意根在不在十八界裡面？」當然含攝在十八界中。既然在十八界中，入涅槃時當然必須滅除意根；從聖教量來說，這也已經證明意根是可滅的，那祂就不是常住法了。

既然如此，六識加上第七識意根都是可滅的法，剩下來的、唯一不滅的，正是佛在初轉法輪時講過的本識、本際，也就是第八識，這就是《阿含經》中的入胎而住的識，即是在母胎中出生了名色以後緣於「名色」而常住不斷的「識」；祂才是常住的，意識只是祂所出生的「名」所含攝的識陰六識中的一個識。假使知道有第八識心常住，你去接觸、證實了這個第八識，那麼你就可以做一個比對：意根作主的心是不是常住的？這樣就很輕易可以明白：原來這七個觀察分別的離念靈知心是不是常住的？能見聞覺知而能夠思惟識都不是常住的法，特別是識陰六識，原來都好像旅店中的過客一樣每天來來去去，總是早上出現而來了，晚上眠熟而去了、消失了。即使是恆審思量而時時作主的意根自我，雖然晚上眠熟時仍然存在；但是成為阿羅漢而不願迴心於大乘，捨報時還是得要滅掉才能入無餘涅槃，仍然是可滅法。

由此可見，第七識意根與前六識識陰，都不是絕對常住的法，只有能入胎、住胎、住身的第八識才是常住的；當菩薩證得這個常住心的時候，便能確定見聞覺知心是妄心而不是真心，就能確定意根也不是真心；否則就必須有大善知識指導，依阿含道—聲聞解脫道—來觀察識陰六識的生滅性，現觀六識心及其心所法受想行三陰，都是生滅無常、緣起性空而無一法是常住不壞法，由此現觀五陰自我全都虛妄不實而斷除我見，否則就沒有因緣見道了。至於因緣法，那不是一般人能夠自行修證成功的，除非有大善知識指導，而辟支佛住在人間時，通常是不為人說法的。

如果意根是常住的眞心，待會兒各位出了正覺講堂就可以去燒殺擄掠，將來都不會有惡果；因為只有常住的眞心才能執持業種，造了惡業以後，惡業種子既是由「眞心」意根所執持，意根自我既是「眞心」又能作主，就能自己作主把惡業種子去掉，未來世就不必領受惡報了！世間就不可能會有三惡道有情了！可是從現實面來看，有誰能造了惡業以後由能作主的意根把惡業的種子丟掉呢？從來沒有！即使是阿羅漢也做不到，而且入無餘涅槃時還是必須把意根滅掉；由此可見末那識意根並不是眞心，因為不是眞正的常住法而沒有辦法執持善惡業等一切種子啊！仍然是要由入胎出生名色的本識如來藏來執持一切業種。因此說，眞實心必然是第八識，不論是從實證的境界觀察，或是從聖教法義來推理，都認定只有入胎出生名色—出生色陰及識陰六識—的入胎識如來藏，才是眞實心、常住心。

接著再說明「性淨明體」。知道了如來藏是常住的眞心，然後證得了祂，就可以體驗、檢查、觀察：祂是不是其性本來清淨？祂是不是自性清淨的光明心體？「性淨」是說祂的本性跟妄心七識不同：這個第八識心，當你貪愛世間五欲時，祂不會生起貪心，依舊是如；當你討厭世間雜染污穢時，祂仍然不討厭、不動心，依舊是如；當你修學清淨法而得到法樂時，當你證得禪定而有了禪悅時，祂依舊沒有絲毫的快樂而一點都不動心，仍然如同無始劫以來一樣是如。因爲是這樣，才叫作其性清淨。

一般人總認爲不貪著欲界人間的色、聲、香、味、觸，就是清淨了；但是從佛法上來說，愛樂佛菩提道的一切種智也是法貪，既是貪就不清淨，所以必須到達佛地時才是眞實而究竟的清淨。即使修到了等覺位，你的七識心還是有那麼一絲貪著；這是因爲佛的第八識可以和五別境、善十一相應，可是等覺位還不行，所以等覺菩薩還是要努力求證這個境界，還是有這一絲的貪——善法貪，但是性淨明體第八識如來藏，卻是從來都不會生起任何善惡法的一絲絲貪念。

在大乘法中，善法貪是不可以斷除的，否則就無法成佛；所以諸佛都交代菩薩們不可以斷善法欲，修到圓滿一切種智時自然就會斷除；那時縱然你想要再貪，也沒得貪，因爲已經究竟了，圓滿具足了，再也無一法可修可證了，還要貪什麼？但是在還沒有圓滿一切種智之前，還是得要貪佛菩提法。這雖然是貪求清淨法，但還是貪，這就是等覺以下的七轉識；至於佛地的七識心是純淨的，已離法貪的，所以等覺菩薩們見了佛才會那麼恭敬。

因爲等覺菩薩從入地心到成佛，整整一百劫中（別說是修一切種智，光是修福德就得要一百劫），到處捨身、受生，誰要肉身就割給他，誰要財產就送給他，內外財一切都施：無一處非捨身處、無一時非捨命時。等覺菩薩就是這樣子，除了施外財、內財以外，還要進學一切種智，所以他的七識心終究還不是究竟常住的，終究不是究竟的清淨。可是等覺菩薩的第八識，乃至凡夫們的第八識，都是無始以來就本自清淨的；因爲不管眾生如何的貪求一切法，即使是最微細的貪求一切種智的法貪，第八識也都不會起這種貪。等覺地是這樣，初地、二地乃至八地菩薩也都是一樣；凡夫地如此，下至蟑螂、螞蟻的第八識也是如此，所以才說祂是本來清淨體性。

不論是染污法的貪，或是清淨法的貪，祂從來都不曾生起過，所以是本來清淨性的心；當菩薩證得這個常住心如來藏，現前觀察到祂的眞實性、清淨性，就不會再落於種種妄想之中。如果有善知識自稱開悟了，宣稱他已經證得眞實心了，卻說眞實心是講不出來的，也是無法形容的，那麼他一定還沒有悟——他悟錯了。爲什麼呢？因爲悟了以後，一句話就可以把眞實心講出來；由這一句話的指導，你就可以從自己這一邊找到自己的眞實心如來藏，然後你也可以從我這一邊找到我的眞實心。悟後應該幫助有緣人證悟如來藏而發起實相般若，不可以悟錯了無法幫人證悟，卻藉詞說：「我是怕害到人，怕緣未熟的人或者福德不具足、信力不具足、慧力不具足的人，悟了以後不能信受就會誹謗，誹謗的結果就會下地獄。」

當然，誹謗還在凡夫位的天主都得要下地獄，何況誹謗諸天天主所信受的了義究竟佛法？因爲這個緣故，所以 佛交待菩薩們不可以明講，但不是講不出來。當你破參明心了，一定贊成我這一句話，因爲你也可以用一句話告訴某人說：「這個心就是你的眞心。」讓他當場觀察到自己的眞心如來藏。而這個眞心是眞實存在的，不是想像、施設的，也不是某一個境界當中才有的，而是遍一切時都很分明地顯現在你的眼前；只是你的福德、因緣、慧力不夠，所以無法證得祂，因此無法信受祂。若是證得祂了，自然會知道祂是常住心，也知道祂絕對是眞心，也能現前觀察而證明祂是其性清淨的，然後就可以體驗到這個眞實心確實是一個光明體，但卻不是某人所講的一個光球。

「明體」是說如來藏的體性是光明而沒有染污的。曾經有人寫了一篇文章說：佛來的時候是一團光。但經中說的「性淨明體」並非這個意思。更不是密宗所講的明體，那只是意識觀想得來的生滅法；當意識中斷而消滅了，或是意識雖在而沒有住於觀想境界中，那時就沒有明體（明點）了！而他們說明體就是阿賴耶識、就是如來藏，那他們密宗所證的如來藏阿賴耶識就是有時有、有時無，那就是變異法、生滅法，絕對不是常住而不變異的眞心了。因此說，眞心如來藏是常住的，是眞實有的，是可以體驗的，是可以運作的，而且是本來清淨光明的；從如來藏的「常住、眞心、性淨」，可以觀察這個第八識心是個光明性而不是染污性的心體，所以叫作明體。

「體」的意思是說有眞實的心體本自存在，不是經由觀想以後才出現的，也不像七轉識是由別人所出生而沒有自己眞實常住的體性，更不是修行以後祂才出現或存在的，祂是本然存在而時時都有作用在不斷的運行著。而這個第八識如來藏所具有的眞實自體性，並不是由別人所出生的，而是本然自在的；並且祂是從來不染污的光明性，無始劫以來本就是如此清淨的自性，不是修行以後才轉變清淨的，因此說祂是明體。那麼一切的眾生修學佛法（不是羅漢法解脫道）之後，證得了這個常住的眞心，觀察祂是其性清淨的光明體，就可以遠離一切的虛妄想；遠離了虛妄想之後，就不會落在邪見之中，我見就滅盡無餘，就可以漸漸地離開輪迴了。

一切眾生之所以從無始劫以來不斷的生死相續，永遠輪迴於生死海中，都是由於不知道這一個常住眞心性淨明體，而有了種種的虛妄想；如果是像密宗一樣用虛妄想所想像的明點做爲常住眞實心體，就一定會落在七轉識的範圍中，會錯把虛妄心當做是眞實心，就一定會和世間的五欲六塵相應；既然會與六塵相應，當然就是意識或識陰六識，必然也會和色界天的四禪境界，或者和無色界天的四空定等定境中的法塵相應，那就無法出離三界生死苦。落在這些妄想裡面的時候，正是由於「此想不眞，故有輪轉」；因爲這些想法都不是眞實正確的見解，都是錯誤的所知所見而引生不如理的想法，所以自然而然就會和三界世間法相應，就會被世間法所轉而住於三界法中，因此就會輪轉於三界六道當中，十方世界到處受生，如果想要脫離三界生死苦，就必須先瞭解常住心、眞心、性淨、明體的道理；想要瞭解這些道理，卻必須先找到如來藏而悟明心性；然而想要悟明心性以前，當然要先遠離這一些虛妄想。

「汝今欲研無上菩提眞發明性，應當直心酬我所問；」「研」就是詳細的加以探索。「你阿難，如今想要詳細的探究無上菩提的眞發明性，就應該要直心的應酬我所問的問題。」換句話說，佛接下來要用問答的方式使阿難開悟；這不是一般所講的問答，而是以問代答，是用提問的方式來提醒阿難。這也是我們禪三精進共修時，在小參室中所慣用的方法。如果我直接告訴你，你回去以後還要再去思惟整理，才會成爲你的東西；可是用提問的方式，你心中要回答之前就已經先整理過了，才能答出來；這樣一來，出了小參室時就等於脫胎換骨一般。所以佛是以問代答，讓阿難能融會貫通。

佛菩提爲什麼叫作無上菩提？因爲菩提就是覺悟，是覺悟出三界的法。三乘法都叫作覺悟，所以都叫作菩提；菩提既然分爲三乘，當然一定會有高低淺深的不同；既然有高低淺深的不同，想要成佛的菩薩們當然要修學最好的。由於佛菩提是三界世間、出世間法中至高無上之法，所以於三乘菩提當中當然以佛菩提爲最高，沒有任何一法能夠超越它，所以叫作無上的菩提。但無上的菩提是以如來藏所含藏的一切種子爲究竟法，想要親證如來藏所含藏的一切種子，就必須先找到如來藏；所以佛菩提的實修，一定要從證得如來藏開始，然後再由如來藏心體本身按圖索驥，探討如來藏中究竟還有哪些種子？這樣修行就是實修佛菩提道。

那麼你現在想要詳細探究無上菩提，不但要證得如來藏本體，還要體驗證實祂的「眞發明性」。「眞發明性」是說祂有眞實的本體，不是名言施設或純憑想像而不眞實的；而這個眞實的本體心，能夠發出很多的光明性，就是各種功德性。關於祂含藏的七識種子染污性，在佛菩提中也會跟你講，但那是入地以後的無生法忍修學過程中的事，在還沒有證得這個眞實心之前且先不談；因爲談染污性的話，你會誤解而說：「我不要求證這個有染污的心，這會與我所要修學的轉變清淨而得解脫，互相背道而馳。」

可是祂非染污、非不染污啊！非染污，是說祂自身的體性是清淨的。非不染污，是說祂含藏了你——七轉識的你——是染污的；你覺知心從祂出生，你也屬於祂的一部分；祂把你七識心種子流注出來時才會有你的存在，你既然是染污的，而染污的你是含藏在祂心中，祂當然就不能說是絕對清淨；所以祂也有染污的一面，可是祂的染污其實就是你，是你染污了祂的種子，不是祂染污了你；你想要轉變清淨而得解脫，就必須依止於祂自體的清淨性——轉依祂的清淨性，不要再妄隨七識心自己的染污性。至於轉依祂的清淨性，先得要告訴你：祂有哪些清淨性。你聽完了以後，對祂有欣樂之心，才會起心動念想要求證祂。求證了以後，能觀察祂了，再去探討祂的染污性。最後自然會發覺這個事實：原來祂所含藏的染污性都是我七識心自己，我才是最差的，那麼我當然要轉依祂的清淨性，使自己徹底轉變清淨了，祂的種子就全部清淨了，就能出生死而且成佛。

所以，佛陀先不向阿難說祂有染污性，只說祂有「**眞發明性**」；說祂具有眞實功能的心性，而且是能夠發出光明的體性；「**如果你阿難想要確實探討祂，就應當要直心應酬我所問的問題。**」酬就是答覆的意思，譬如人家送了中秋月餅來，你就得回他一樣東西；親朋往來是要互相應酬的，不可以有來而無往。酬答意思是說人家問你什麼，你得要有答覆。也就是說，你如果想要研求「**無上菩提眞發明性**」，就要以直心來回答 世尊；不要在心中九彎十八拐以後再來回答，這樣就不是直心回答而沒有辦法與 佛相應了。同理，你們來學這個法也要用直心來學，不要用歪曲的心來學；歪曲的心跟第八識不相應，用歪曲的心找來找去，一定是在覺知心上面繞來繞去。

因爲這個第八識是很直的，從來不歪曲的；你說死了才是最好的，祂沒意見；你說活著才好，祂也沒意見；你說享樂好，祂也沒意見；你說要去受苦，祂也沒意見，自始至終都是直心對你。你既然要找祂這個直心，當然得要用直心來應對，不要用歪曲心。譬如我講東邊漂亮，而東邊確實是比較美的；你表面應諾，心裡卻說西邊才漂亮，那就不對了；因爲善知識問你，他明知道你會這樣答，你卻用歪曲不直的心作另外一個答覆，善知識就沒辦法再延續提問，就無法引導你，所以 佛說「應當直心酬我所問」。這意思是說，接下去 佛會問很多的問題，阿難尊者答覆的時候得用直心，不許用歪曲的心來回答。

接下來 佛說：「十方如來同一道故，出離生死皆以直心；」說十方如來都是同樣走這一條道路，如果想要成佛，不管你同意或不同意，都要走這一條道路，因爲沒有第二條路可以使人成佛。當我們把成佛唯一的路提示出來，而且證明沒有別的成佛之道時，會外那些大師們就很痛苦了，有些迷信大師的人也跟著很痛苦；因爲成佛之道不是印順法師講的那樣——以聲聞解脫道取代成佛之道。要學成佛之道，就得照我講的路子走，可是那些信徒們對大師的情執割捨不掉，想來正覺修學，卻怕聽蕭平實講他的師父法義錯處；他們也知道自己如果把蕭平實的著作逐一從經論上拿來比對以後，將會證明都是正確的，無法推翻，心中將會覺得對不起原來的師父；然而若不去正覺，又學不到了義而究竟的正法；可是情執作祟下，心中卻又不想去正覺學習，所以心中總是很痛苦。

因爲成佛之道就只有這一條路，必須親證如來藏，而不是只修聲聞解脫道；而自己的智慧不夠，無法證明正覺同修會以外還有什麼人教導的路子才是正確的，所以就只好繼續痛苦下去。這種人，必須直到將來想通了，確信非走這條路不可，才會來到正覺同修會。既然十方如來都是同樣這一條路——必須從實證直心如來藏開始，而十方如來出離生死也都是用直心如來藏，不是用不直的世間心意識來出離生死，當然得要直心來回答 釋迦牟尼佛所問的話。因爲若是想要用世間心來出離生死，就不是眞正的出離生死；世間心，不管是從事相上來說，或者從眞實理上來說，都不可能出離生死的。

從理上來講，唯有本來不生不滅的心，才能出離生死；有生有滅的心，本來就是生死法、有爲法，怎麼可能和不生不滅、無生無死的涅槃相應呢？佛說「涅者不生，槃者不滅」，而世間心——也就是七轉識——既然是可以生也可以滅的法，怎麼可能變成不生不滅心呢？既然不能變成不生不滅的體性，就必定無法進入無餘涅槃中，怎麼可能是出世間心？所以那些大師們想要用生滅性的見聞覺知心去入住於涅槃中，都已成爲虛妄想，因爲那是世間心啊！意識世間心是生滅心，出世間的直心如來藏才是不生滅的心，才能住在三界外而不再住於三界世間。所以世間心是無法證入涅槃的，證入涅槃的一定是不生不滅的心，不生不滅的心當然是涅槃心。

而涅槃心本來就是不生不滅的，正是眞心如來藏，祂本來就不生不滅而常住涅槃中，爲什麼還要入涅槃？所以證得如來藏的菩薩們都不必入涅槃，就已經在涅槃中了。所謂入涅槃，是把世間心滅了叫作入涅槃，如同定性阿羅漢一樣滅掉自己的十八界（當然意識是一併滅除的）；而菩薩所證的第八識是本來就已經涅槃的，不必你去幫祂入涅槃。所以涅槃心還是本來涅槃，生死心仍是永遠生死；而出離生死是把自己滅掉，不是你五陰十八界出離生死而住在三界外。

因此說，住於涅槃的、常住涅槃的，能夠入於涅槃境界中的是直心如來藏，而世間心都永遠無法入於涅槃中安住。因此說，出離生死是以第八識直心，依七轉識是沒有辦法出離生死的。既然阿難想要出離生死，就得要以直心；但是想要證得直心如來藏，意識世間心就必須像如來藏直心一樣直來直往，不要對 佛陽奉陰違，也不要向 佛作出曲解。譬如我說一加一等於二，你偏要說一加一等於四減二，這麼麻煩做什麼？直接說「是」就好了。至於意識轉變成直心以後，爲什麼就能夠悟入？

「心言直故，如是乃至終始地位中間，永無諸委曲相。」「心言直故」，因爲眞心如來藏心直，有直心的體性，不同於意識歪曲的體性；意識的心行若是不直，就很難與直心如來藏相應。因此說「如是」，是要像直心如來藏這樣子心直。從剛開始修學佛道的地位，到達最究竟、最後的成佛地位，即是「終始地位」。也就是說，如來藏從無始劫以來沒有一個開始，一直到無始劫以後也將沒有一個最後，在這兩個時間中「永無諸委曲相」；學佛時也應該如此，從因地到佛地之間，永遠都沒有種種委曲相。委曲本來是說不直，有很多的變化。譬如想要去齋堂吃飯，結果這個人來找你，那個人也來找你，花了老半天的時間以後，才終於可以進到齋堂用齋，那時你就說：「經過好多的委曲以後才有時間吃到這一頓飯。」後來就引伸爲受到不公平的對待、屈辱，叫作受委曲。這意思是說，這一個直心是從無量劫之前到未來無量劫之後，在這二個時段的中間，如來藏直心永遠不會有種種彎彎曲曲的狀況——無諸委曲相。

換句話說，祂一向直來直往，在因地、凡夫地時，乃至下了地獄成就地獄身之時，祂都一樣是直心；到未來世成佛以後，祂還是直心的法相，不會有委曲相。那麼 佛又問說：「阿難啊！我如今要問你，當你發起菩提心，攀緣我釋迦牟尼的三十二大人相的時候，請問你是用什麼來見我的身相？又是誰在愛樂我的身相？」前面已經交代過要直心答覆，交代完了以後 佛終於提出問題來了。

阿難白佛言：「世尊！如是愛樂，用我心目；由目觀見如來勝相，心生愛樂，故我發心願捨生死。」阿難尊者向 佛稟白說：「世尊啊！像這樣愛樂佛的三十二大人相，是用我的心及眼睛，由於用眼睛看見如來的三十二種大人相的殊勝、絕妙，心裡生起了喜愛、歡樂，所以我發了菩提心，願意捨棄生死輪迴。」

佛告阿難：「如汝所說，眞所愛樂，因于心目；若不識知心目所在，則不能得降伏塵勞。譬如國王爲賊所侵，發兵討除，是兵要當知賊所在。使汝流轉，心目爲咎；吾今問汝：唯心與目，今何所在？」接下來 佛向阿難說：「就像你說的那樣，眞正發起愛樂之心，是因爲你的覺知心和眼睛所看見的，如果不能夠眞實的了知覺知心在哪裡？眼睛能見之性又是在哪裡？那你就沒有辦法降伏這六塵當中的貪著和勞累。譬如有一個國王，國家被亂賊所侵擾，要發兵討除亂賊，士兵們得要先知道賊人的住處；如果不知道，又如何能去消滅呢？同樣的道理，使得你阿難在無量世以來流轉生死的，都是覺知心和眼睛所產生的過失，那麼我現在要問你，你所說的這個覺知心和眼睛現在在哪裡呢？」想要發兵討除惡賊，當然要先探知惡賊躲在何處？才能發兵消滅惡賊。同理，想要滅除妄心七識……等虛妄法，當然也要先探知妄心七識……等虛妄法的所在，才能將妄心等法眞實常住不壞的虛妄想滅除掉。

【阿難白佛言：「世尊！一切世間十種異生，同將識心居在身內，縱觀如來青蓮花眼，亦在佛面；我今觀此浮根四塵只在我面，如是識心實居身內。」】

講記：阿難尊者聽了佛這樣問他以後，不加思索，直心就答說：「世尊！一切世間有十種的異生，」異生是講凡夫性的眾生，「這十種凡夫性的眾生都是同樣的把他的心住在身體當中，」大家這麼一聽，沒有錯啊！覺知心一定住在身體之中，因爲如果在身體之外，就應該我還坐在這裡，而覺知心可以跑到美國去了！可是卻沒有呢！「我的覺知心是在這裡，是在身體裡面。」這是一般人的想法。有這種想法很正常，因爲很正常所以叫作凡夫；如果不是這樣想，就很可能不是凡夫了。這是第一處徵心的開始。

這就好像我們在引導學人說：「如果要找到你的如來藏，要在你的身中找，不離十八界。」可是有的人誤以爲如來藏就在自己的十八界中：如果如來藏是在十八界中，應該是在哪一界中呢？哪一界是如來藏呢？問題就來了。事實上，應該是十八界在如來藏中，不是如來藏在十八界中，也可以說如來藏和十八界在一起，所以我們書中遣詞用字很嚴謹，也都各有用意。同樣的道理，眾生總是認爲覺知心就在身體中，一直都跟身體在一起，所以阿難尊者就這樣回答。而且「**縱使我阿難觀看如來的青蓮花眼時，那莊嚴的青蓮花眼也是處在佛陀的臉上。**」青蓮花眼是說眼睛修長好像青蓮花的花瓣一樣，青蓮花一瓣一瓣形成一朵花，眞的很漂亮。

「**而我阿難如今觀察這個浮塵根的四塵—眼耳鼻舌—也都是只在我的臉上。**」「**浮根四塵**」的浮根二字表示這四根不是眞實根——不是勝義根，而且都是在表面上可以看得見的；「**浮根四塵**」是指眼睛、耳朵、鼻子、舌頭四種浮塵根，都是可以看得見的色法。另外還有一種是身根，不是只有在臉上。至於眼耳鼻舌四根是浮塵根，而且所能接觸的只有外面的色聲香味四塵，不觸自心如來藏所變現的內相分四塵，於是把浮塵根的四根以及外塵的四塵合併而說是「**浮根四塵**」。爲什麼叫浮根？表示飄浮在表面上，是很明顯可以看得見的根與塵，而不是隱藏不見的勝義根與內相分等塵。勝義根是可對而不可見的，勝義根就是頭腦；整個頭腦，就是我們的五勝義根。在身體表相上可以被我們看得見的眼耳鼻舌身五根，都是浮塵根，是整個肉身：眼如葡萄，耳如荷葉，鼻如懸膽，舌如偃月，身如肉桶。至於五勝義根則是聚集在頭部的腦中，頭腦中掌管這五個部分的部位，才是勝義根。佛問的是臉面上的四根，阿難現前觀察到自己的浮根四塵只在臉上，於是認爲藉這浮根四塵而運作的眼、耳、鼻、舌四個識，當然是住在自己的身體中。所以作個結論說：「如是識心實居身內。」

【佛告阿難：「汝今現坐如來講堂，觀祇陀林，今何所在？」「世尊！此大重閣清淨講堂在給孤園，今祇陀林實在堂外。」「阿難！汝今堂中，先何所見？」「世尊！我在堂中先見如來，次觀大眾；如是外望，方矚林園。」「阿難！汝矚林園，因何有見？」「世尊！此大講堂戶牖開豁，故我在堂得遠瞻見。」**爾時世尊在大眾中，舒金色臂摩阿難頂，告示阿難及諸大眾：**「有三摩提，名大佛頂首楞嚴王具足萬行，十方如來一門超出妙莊嚴路；汝今諦聽！」**阿難頂禮、伏受慈旨。】**

講記：這是在祇樹給孤獨園中的一個精舍，這個精舍是給孤獨長者所購建的，精舍外面的園中林樹則是祇陀太子所贈送的，所以叫作祇陀林——祇陀太子捐贈的樹林，一般都合稱為祇樹給孤獨園。佛告阿難說：「你如今坐在這個講堂中，以眼來看外面祇陀太子所捐贈的樹林，這些樹林在哪裡？」「世尊！此大重閣清淨講堂在給孤園，今祇陀林實在堂外。」「大重閣」表示不是只有一層，可能有二層或三層樓，目前只剩殘垣斷壁。阿難尊者回答說：「這個大重閣清淨講堂，是在給孤獨園中，我如今所見的祇陀太子的樹林其實是在這個講堂之外。」

「阿難！汝今堂中，先何所見？」佛要設一些圈套讓阿難一步又一步地走進去，最後不得不走進開悟的境界中去，就是這樣施設。所以 佛又問：「你如今住在這個講堂中，最先看到的又是什麼？」

「世尊！我在堂中先見如來，次觀大眾；如是外望，方矚林園。」阿難回答：「世尊啊！我在這清淨講堂裡面，最先看見的就是如來，」依常理來說，一進門必定先看主人，不會先看屋裡的事物，這也是禮節；所以學佛的人進到 如來的講堂中，知道 佛在裡面說法，當然是先看到 佛陀，「然後才觀看大眾」；當大眾都看過了，知道有些什麼人了，「最後往外望，才看到外面的林園。」

「阿難！汝矚林園，因何有見？」現在一步一步進入主題了，佛又問阿難：「你正在觀看給孤獨園中祇陀太子所捐贈的樹林時，爲什麼能看得見？」

「世尊！此大講堂戶牖開豁，故我在堂得遠瞻見。」阿難也眞的是直心，不想別的；佛怎麼問，他就怎麼答：「世尊！這個大講堂，因爲門和窗都是開著，並沒有緊閉，所以我阿難在堂內可以遠遠地都看得見。」門窗開了也不一定能見，因爲如果門窗加上了竹簾、布縵，就不叫豁了——只是開而不豁。門開了以後沒有任何遮障，所以叫作開豁。

爾時世尊在大眾中，舒金色臂摩阿難頂，告示阿難及諸大眾：「有三摩提，名大佛頂首楞嚴王具足萬行，十方如來一門超出妙莊嚴路；汝今諦聽！」**阿難頂禮，伏受慈旨。**因爲世尊色身有紫磨金的顏色，所以手臂是紫金色的。這時 世尊在大眾中，伸出了金色臂而爲阿難尊者摩頂，就告示阿難（「告」是加以說明，「示」就是示現、表示）「及諸大眾」，這表示同時也講給大眾們聽。佛說：「有一個三摩提，」所謂三摩提是一種決定不轉移、心得決定的境界，「叫作大佛頂首楞嚴王具足萬行，」這個在經題已解釋過了，不再重複解釋；「這一個三摩提，是十方如來一門超出的妙莊嚴路；」「十方如來」表示不是只有娑婆世界 釋迦牟尼佛而已，還有其他十方世界的許多如來；「同樣是經由這一門，」再也沒有別的法門，「都是由這一個法門才能超出三界，這是唯一的勝妙莊嚴之路。」

「超」表示不是一點一滴慢慢地爬，不是經由點滴的累積而成就，是很快地超過去，一刹那間就成功了。當人家在那兒一點一滴慢慢累積時，你卻像搭飛機一樣「咻！」的一聲就超過去了。我們同修會的開悟就是這樣，是用超出而直入的方法；所以當很多人還在摸不著佛法的邊，還在主張開悟是一點一滴累積成功，都還弄不清解脫道、佛菩提道時，我們卻有斷我見、取證眞如、眼見佛性的三摩提，都是一超而出。然後再設定一個大目標：希望努力進修而在今生要修到初地。只要入了初地的入地心中，成佛三大無量數劫中的第一大無量數劫就過去了，這難道不是超嗎？當然是超。十方如來以前在因地時也都是這樣超出的，而且這個超出的法門只有一門；正因爲很殊勝、很勝妙，別的法門全都無法超出，所以就叫作妙莊嚴路。

「諦聽」是說要詳細地聽清楚，不要聽錯了！這「諦聽」二字用得好，因爲很深奧的《楞嚴經》在宣講當時，佛只是講過而已，假使當時疏忽而聽錯了、誤會了，是很可能的，所以 佛陀吩咐要詳細地聽好。話說回來，假使當時在場一時疏忽而聽錯了，倒也情有可原；現在呢，不但翻譯出來，還印成經典流通而可以一再閱讀、詳細探討；而那些自稱證悟的大善知識們，卻個個都讀錯了，還反過來異口同聲指責眞正證悟的人悟錯了，所以當時「諦聽」這二個字，佛陀還眞的需要強調。於是阿難尊者知道 佛陀要宣講深妙法了，就頂禮 佛陀，放低身段而坐在地上聽受 世尊慈悲宣示的旨意。

【**佛告阿難**：「如汝所言，身在講堂，户牖開豁遠矚林園，亦有眾生在此堂中不見如來，見堂外者？」**阿難答言**：「世尊在堂，不見如來，能見林泉，無有是處。」「阿難！汝亦如是，汝之心靈一切明了；若汝現前所明了心實在身內，爾時先合了知內身；頗有眾生先見身中，後觀外物？縱不能見心肝脾胃，爪生髮長，筋轉脈搖誠合明了，如何不知？必不內知，云何知外？是故應知：汝言覺了能知之心住在身內，無有是處。」**阿難稽首而白佛言**：「我聞如來如是法音，悟知我心實居身外；所以者何？譬如燈光然於室中，是燈必能先照室內，從其室門，後及庭際；一切眾生不見身中，獨見身外，亦如燈光居在室外，不能照室；是義必明，將無所惑；同佛了義，得無妄耶？」】

講記：佛又跟阿難尊者說：「就像你所說的那個樣子，身在講堂之中，由於門户、窗牖洞開，所以能夠遠遠地看見外面的林園；然而是否也有眾生在這個講堂裡面，沒看見如來卻只看見講堂外面的林園？」

阿難答言：「世尊在堂，不見如來，能見林泉，無有是處。」阿難尊者回答說：「世尊！如來在講堂中，我們也同樣在講堂中，竟然說沒看見世尊而只看見外面的林園和泉水，沒有這個道理。」

「阿難！汝亦如是，汝之心靈一切明了；若汝現前所明了心實在身內，爾時先合了知內身；頗有眾生先見身中，後觀外物？縱不能見心肝脾胃爪生髮長，筋轉脈搖誠合明了，如何不知？心不內知，云何知外？是故應知：汝言覺了能知之心住於身內，無有是處。」阿難尊者才剛剛講完，佛就責備阿難說：「你說的也跟他們一樣的沒道理，既然你的覺知心那麼靈巧，能夠明了一切，全都能夠看得清清楚楚；現在眼前能夠明瞭種種景色的這個靈知心，如果確實是在身體裡面，那麼這時就應該，」「合」就是應該，「就應該先了知自己身體中的情況才對。」因爲覺知心如果是在身體裡面，就應該先看見身體中的狀況，然後才看見外面；但事實上，覺知心卻不能先看見身體中的五臟六腑以後，才看見外面的事物。佛接著又引導阿難思惟：「是不是有眾生先看見身體裡面的五臟六腑，然後再看見外面的事物？縱使不能看見心臟、肝、脾、胃、指甲生、頭髮長，至少筋肉在運作，脈搏在跳動，實在是應該要先能明了的看見，爲什麼卻會都不知道？如果說靈知心眞的無法先向內知道身內臟腑筋肉的狀況，怎麼可能先知道外面的事物？所以你應該要知道：你所講的覺了、能知的心住在身內，沒有這個道理。」

阿難稽首而白佛言：「我聞如來如是法音，悟知我心實居身外；所以者何？譬如燈光然於室中，是燈必能先照室內，從其室門，後及庭際；一切眾生不見身中，獨見身外，亦如燈光居在室外，不能照室；是義必明，將無所惑；同佛了義，得無妄耶？」阿難就稽首；稽首就是低頭，是上身往前傾而將頭部垂下來，表示恭敬的意思。稽首白佛，白就是稟白，阿難尊者向 佛稟白說：「我聽聞如來這樣的法音開示，已經領悟而知道，我這個能清楚明白看見事物的覺知心，確實是住在身外的。爲什麼這麼說呢？這就好像燈的光點燃在房間裡面，這個光一定能夠先把室內照亮了，接著照亮了房間的門戶，最後才到達庭院所在。」及就是到達，庭就是庭院，際就是那一些地方。阿難接著說：「一切眾生看不見自己身體裡面的一切器官，獨獨能夠看見身體外面，那就好像是燈光點在房屋的外面，就不能照見房屋裡面；所以我們的覺知心也是一樣住在外面，因此只能夠看見身體外面的事物，就看不見身體裡面的器官。這個道理必定已經很明白了，所以我這樣想，而且將會沒什麼可疑惑的了！可是我說的道理，是否如同佛所說的了義法一樣呢？莫非還有虛妄的地方？」

【佛告阿難：「是諸比丘適來從我，室羅筏城循乞摶食，歸祇陀林，我已宿齋；汝觀比丘一人食時，諸人飽不？」**阿難答言**：「不也！世尊！何以故？是諸比丘雖阿羅漢，軀命不同，云何一人能令眾飽？」**佛告阿難**：「若汝覺了知見之心實在身外，身心相外，自不相干；則心所知，身不能覺；覺在身際，心不能知。我今示汝兜羅綿手，汝眼見時，心分別不？」**阿難答言**：「如是！世尊！」**佛告阿難**：「若相知者，云何在外？是故應知：汝言覺了能知之心住在身外，無有是處。」**】**

講記：這時　佛陀告訴阿難：「這些比丘們，剛才是隨從我進入室羅筏城中，依循在家弟子們的居處而次第乞得團食，然後回到祇樹給孤獨園中；我則是受請而率領一部分大菩薩受供於波斯匿王的齋席，已經結束而回到園中；你如今且看一看，比丘們之中，假使只有一人受食的時候，其他的眾人肚子能夠飽嗎？」

阿難答言：「不也！世尊！何以故？是諸比丘雖阿羅漢，軀命不同，云何一人能令眾飽？」阿難答覆說：「不可能的，世尊！爲什麼緣故而這樣回答呢？這些比丘們雖然都已是阿羅漢了，但是各人的身軀與命根仍然互不相同，怎麼可能一人吃飯而使得眾人都能飽腹？」

佛告阿難：「若汝覺了知見之心實在身外，身心相外，自不相干；則心所知，身不能覺；覺在身際，心不能知。我今示汝兜羅綿手，汝眼見時，心分別不？」**阿難答言**：「如是！世尊！」佛陀告訴阿難：「如果你的能覺了、能知、能見之心，確實是住在身外，那麼身體的內部器官與身外的覺知心，自然就是互不相干的了；那麼覺知心所見所知的事物，身體既不與覺知心同在一處，當然身體是不可能覺受得到；而五臟六腑的覺受其實是在身體中，住在身外的覺知心就應該是不可能知道的。我如今伸出來，給你看一看我猶如細綿一般的手，當你眼見我的手時，覺知心能分別我的手嗎？」阿難尊者回答說：「就像您說的一樣，我的覺知心能分別這是世尊您的兜羅綿手。」

佛告阿難：「若相知者，云何在外？是故應知：汝言覺了能知之心住在身外，無有是處。」佛陀告訴阿難說：「像這樣子，如果你說身心是能互相覺知的，怎麼可以說覺知心是住在身外呢？由於這個緣故，你應當知道：你說能覺了六塵的能知之心是住在身外，其實沒有道理。」

這是七處徵心中的第二處了。其實應該講八處、九處徵心，因為實際上七處後面還有一、二處徵心，等到後面再來說明。不過，不管是七處或是八處的徵心，把覺知心說是在這幾個處所，其實都錯了；而覺知心也是虛妄心，如同賊人一樣應該消滅的。爲了想要消滅覺知心常住不壞的常見，當然要先幫助大家把覺知心住在何處的問題先解決；當大家都知道覺知心這個賊人住在何處了，才有辦法把這個覺知心賊人剿滅而成就解脫果。

「是」是這一些，「諸」表示多數；若是只有二個人就不能叫作諸人，三人或四人以上也就是眾，但是通常的語意，「諸」是比「眾」更多的。「適來」就是剛才，「從」就是跟隨。佛說：這一些比丘們剛才跟隨我在室羅筏城「循乞摶食」；「循」就是挨家挨戶次第行乞，規定每次行乞時，最多只能行乞到第七戶人家；也不可以托缽到第四戶時，因爲判斷那一家可能沒有食物了，或者以爲第四戶較窮可能沒有食物布施，或者布施的食物可能不好吃，就跳過去直接向第五或第六戶行乞。必得挨家挨戶行乞，若是前六家都沒有食物，才能一直行乞到第七家；這叫作「循乞」，也就是依照次第、順序乞食的意思。

在古印度，乞食是很高尚的，是修行人專有的飲食方式；到中國來，則是貧窮而無以爲食，才要向別人乞食，所以在中國地區乞食，就變成下賤而不尊榮了。如果是在印度，乞食者是屬於修道人，值得尊敬；因爲乞食者是想要把心修持清淨，並且不犯各種戒法，所以乞食等於是修道人的代名詞。可是在中國，往往是因爲旱災、水澇沒得吃，所以流浪他鄉去乞討，只是爲了要圖生存、苟活，而不是爲修道而乞討。

「乞食者」又叫作乞士，也是上求佛法、下化眾生的意思，也就是向佛乞求佛法得以利益眾生，本來是個好名詞。就好像金蓮，本來是個好名詞，佛經說悉達多太子出世以後，東西南北四維各行七步，足下生金蓮，所以叫作步步金蓮；後來中國小說家借來使用，形容中國女人綁小腳走路時婀娜多姿的模樣，就演變成形容古代中國女人的小腳了；所以金蓮二字，已經被中國人亂引用而使語義都改變了。

「摶食」是三界中四種食物之一。三界中的食，共有四種：摶食、觸食、意思食以及識食。這裡暫不解釋，因爲《楞嚴經》的講解，一定要前後連貫、一氣呵成；經題是整部經的大綱，不妨詳細說清楚，但是如果每一個名相都詳加解釋，將會見樹不見林而忽略經文眞正的意旨，所以在這裡只簡單的說明摶食。摶食是欲界食，特別是指人間的食物；因爲都是有物質的色法，總是一段一段或者一團一團，若是較小的也是一顆一顆的，是成團的食物，所以叫作摶食。

那麼佛說：「剛才這一些比丘們隨從我去室羅筏城挨家挨户的托缽乞求摶食，剛才回到祇陀林給孤獨園的時候，」爲什麼叫祇陀林及給孤獨園？因爲給孤獨園是給孤獨長者花錢買來的，要地上鋪滿黃金才能買到這一片地，當時只剩下門樓大約一尺寬，六、七尺長的地方還沒鋪上黃金。祇陀太子看長者那麼誠心要買來供養 佛陀，他覺得很不尋常，便說：「這一塊地上不必再鋪黃金了，就這麼賣了。」他想：「這一定是送給不得了的大人物，不然怎麼給孤獨長者願意花這麼多黃金來換我這一塊地？」所以叫他這一小塊地不必再鋪黃金了。給孤獨長者以爲他要反悔不賣了，祇陀太子說：「不是這樣，這一小片地算是我奉獻的，我自己出錢來建門樓。」而且把園中的林樹全部捐了，所以叫作祇陀林的給孤獨園。

當 佛陀歸到祇陀林的時候，當然是已經宿齋；宿是已經過去的意思，也就是已經用過午餐了。爲什麼講這一段話呢？是要問阿難：「這一些比丘阿羅漢們，若是其中一個人吃飽了午餐，其他的阿羅漢眾是否就都能飽了？」阿難答覆說：「不是這樣的，世尊！因爲這一些比丘們雖然是阿羅漢，可是身體各各不同，而且每個人各有自己的命根，怎麼能夠一個人吃飯而其他的人全部都飽呢？」佛就爲他說明：

「如果這個能夠覺察了別也能夠了知諸法，並且能夠看見色塵的心，確實是在身外的話，就有問題啦！因爲身和心不是合會在一起，而是互相在對方之外，所以身與心就互不相干了，那麼覺知心就不能夠說色身是我，而色身也不能說覺知心是我，就變成兩個了！就成爲一個只擁有色身而無心，一個擁有覺知心而無身，身與心就不相干了！那麼如果覺知心眞的是在身體外面，當覺知心能了知六塵時，身體就不能夠覺知六塵，也就不該了知外面的冷、熱、痛、癢……等觸覺；因爲觸覺是在身體，不是在外面的心啊！可是身體冷熱痛癢的時候，覺知心卻又能知道，如果如阿難所說是身心相外，那麼身的覺受，應該覺知心是不能了知的。」

「我現在伸出兜羅綿手顯示給你看。」兜羅綿是說很柔軟、細緻的綿布，兜羅綿手是說 佛的手掌是非常細緻飽滿而不粗糙的。於是 佛把手伸出去示現，就問阿難：「你的眼睛看見我的手，這時有沒有分別啊！」阿難答話說：「正是這樣，我看見您的金色手的時候，就已經分別完成了。」現在佛教界很可悲，他們都睜眼說瞎話：「當我眼見了了時，完全不分別；我耳聞清清楚楚時，也是不分別的。」然而，怎麼有人可以眼見的時候不分別？當眼睛一張開，手伸出來在眼前，立即知道這是手，不必用語言文字就能分別，不會因爲沒有語言文字的緣故就把手錯會成腳。

昨天電視新聞報導一個小孩，他只有三歲，還不會講話，可能是因爲好動的緣故，他的父母親教他玩電腦、打電動玩具；他玩得很好，比他的老爸還厲害；可是記者採訪時，他卻連話都說不清楚，顯然他在打電動玩具時，心中都是沒有語言文字的，而他把電腦玩起來時卻眞是快到不得了。由這個例子來請問大家：不用語言文字時，他的覺知心有沒有起分別？（衆答：有。）當然有啊！如果心中沒有生起語言文字時就是沒有分別，那個三歲小兒心中全無語言文字，怎麼能玩電動玩具？而且比他老爸玩得更厲害？

可是當代那一些大修行人、大居士、大法師倒是全弄錯了，都說心中沒有語言文字時就是無分別，意思是說：當他們心中沒有語言文字時，就無法了知地上的東西是黃金或是狗屎了，就不知道電動玩具該怎麼操作了。這樣的大修行人、大法師、大居士，還眞是不如外國那個三歲小孩子。明明眼見之時就已經分別完成了，卻還大言不慚說自己心中仍然沒有分別。當他們突然聽見一個人講話時，根本不需要生起語言文字，就已經先知道這是父親、母親，或者這是兒子、女兒，這是徒弟、師父；都是一聽就曉得了，表示一聽就分別完成了，根本用不著等待語言文字生起以後才分別完成。

那些所謂的大修行人，才剛聽到主法和尚的聲音，就知道師父來到道場了，隨即趕快去接待；他們有沒有先使用語言文字在腦子裡轉一轉說「和尚來了，我要快去迎接」，然後才去接待呢？都沒有啊！一聽到就馬上知道，不必等到心中生起語言文字說是和尚來了、該做什麼事情，就已經完成分別而直接行動了。所以見的當下就已經分別完成，聞的當下就已經分別完成了；只要有知，就已經分別完成了。所以阿難尊者是有智慧的，這時他還沒有進到初地，剛講這部經的時候，他還只是在聲聞初果向中，才剛剛迴心大乘而已，是後來才進到初地的；但是後來繼續進修，到他入滅的時候究竟是第幾地？我們可就不知道了。

接下來　佛跟阿難說：「如果你的眼根看見我的手時，你的覺知心當下就能分別這是我的手，那顯然你的覺知心知道你的眼根看見了什麼；既然覺知心與眼根互相知道，怎麼可以說你的覺知心是在眼根外面呢？所以應該要知道：你剛才所說的覺了、能知的心住在身外，這個說法沒有道理。」這是第二處徵心了。第一處徵心是講：如果覺知心在身中，爲什麼看不見身體裡面的五臟六腑？第二處徵心則是講：如果心在身外，怎麼可能跟身內的五色根相知呢？所以顯然內外都不是。但是必須注意的是：九處徵心所說的心，仍然是虛妄心，不是眞如心。爲何要做這樣的詳細徵心呢？我會將其目的在後面做一個解說。

不過，覺知心在內、或是在外、或是在內外中間？這是針對一般狀況而說的；若是從另一個不同的層面來說時，也是會有例外的；所以聽聞佛法時不能一概而論，不能夠聽到某一個名相或經上某一個字如何說，就以爲一定是怎麼樣，其實是不一定的。有時候 佛說法，光是一個第八識，有十幾種的講法，禪宗祖師更有幾十種的名詞說祂。或許有人看到《楞嚴經》講覺知心看不見身體中的五臟六腑，就評斷說：「**凡是宣稱能看見身體裡面狀況的人都是說謊者。**」其實不能這麼說，因爲法無定法。譬如初禪遍身發的時候，就可以看見身中。又譬如九想觀最後轉入十種一切處觀的時候，也可以看見身中，卻與 佛陀在這部經中的說法並沒有矛盾或衝突；所以法無定法，沒有實證的人，最好少評論實證者。

初禪遍身發的人可以看見全身之內如雲如霧，所有毛孔內外相通，一一毛孔都有樂觸，名爲禪悅，這就是初禪天人的天身；這些境界相，發起初禪時運運而動的人就無法看見，也無法一一毛孔遍受樂觸；只有刹那間遍身發的人，才能看見整個身體如雲如霧，那是由覺知心看見的，而其實是心眼看見的，不是用肉眼看見的，這種眼就是色界天的天眼。

或許有人會這樣想：「《楞嚴經》中佛陀明明說覺知心看不見身中，那你怎麼又說證得初禪時可以看見身內？那你是說謊。」事實上並不是這樣講的。因爲《楞嚴經》中爲法所作的辨正，是施設在人間一般人的狀況下來講的，不能用極少數證得初禪的人所證的狀況來講，否則將會有很多問題出現；譬如絕大多數人都會聽不懂法義，或許會有人不信初禪遍身發看見身體裡面如雲如霧狀況，反而會質疑說：「那五臟六腑哪裡去了？」但那是初禪天的境界，覺知心所看見的不是欲界的色身，因爲以欲界的肉眼來看色身時，是沒辦法看見身內的，除非是修得天眼通的人。

所以說，法無定法，不可以隨便混在一起來挑毛病。譬如大陸有個上平居士自己不懂卻又亂罵一場，說我有時候把第八識叫阿賴耶識，有時候又講是異熟識，有時候又講是如來藏，有時又說是眞如，把好多個心亂用一氣而逗在一起。其實是他根本不懂，我可沒有時間慢慢跟他講，讓他將來更深入佛法以後自己去收回那些誣謗的話吧！這第八識心的名號還不只這樣，有時還叫作如，有時稱爲本際，有時候還說是實際，有時候還叫祂作法性，法性有時候又叫作法，有時又稱為識，名稱可多了，就不一定是用哪個名稱了！假使自己不懂，就少說話，更別寫文章亂罵一場，免得將來被人拈出來辨正時，可就沒地方把臉藏起來了。譬如說「法即是法性」，可是你說法性一定就是法嗎？那也不一定！有時候法又不是法性，法性又不是法，要看在什麼樣的經典，在什麼樣的背景與前提等不同的狀況下所說；往往不同的許多名相所說的心，其實都是同一個。所以大家要先注意這個前提，先不要把某些法混為一談。言歸正傳：

【阿難白佛言：「世尊！如佛所言，不見內故不居身內，身心相知，不相離故不在身外。我今思惟，知在一處。」**佛言：**「處今何在？」**阿難言：**「此了知心，既不知內而能見外，如我思忖潛伏根裡；猶如有人，取琉璃碗，合其兩眼，雖有物合而不留礙，彼根隨見隨即分別，然我覺了能知之心不見內者，為在根故；分明矚外、無障礙者，潛根內故。」**】**

講記：阿難想一想：覺知心既不在身中，也不在身外，應該是潛藏在五根中吧？由五色根包含在五勝義根裡頭。所以他說：「就好像佛所講的：覺知心不能看見身體裡面所以不住在身內，身心既然互相能夠知道，當眼根看見了，覺知心就知道看見什麼；覺知心知道看見什麼，眼根也必然看見；既然是這樣，當然是不在身外；那我現在想一想，就是在一個地方。」佛就問他：「現在你說的處所是在哪一個地方？」阿難就說：「這個了知的心既然不知道身體中的情況，而能夠看見外面，如果我所思量、猜測的沒有錯誤，」忖就是猜測，表示沒有絕對的把握而猜測說：「應該是潛伏在我們的眼根、耳根，鼻、舌、身根裡面。」

然後阿難尊者譬喻說：「就好像一個人拿著兩個透明的琉璃碗，把眼睛蓋住，」如同現代人帶眼鏡一般的蓋住了以後，「眼根的外面雖然有東西蓋著，可是對於能見的自性並沒有妨礙，照樣可以看得清清楚楚；在這情形下，我們眼根隨著看見的當下，立即就分別好了，」隨即就是立即，幾乎沒有前後性，前後距離很短的時間就稱爲隨；隨即就是立刻，也就是在見的當下就立刻分別完成了，「但是這一個覺了的心、能知的心，其所以看不見身體中的五臟六腑，是因爲潛伏在眼根裡面，當然就只能看見外面，所以看不見裡面。」這一講似乎也有道理，這是第三處徵心。如果是一般人聽了，可能會相信他的說法。好在你們已經先知道七處徵心的錯誤了，已經有不一樣的概念了。

【佛告阿難：「如汝所言潛根內者，猶如琉璃，彼人當以琉璃籠眼，當見山河，見琉璃不？」「如是世尊！是人當以琉璃籠眼，實見琉璃。」**佛告阿難：**「汝心若同琉璃合者，當見山河，何不見眼？若見眼者，眼即同境，不得成隨；若不能見，云何說言此了知心潛在根內如琉璃合？是故應知：汝言覺了能知之心，潛伏根裡如琉璃合，無有是處。」**】**

講記：佛接著說：「根據你剛才所說的，這個覺了、能知的心，是潛藏在眼根裡面，就好像藏在琉璃之中一樣；那麼當那個人用琉璃把眼睛罩住，當他看見山河的時候，他有沒有同時看見琉璃呢？」這個譬喻猶如帶著眼鏡看山河的時候，如果眼鏡髒了，你將會發覺有東西擋著，這表示你其實是有看見鏡片的；只是因爲鏡片若很明淨而無灰塵時，你就把視覺焦點注意在鏡片外的影像而忽略了鏡片的存在；更何況琉璃距離眼睛，遠比眼鏡距離眼睛更遠。「假如那個人，正當他拿的一個圓而透明的琉璃碗，來籠住眼睛，那個人正當看見外面山河的時候，有沒有同時看見琉璃呢？」被佛這麼一問，阿難想一想，覺得佛說的有道理，因而回答說：「就是這樣，世尊！那個人正當用琉璃碗把眼睛籠住來看山河時，確實是同時看見了眼前的琉璃。」籠罩就是圍繞而遮蓋住，使人無法明白事實眞相，所以這二字常常被引伸爲欺騙、嚇唬人家。譬如沒有證量的大師卻騙人說有很高的證量，裝出一副高不可攀的樣子。本來籠罩的意思，是說好像籠子一樣罩住某個空間，讓其中的動物或物品不會散失。阿難尊者把覺知心比做琉璃碗把眼根籠罩住的答覆，沒想到有漏洞，佛加以點出來說：「當你的覺知心如果與琉璃碗相合而能見，就好像覺知心與眼根和合爲一的譬喻，那麼正當你看見山河大地的時候，覺知心既然是在眼根之中，爲什麼卻看不見你自己的眼睛裡面呢？」如果覺知心是潛伏在眼根裡面，就好像琉璃碗籠罩著眼球時一樣，那時既看外面的山河大地，同時也會看到琉璃碗；同理，當覺知心潛伏在眼球中，正當覺知心看見山河大地時，應該也可以看見眼球裡面啊！但是爲什麼卻看不見自己的眼根裡面？如果悟得眞，進也通，退也可以；如果悟得不眞，一定進退兩難。

這時 佛又接著說：「如果覺知心可以看見自己的眼根，那麼眼根應該如同所看見的色塵境界一般都是色塵，這樣就不可以成隨——就不可以說覺知心是住在眼根內而隨著眼根來看了。」「隨」是說人間能見之性一定要有個所隨的眼根，如果沒有所隨的眼根，能見之性就不能現前。換句話說因爲有眼根，能見之性才可以隨著眼根出現；如果沒有眼根時，能見之性就無法在人間出現，那就「不得成隨」。又如覺知心潛藏在眼根中時，一定是成就二者相隨的道理，可是當覺知心能看見眼根自己內部，或者在外看見自己的眼根浮塵根時，就無法成就覺知心與眼根相隨的道理了。

佛又說：「如果覺知心看不見自己的眼根，怎麼可以說這個覺知心是潛伏在五根裡面，好像琉璃合攏來罩著眼睛的道理一樣呢？所以你應該要知道：你剛才所說那個覺了、能知的靈知心潛伏在你的眼根裡面好像琉璃的譬喻，是沒有道理的。」這已經是第三處徵心了，是說有念或者離念的靈知心，其實不在五色根裡面；如果是在五色根裡面，那麼這個覺知心就沒有辦法運作了，與五根相隨而運作的道理也跟著無法成就了。

現在要講一點給你們這些破參的人也聽一聽，如果覺知心是在眼根裡面，那麼當你正在看外境色塵的時候，應該會聽不見，因爲在眼根裡面時哪能聽得見聲塵？或者當你正在看一本書的時候，有人打你一巴掌，你應該也不知道痛，因爲你覺知心當時正在眼根中而不在身根中。或者有人在你耳朵旁邊大罵時，你也應該聽不見，因爲離念或有念的靈知心這時正在眼根中而不在耳根中。由此可見了了而知的靈知心並不是潛伏在眼根（五根）裡面；如果說是潛藏在五根中的某一根裡面，那是有問題的。那麼如果有人說是分散潛伏在五根裡面，也就是把覺知心分割成五個，你將成爲五個覺知心而變成五個人；那時，這個覺知心說：「我要聽聲音，我才不要看。」那個覺知心說：「我要吹冷氣，我才不要聽。」是不是五個覺知心要打架才能決定要幹什麼？那就一定要住進榮民總醫院裡的精神病院去了。

眾生分明觀察到覺知心就只有一個，沒有兩個，所以不能夠說潛伏在根裡面；既然不在五根裡面，是在哪裡呢？到後面再來說。至於眼識在不在眼根裡面？如果在，那眼識就是眼根了，如此才只有一界，可是爲什麼必須分成二界？因爲眼根與眼識的功能差別不同，眼識是色塵與眼根相接觸以後才能出現的，既然是眼根與色塵接觸的時候才出現的，怎麼可能是潛藏在眼根裡面？所以不許說眼識就在眼根裡面，也不能隨便主張說耳識就在耳根裡面；識陰中的其餘諸識，都是以此類推而證明不在根中。

如今請問你們已經明心的人：「如來藏在不在十八界中？」如果說是在某一界中，那麼如來藏就不遍一切界了，也就不遍一切識、不遍一切根（處），那就不遍一切法了；不遍一切處的心，怎麼可能是恆常的法？怎麼可能是不生不滅的法？所以不能講如來藏在十八界內。以前常常有人問我：「老師！這個如來藏不是跟我們在一起嗎？我們就是十八界，祂也是在十八界中嘛！」但我在書中不寫「住在十八界內」，而是說「駐在十八界內」，我的意思是說如來藏與十八界同時同處而和合似一，是遍十八界的，而不是住在十八界中；是指導大家要在十八界的所在去找，而不是離開十八界去找，目的是幫助會員們釐清方向去證悟。再回到經文。

【**阿難白佛言**：「世尊！我今又作如是思惟：是眾生身，府藏在中，竅穴居外，有藏則暗，有竅則明；今我對佛開眼見明，名爲見外；閉眼見暗，名爲見內；是義云何？」**佛告阿難**：「汝當閉眼見暗之時，此暗境界爲與眼對？爲不對眼？若與眼對，暗在眼前，云何成內？若成內者，居暗室中無日月燈，此室暗中，皆汝焦府；若不對者，云何成見？若離外見，內對所成，合眼見暗名爲身中，開眼見明何不見面？若不見面，內對不成；見面若成，此了知心及與眼根乃在虛空，何成在內？若在虛空，自非汝體；即應如來今見汝面，亦是汝身；汝眼已知，身合非覺。必汝執言身眼兩覺，應有二知；即汝一身，應成兩佛。是故應知，汝言見暗名見內者，無有是處。」】

講記：接著是第四處徵探識陰妄心的所在了。阿難向佛報告說：「我又做這樣的思惟：『既然不在身外、不在身內、也不在眼根中，那就在眾生的身體中；身體中有腑臟在裡面，竅穴面對身外。』」「府」就是六腑，「藏」就是五臟。除了五臟六腑在身中以外，還有竅、穴面對身外；中空可通的孔穴就是竅，人體的眼睛、耳朵、鼻孔都是竅穴，是在身體的表面而對應外塵的。阿難說：「那麼五臟六腑藏在身體之中，因爲藏起來而不面對外塵，是看不見的，所以是暗；而有孔竅的地方是向外的，從身外可以見到這些孔竅的存在，而這些孔竅也是可以看得見外面的，所以是明。」阿難接著說：「現在我面對世尊您，張開眼睛就看見外塵，可以看見光明，外面都看得見，這樣就是『見外』；而如果我把眼睛閉起來的時候，只能看見一片黑暗，都沒有看見外面的光明而只看見裡面，這樣就是『見內』。」阿難認爲：這是因爲五臟六腑都藏在身體裡面，看不見外面，是暗；同樣的道理，我現在閉起眼來就只看見了暗，這樣就是看見裡面了，就是看見五臟六腑，不是沒看見。阿難當時覺得有些道理，卻又沒有把握，所以就請問佛陀說：「我這個道理對不對？」

「當」就是正在，佛陀隨即向阿難反問說：「你正在閉起眼睛看見暗的時候，請問你所見的這個『暗』的境界，是跟你的眼睛相對，或者跟你的眼睛不相對？」佛陀換一句話問阿難：這個暗，是眼睛所看見的？或者不是眼睛所看見的？一定要先問這二個問題。因為這二個問題會提醒阿難：如果答「是眼睛看見的」，會發覺自己是答錯了；若是答「不是眼睛看見的」，也會發覺自己又答錯了；因為自己所說的道理，在基本的大前提上就已經錯誤了，接著所衍生出來的每一個答案，自然都將無法正確。

所以我們常常說：證悟的對錯與否很重要，如果所悟是錯誤的，接下去將會一直錯到底；如果所悟是正確的，雖然剛悟的時候看來智慧還是很淺薄，但是不管誰來質問你，都沒有辦法推翻你；對方越是質問，你的智慧將會越好、越進步。所以我倒要感謝元覽居士，他問了一些問題，我不得不去請閱經論（現在很希望有時間能把經典讀完，目前經典讀不到一半，論的部分只讀過《成唯識論》，《瑜伽師地論》是找資料的時候才這邊翻一下、那邊翻一下，讀不到三分之一；至於我有加標點符號斷句的，可能不到十分之一），雖然經論讀得少，但由於悟得眞，人家越是問得多，我越要找更多資料時，智慧也就越深細。因為每次查閱經論中的資料來檢查對方提出的問題有沒有斷章取義時，自己就必須深入經論的法義中詳細比對及思惟；然後，回答的時候又要再做一番整理，所以每當有人挑戰一次，我就往上再跳一級；質問越多、越深入，我的智慧就越廣、越細緻。

當你所悟的法正確時，就是會這樣；但若所悟的法不對，被人家一問就沒有辦法答覆了。大陸「心中心法」的密宗網站，有個上平居士以元音上師及徐恒志的離念靈知，不斷地質問我；我沒時間答覆他們，就請張老師代為答覆，回信寫好以後寄給他們。已經兩個月了，他們到現在都還沒有下文（編案：後來又由劉東亮居士，把徐老居士回覆他的二封否定如來藏正法的信函登上網站，成為公開否定如來藏正法，因此而由張老師寫成書籍公開答覆及流通，名為《護法與毀法》，並已貼上《成佛之道》網站多年了）。為什麼他們無法回覆呢？是因為一看張老師回的信，他們就知道自己錯了，沒有辦法答覆的。如果徐老居士承認自己錯了，可就下不了台；因為他的學徒不少，要如何收場？而今他的文章一登上網站，被人下載了，就再也收不回來了。

別說是文章，連書都收不回來。譬如我們那一套《禪—悟前與悟後》，在我還沒有閱讀密勒日巴的著作以前，因為隨順佛教界的大力讚歎，所以我也就跟著讚歎密勒日巴，結果就出問題了！以前我就是鄉愿，對誰都好；不論是誰，我都讚歎，結果都是讚歎錯了。後來讀了他的著作，才知道他也是個常見外道——以意識境界作為開悟的境界；只好公開承認以前錯讚歎了，便把《禪—悟前與悟後》修改了，重印以後再請大家寄回來換；我們這本書流通了幾千套出去，可是目前寄回來換新書的還不到十套。

《禪淨圓融》也是一樣啊！以前誤信許大至老師（編案：後來改名一西行者）和李師姊二人的大力讚歎，我聽他們大力讚歎靜老二年而誤信了，沒有再度檢查靜老所悟是否正確，單憑他們二人說「已經勘驗沒有錯」，我就相信他們而大力讚歎，結果還是錯了！（從那一次開始，我不再相信任何人片面的讚歎，一定要自己再加以檢查）於是只好把《禪淨圓融》也做了修改，把不恰當的讚歎刪除掉，然後改版，請讀者寄回來換新書，以示負責。但是至今，我親手接到的只有一本，其他的舊書都沒辦法收回來。書籍尚且如此，何況網際網路是全世界都互通的。所以說，文章不能隨便寫，只要一刊出去，就都是證據，再也收不回來了！所以我常常說：**「佛法宗門的開悟，必須是在初悟時就正確的，否則千萬別大膽的出來弘法或寫書。」**因為，若是悟錯了，自信滿滿地出世弘法時又發行了一些書籍，後來若有人提出質疑時，一定會發覺自己的開悟是違經悖論的，那時只能承認悟錯而向弟子們道歉，並向佛教界公開懺悔；除此以外，沒有別的路可走。若是不信邪，硬要狡辯，將會越辯越沒面子，越發的出乖露醜。

那麼阿難尊者此時提出的這個見解也是一樣，一開始就錯了，接著不論往哪個方向發展，都不可能正確；只要被有智慧的人一問，就會二邊都不通。這時，如果阿難尊者答：「是與眼相對。」就錯了！如果答：「不與眼相對。」一樣是錯！佛接著告訴阿難尊者：「如果說這個能見的覺知心是和眼睛相對的話，會有問題發生；因爲你現在看見了暗，暗是在眼前，不是在眼內，怎麼可以說暗是在裡面、是看見裡面的暗呢？」因爲暗在眼前，當然跟眼是分開的，不可能是在眼內或身內。如果暗是在眼球裡面而不是在眼前的話，眼怎麼可能看得見暗？一定是暗在眼根外面，才能夠看見這個暗。如果所看見的暗，是與眼睛相對，當然是在外面；既然如此，就不應該說所看見的暗是在身中或眼根裡面。看見了暗，暗是經由眼根所看見的，是與眼根相對的，所以應該在眼根外，不應該在裡面。

因此就不可以說：「看見了暗，就是看見身中，就是看見了身體中的五臟六腑。」如果還想要繼續堅持說：「看見了暗，就是看見身中。」這個說法若是可以成立，就譬如說：有一個人住在黑暗的房屋裡面，四周門戶都封起來，完全沒有太陽、月亮的光明進來，屋中也沒有點起燈來，這個時候是看見了暗；可是這時候所見的暗，仍然是在看見者的眼前而不是眼中、身中。依照剛剛講的看見了暗就是看見五臟六腑，那麼這樣一來，應該暗就是五臟六腑；如此說來，房間裡面的暗也就是五臟六腑了。但是這個說法可以成立嗎？恐怕諸位之中沒有一個人會接受吧？但是，如果沒有這樣深入地加以辨正的話，恐怕還是會有許多人相信吧！

「焦府」，焦就是三焦，就是上焦、中焦與下焦，中醫講的三焦是把人體分成上、中、下三段，取一個中心點的穴位而稱爲焦；全身分爲上中下，這三段的中心點就稱爲三焦。這裡講的三焦，是表示整個全身都包括在其中了。如果阿難尊者眼睛閉起來時看見了暗，這樣就是見到身內，就是看見身中的五臟六腑；那麼把自己關在房屋裡面，沒有任何燈光、外光而看見了屋中的暗，這時屋中的暗是不是自己身中的五臟六腑呢？顯然不是。所以，如果眼根不是跟暗色塵相對的話，眼根怎麼可能看得見暗？所以這個推斷不行，那個推斷也不行，兩邊都錯；當然沒有辦法成就「閉眼見暗就是看見我的身內，就是看見我體內的三焦——五臟六腑」的道理。

如果眼根與暗塵不是相對的話，這個「見暗就看見身體裡面」的說法，才可能成立；但是，暗塵與眼根明明是相對而不相即的，所以阿難尊者這時的說法就不能成立了。所以 佛反問說：「假使暗塵不是與眼根相對的，你如何能看得見暗塵？」

「若離外見，內對所成，合眼見暗名為身中，開眼見明何不見面？」佛說：「如果離開了外面所見的暗塵，」也就是說暗其實是在外面，「如果看見了暗就是看見五臟六腑，這是內對所成，」這是說，如果暗塵是在身體中與眼根相對，就變成是「內對所成」，顯然就不是事實上所證知的暗塵在外而與眼根相對了。可是有的人很會狡辯，就反過來說：「所看見的暗塵不是在外面，卻是眼睛一樣可以看見的；這可是在身體裡面的暗塵，不是佛所講的外面的暗塵。」好，這樣一來，如果眼根真的能離外塵所見，變成是對內所見的身中的暗塵，是身中的暗塵與眼根相對而成就了見暗；那麼這時候把眼睛合起來而看見了暗，就是看見了身中，因此而認為覺知心是在身中；如果這樣說的話，應該覺知心是在外面才能看見身體裡面的暗塵，因為根與塵永遠都是相對而不相即的，那麼這樣一來，請問：「當你把眼睛張開而看見光明相的時候，為什麼眼根卻看不見自己的臉呢？」這時的眼根能見應該是在身外，才能看見身內的暗塵；既然是在身外，當然眼根這時應該看得見自己的臉才對啊！可是為什麼卻都看不見呢？佛陀的智慧可真厲害！用這一些不同層次、不同面向的問題來問。如果說是由於眼根在身內，所以看不見自己的臉；正當閉眼時所見的暗塵，就是向內所見的暗塵，不是外面的暗塵，卻又看不見身內的五臟六腑，於是又說眼根是在外；若眼根眞的是在外，當然就一定能看見自己的臉了，可是爲什麼卻又看不見？那麼由外來看身中的暗塵，這個內對所成的道理，眼根在身中而看見身內的暗塵，明明是違背眼根與色塵相對而不相即的道理，所以阿難尊者這個說法就不能成立了。

「見面若成，此了知心及與眼根乃在虛空，何成在內？」有的人也許會舉例說：**「我以前車禍受傷，被送到醫院動手術而全身麻醉的時候，我發覺自己在天花板下方看著醫師在幫我的身體動手術，所以我看得見自己的臉。」**但那是一種臨命終的狀況，不是人間正常的狀況；另外還有一種狀況是有神足通而使能見的自己去到身外，也能看見色身坐在那裡，一般的狀況下是不會這樣的。但是，即使是如此特殊的情況下，能見與所見仍然是相對立的，不是能見與所見合而爲一的，不是能見與所見同在身外或同在身內，所以佛說的還是正確。

現在回到「**能看見自己的臉**」，這個說法如果可以成立；那麼這個了知心及眼根應該是在虛空啊！既然是在虛空，剛才又怎麼可以說「**這個了知心是在身中來看見外面**」呢？當然不能這樣說，所以覺了之心在身內的說法不能成立；而了知之心潛伏在根裡的說法也不能成立，因爲你不但看不見自己的臉，也看不見自己的眼根與臟腑，並且違反了根與塵相對而不相在的道理。如果看見暗，就是看見了你的身內，那這個能見的心性必定是在身外，那時就應該能看得見自己的臉，卻明明是看不見。如果說能看得見自己的臉，這時的覺知心應該是在身外才對，又怎麼能說是在身內呢？而你阿難剛才又說能覺能知之心是潛伏在根中，這也說不通了。若是反過來主張說，這個了知之心是潛藏在眼根之中，而不是在外面，又怎能看見自己的臉？你既然又說見暗就是看見了身體裡面，那你覺了之心其實是在外面，又應該能看見自己的臉，那怎麼可以說能見之心就在身中？這又不對了！眞是進退兩難。

「若在虛空，自非汝體；即應如來今見汝面，亦是汝身；」如果說能知能見的心性是在虛空，所以可以看見自己的臉；問題又來了：那麼這個能見的心性已經不是你自己的覺知心了，因爲這個能知能見之心性如果是在身外，是在虛空，那麼應該是與你的身體無關的，當然就不是你自己的覺知心了，這覺知心已經不是你的自體而是別人了。假使你堅持說：「這個在我身外的覺知心仍然是我的覺知心，不是別人。」那麼應該說：「我釋迦牟尼如來現在看見你的臉，而我能看見你的臉的這個覺知心也就是你阿難的覺知心，那麼我當然就是你。因爲我看見了你的臉，而你剛才說：在身外能看見你的臉的覺知心就是你自己。那麼我這時看見了你的臉，那我釋迦牟尼佛的覺知心應該是與你的覺知心變成同一個心了。」

「汝眼已知，身合非覺。」這個「合」就是「應當」的意思，不是合併在一起的意思。假使覺知心在外面看見自己的臉，而外面那個覺知心也是自己，那就成爲二個覺知心了，這是不可能成立的道理。若是回到正確的說法來，認爲覺知心只有一個，而你認爲覺知心潛藏在眼根之內來看見明暗；正當你的眼根看見明暗時，就成爲眼根中的覺知心看見；這個時候是由你的眼根來了知所看見的明暗色塵，那麼身體中就應該沒有覺知心來了知諸塵了，這時身體中應該是沒有覺知心存在的。可是你這時的身中明明又有覺知心存在，那是不是有二個覺知心？是二個啊！所以，如果你主張覺知心是潛藏在眼根中來看見的，應該這時你的身根是沒有覺知心存在才對；可是你如果主張在外面看見自己的臉的時候，你的身根中又明明還有覺知心知道自己存在，而身中的覺知心又能覺察到自己確實有看見自己的臉，那又自相矛盾了！因爲覺知心應該只有一個，所以當你主張可以在外面看見自己的臉，那時你的身體應該是沒有覺知的——「身合非覺」。

「必汝執言身眼兩覺，應有二知；」如果你一定要堅持說：「我的身體也能覺知看見了臉，而我的覺知心也在外面看見了我自己的臉。」如果你一定要這麼堅持的話，那你就應該有兩個覺知心了。「即汝一身，應成兩佛」，這時應該在你一個身體之中就有兩尊應身佛存在了！因爲你有一個身體中的覺知心，在外面還有一個覺知心也能同時覺知，那你應該有兩組識蘊了。

「是故應知，汝言見暗名見內者，無有是處。」「所以，由於這個緣故，你阿難應該要知道：你剛才所說眼睛閉起來時就是看見了暗，而這個見暗就是看見了身體裡面，這樣的說法是沒有道理的。」佛陀說法時面面俱到，讓所有尚未在大乘法中見道的人都沒有辦法反駁。到這裡，第四處徵心已經完畢，所徵的覺知心當然是妄心識陰六識的相貌與處所。（詳續第二輯）

佛菩提二主要道次第概要表——二道並修，以外無別佛法

佛菩提道——大菩提道

十信位修集信心 —— 一劫乃至一萬劫

資糧位

初住位修集布施功德（以財施為主）。
二住位修集持戒功德。
三住位修集忍辱功德。
四住位修集精進功德。
五住位修集禪定功德。
六住位修集般若功德（熏習般若中觀及斷我見，加行位也）。

外門廣修六度萬行

見道位

七住位明心般若正觀現前，親證本來自性清淨涅槃。
八住位起於一切法現觀般若中道。漸除性障。
十住位眼見佛性，世界如幻觀成就。

一至十行位，於廣行六度萬行中，依般若中道慧，現觀陰處界猶如陽焰，至第十行滿心位，陽焰觀成就。

一至十迴向位熏習一切種智；修除性障，唯留最後一分思惑不斷。第十迴向滿心位成就菩薩道如夢觀。

內門廣修六度萬行

遠波羅蜜多

初地：第十迴向位滿心時，成就道種智一分（八識心王一一親證後，領受五法、三自性、七種第一義、七種性自性、二種無我法）復由勇發十無盡願，成通達位菩薩。復又永伏性障而不具斷，能證慧解脫而不取證，由大願故留惑潤生。此地主修法施波羅蜜多及百法明門。證「猶如鏡像」現觀，故滿初地心。

二地：初地功德滿足以後，再成就道種智一分而入二地；主修戒波羅蜜多及一切種智。滿心位成就「猶如光影」現觀，戒行自然清淨。

解脫道：二乘菩提

斷三縛結，成初果解脫 ←

薄貪瞋癡，成二果解脫 ←

斷五下分結，成三果解脫 ←

入地前的四加行令煩惱障現行悉斷，成四果解脫，留惑潤生。分段生死已斷，煩惱障習氣種子開始斷除，兼斷無始無明上煩惱。

近波羅蜜多　　大波羅蜜多　　圓滿波羅蜜多

修道位　　究竟位

三地：二地滿心再證道種智一分，故入三地。此地主修忍波羅蜜多及四禪八定、四無量心、五神通。能成就俱解脫果而不取證，留惑潤生。滿心位成就「猶如谷響」現觀及無漏妙定意生身。

四地：由三地再證道種智一分故入四地。主修精進波羅蜜多，於此土及他方世界廣度有緣，無有疲倦。進修一切種智，滿心位成就「如水中月」現觀。

五地：由四地再證道種智一分故入五地。主修禪定波羅蜜多及一切種智，斷除下乘涅槃貪。滿心位成就「變化所成」現觀。

六地：由五地再證道種智一分故入六地。此地主修般若波羅蜜多——依道種智現觀十二因緣一一有支及意生身化身，皆自心眞如變化所現，「非有似有」，成就細相觀，不由加行而自然證得滅盡定，成俱解脫大乘無學。

七地：由六地「非有似有」現觀，再證道種智一分故入七地。此地主修一切種智及方便波羅蜜多，由重觀十二有支一一支中之流轉門及還滅門一切細相，成就方便善巧，念念隨入滅盡定。滿心位證得「如犍闥婆城」現觀。

八地：由七地極細相觀成就故再證道種智一分而入八地。此地主修一切種智及願波羅蜜多。至滿心位純無相觀任運恆起，故於相土自在，滿心位復證「如實覺知諸法相意生身」故。

九地：由八地再證道種智一分故入九地。主修力波羅蜜多及一切種智，成就四無礙，滿心位證得「種類俱生無行作意生身」。

十地：由九地再證道種智一分故入此地。此地主修一切種智——智波羅蜜多。滿心位起大法智雲，及現起大法智雲所含藏種種功德，成受職菩薩。

等覺：由十地道種智成就故入此地。此地應修一切種智，圓滿等覺地無生法忍；於百劫中修集極廣大福德，以之圓滿三十二大人相及無量隨形好。

妙覺：示現受生人間已斷盡煩惱障一切習氣種子，並斷盡所知障一切隨眠，永斷變易生死無明，成就大般涅槃，四智圓明。人間捨壽後，報身常住色究竟天利樂十方地上菩薩；以諸化身利樂有情，永無盡期，成就究竟佛道。

→ 七地滿心斷除故意保留之最後一分思惑時，煩惱障所攝色、受、想三陰有漏習氣種子全部斷盡。

煩惱障所攝行、識二陰無漏習氣種子任運漸斷，所知障所攝上煩惱任運漸斷。

→ 斷盡變易生死　成就大般涅槃

圓滿成就究竟佛果

佛子蕭平實　謹製
（二〇〇九、〇二　修訂）
（二〇一二、〇二　增補）

佛教正覺同修會〈修學佛道次第表〉

第一階段

* 以憶佛及拜佛方式修習動中定力。
* 學第一義佛法及禪法知見。
* 無相拜佛功夫成就。
* 具備一念相續功夫—動靜中皆能看話頭。
* 努力培植福德資糧，勤修三福淨業。

第二階段

* 參話頭，參公案。
* 開悟明心，一片悟境。
* 鍛鍊功夫求見佛性。
* 眼見佛性〈餘五根亦如是〉親見世界如幻，成就如幻觀。
* 學習禪門差別智。
* 深入第一義經典。
* 修除性障及隨分修學禪定。
* 修證十行位陽焰觀。

第三階段

* 學一切種智真實正理—楞伽經、解深密經、成唯識論…。
* 參究末後句。
* 解悟末後句。
* 透牢關—親自體驗所悟末後句境界，親見實相，無得無失。
* 救護一切眾生迴向正道。護持了義正法，修證十迴向位如夢觀。
* 發十無盡願，修習百法明門，親證猶如鏡像現觀。
* 修除五蓋，發起禪定。持一切善法戒。親證猶如光影現觀。
* 進修四禪八定、四無量心、五神通。進修大乘種智，求證猶如谷響現觀。

佛教正覺同修會 共修現況 及 招生公告 2022/03/07

一、共修現況：（請在共修時間來電，以免無人接聽。）

台北正覺講堂 103 台北市承德路三段 277 號九樓 捷運淡水線圓山站旁

Tel..**總機** 02-25957295（晚上）（**分機：九樓**辦公室 10、11；知客櫃檯 12、13。 **十樓**知客櫃檯 15、16；書局櫃檯 14。 **五樓**辦公室 18；知客櫃檯 19。**二樓**辦公室 20；知客櫃檯 21。）

Fax..25954493

第一講堂 台北市承德路三段 277 號九樓

禪淨班：週一晚班、週三晚班、週四晚班、週五晚班、週六下午班、週六上午班（共修期間二年半，全程免費。皆須報名建立學籍後始可參加共修，欲報名者詳見本公告末頁。）

增上班：成唯識論釋：單週六晚班。雙週六晚班（重播班）。17.50～20.50。平實導師講解，2022 年 2 月末開講，預定六年內講完，僅限已明心之會員參加。

禪門差別智：每月第一週日全天 平實導師主講（事冗暫停）。

解深密經詳解 本經從六度波羅蜜多談到八識心王，再詳論大乘見道所證眞如，然後論及悟後進修的相見道位所觀七眞如，以及入地後的十地所修，乃至成佛時的四智圓明一切種智境界，皆是可修可證之法，流傳至今依舊可證，顯示佛法眞是義學而非玄談，淺深次第皆所論及之第一義諦妙義。已於 2021 年三月下旬起開講，由平實導師詳解。每逢週二晚上開講，第一至第六講堂都可同時聽聞，歡迎菩薩種性學人，攜眷共同參與此殊勝法會現場聞法，不限制聽講資格。本會學員憑上課證進入第一至第四講堂聽講，會外學人請以身分證件換證進入聽講（此爲大樓管理處安全管理規定之要求，敬請諒解）；第五及第六講堂（B1、B2）對外開放，不需出示任何證件，請由大樓側門直接進入。

第二講堂 台北市承德路三段 267 號十樓。

禪淨班：週一晚班。

進階班：週三晚班、週四晚班、週五晚班、週六早班、週六下午班。禪淨班結業後轉入共修。

增上班：成唯識論釋：單週六晚班，影音同步傳播。雙週六晚班（重播班）

解深密經詳解：平實導師講解。每週二 18.50~20.50 影像音聲即時傳輸。

第三講堂 台北市承德路三段 277 號五樓。

禪淨班：週六下午班。

增上班：成唯識論釋：單週六晚班，影音同步傳播。雙週六晚班（重播班）

進階班：週一晚班、週三晚班、週四晚班、週五晚班。

解深密經詳解：平實導師講解。每週二 18.50~20.50 影像音聲即時傳輸。

第四講堂　台北市承德路三段 267 號二樓。

進階班：週一晚班、週三晚班、週四晚班（禪淨班結業後轉入共修）。

解深密經詳解：平實導師講解。每週二 18.50~20.50 影像音聲即時傳輸。

第五、第六講堂

念佛班　每週日晚上，第六講堂共修（B2），一切求生極樂世界的三寶弟子皆可參加，不限制共修資格。

進階班：週一晚班、週三晚班、週四晚班。

解深密經詳解：平實導師講解。每週二 18.50~20.50 影像音聲即時傳輸。第五、第六講堂爲**開放式講堂**，不需以身分證件換證即可進入聽講，台北市承德路三段 267 號地下一樓、地下二樓。每逢週二晚上講經時段開放給會外人士自由聽經，請由大樓側面梯階逕行進入聽講。**聽講者請尊重講者的著作權及肖像權，請勿錄音錄影，以免違法；若有錄音錄影被查獲者，將依法處理。**

第七講堂　台北市承德路三段 267 號六樓。

進階班：週一晚班、週三晚班、週四晚班（禪淨班結業後轉入共修）。

增上班：成唯識論釋：單週六晚班，影音同步傳播。雙週六晚班（重播班）

解深密經詳解：平實導師講解。每週二 18.50~20.50 影像音聲即時傳輸。

正覺祖師堂　大溪區美華里信義路 650 巷坑底 5 之 6 號（台 3 號省道 34 公里處 妙法寺對面斜坡道進入）電話 03-3886110　傳眞 03-3881692 本堂供奉 克勤圓悟大師，專供會員每年四月、十月各三次精進禪三共修，兼作本會出家菩薩掛單常住之用。開放參訪日期請參見本會公告。教內共修團體或道場，得另申請其餘時間作團體參訪，務請事先與常住確定日期，以便安排常住菩薩接引導覽，亦免妨礙常住菩薩之日常作息及修行。

桃園正覺講堂（第一、第二講堂）：桃園市介壽路 286、288 號 10 樓（陽明運動公園對面）電話：03-3749363（請於共修時聯繫，或與台北聯繫）

禪淨班：週一晚班（1）、週一晚班（2）、週三晚班、週四晚班、週五晚班。

進階班：週四晚班、週五晚班、週六上午班。

增上班：成唯識論釋。雙週六晚班（增上重播班）。

解深密經詳解：平實導師講解。每週二晚上，以台北正覺講堂所錄 DVD 放映；歡迎會外學人共同聽講，不需出示身分證件。

新竹正覺講堂　新竹市東光路 55 號二樓之一　電話 03-5724297（晚上）

第一講堂：

禪淨班：週五晚班。

進階班：週三晚班、週四晚班、週六上午班。由禪淨班結業後轉入共修

增上班：成唯識論釋。單週六晚班。雙週六晚班（重播班）。

解深密經詳解：平實導師講解。每週二晚上，以台北正覺講堂所錄 DVD 放映。歡迎會外學人共同聽講，不需出示身分證件。

第二講堂：

禪淨班：週一晚班、週三晚班、週四晚班、週六上午班。

解深密經詳解：每週二晚上與第一講堂同步播放講經 DVD。

第三、第四講堂：裝修完畢，已經啓用。

台中正覺講堂　04-23816090（晚上）

第一講堂　台中市南屯區五權西路二段 666 號 13 樓之四（國泰世華銀行樓上。鄰近縣市經第一高速公路前來者，由五權西路交流道可以快速到達，大樓旁有停車場，對面有素食館）。

禪淨班：週四晚班、週五晚班。

進階班：週一晚班、週三晚班、週六上午班（由禪淨班結業後轉入共修）。

增上班：成唯識論釋。單週六晚班。雙週六晚班（重播班）。

解深密經詳解：平實導師講解。每週二晚上，以台北正覺講堂所錄 DVD 放映。歡迎會外學人共同聽講，不需出示身分證件。

第二講堂　台中市南屯區五權西路二段 666 號 4 樓

禪淨班：週一晚班、週三晚班。

第三講堂台中市南屯區五權西路二段 666 號 4 樓

禪淨班：週一晚班。

第四講堂台中市南屯區五權西路二段 666 號 4 樓。

進階班：週一晚班、週四晚班、週六上午班，由禪淨班結業後轉入共修

解深密經詳解：每週二晚上與第一講堂同步播放講經 DVD。

嘉義正覺講堂　嘉義市友愛路 288 號八樓之一　電話：05-2318228

第一講堂：

禪淨班：週四晚班、週五晚班、週六上午班。

進階班：週一晚班、週三晚班（由禪淨班結業後轉入共修）。

增上班：成唯識論釋。單週六晚班。雙週六晚班（重播班）。

解深密經詳解：平實導師講解。每週二晚上，以台北正覺講堂所錄 DVD 放映。歡迎會外學人共同聽講，不需出示身分證件。

第二講堂　嘉義市友愛路 288 號八樓之二。

第三講堂　嘉義市友愛路 288 號四樓之七。

禪淨班：週一晚班、週三晚班。

台南正覺講堂

第一講堂　台南市西門路四段 15 號 4 樓。06-2820541（晚上）

禪淨班：週一晚班、週三晚班、週四晚班、週五晚班、週六下午班。

增上班：成唯識論釋。單週六晚班。雙週六晚班（重播班）。

解深密經詳解：平實導師講解。每週二晚上，以台北正覺講堂所錄 DVD 放映。歡迎會外學人共同聽講，不需出示身分證件。

第二講堂　台南市西門路四段 15 號 3 樓。

解深密經詳解：每週二晚上與第一講堂同步播放講經 DVD。

第三講堂　台南市西門路四段 15 號 3 樓。

進階班：週一晚班、週三晚班、週四晚班、週五晚班（由禪淨班結業後轉入共修）。

解深密經詳解：每週二晚上與第一講堂同步播放講經 DVD。

高雄正覺講堂　高雄市新興區中正三路 45 號五樓 07-2234248（晚上）

第一講堂（五樓）：

禪淨班：週一晚班、週三晚班、週四晚班、週五晚班、週六上午班。

增上班：**成唯識論釋**。單週六晚班。雙週六晚班（重播班）。

解深密經詳解：平實導師講解。每週二晚上，以台北正覺講堂所錄 DVD 放映。歡迎會外學人共同聽講，不需出示身分證件。

第二講堂（四樓）：

進階班：週三晚班、週四晚班、週六上午班（由禪淨班結業後轉入共修）。

解深密經詳解：每週二晚上與第一講堂同步播放講經 DVD。

第三講堂（三樓）：

進階班：週四晚班（由禪淨班結業後轉入共修）。

香港正覺講堂

香港新界葵涌打磚坪街 93 號維京科技商業中心A 座 18 樓。

電話：(852) 23262231

英文地址：18/F, Tower A, Viking Technology & Business Centre, 93 Ta Chuen Ping Street, Kwai Chung, N.T., Hong Kong.

禪淨班：雙週六下午班、雙週日下午班、單週六下午班、單週日下午班

進階班：雙週五晚上班、雙週日早上班（由禪淨班結業後轉入共修）。

增上班：每月第一週週日，以台北增上班課程錄成 DVD 放映之。

增上重播班：每月第一週週六，以台北增上班課程錄成 DVD 放映之。

大法鼓經詳解：平實導師講解。每週六、日 19:00～21:00，以台北正覺講堂所錄 DVD 放映；歡迎會外學人共同聽講，不需出示身分證件。

二、招生公告　本會台北講堂及全省各講堂、香港講堂，每逢**四月、十月**下旬開新班，每週共修一次（每次二小時。開課日起三個月內仍可插班）；但美國洛杉磯共修處之禪淨班得隨時插班共修。各班共修期間皆爲二年半，全程免費，欲參加者請向本會函索報名表（各共修處皆於共修時間方有人執事，非共修時間請勿電詢或前來洽詢、請書），或直接從本會官方網站(http://www.enlighten.org.tw/newsflash/class)或成佛之道網站下載報名表。共修期滿時，若經報名禪三審核通過者，可參加四天三夜之禪三精進共修，有機會明心、取證如來藏，發起般若實相智慧，成爲實義菩薩，脫離凡夫菩薩位。

三、新春禮佛祈福 農曆**年假**期間停止共修：自農曆新年前七天起停止共修與弘法，正月 8 日起回復共修、弘法事務。新春期間正月初一～初七 9.00～17.00 開放台北講堂、正月初一~初三開放新竹、台中、嘉義、台南、高雄講堂，以及大溪禪三道場（正覺祖師堂），方便會員供佛、祈福及會外人士請書。美國洛杉磯共修處之休假時間，請逕詢該共修處。

密宗四大派修雙身法，是外道性力派的邪法；又以生滅的識陰作為常住法，是常見外道，是假的藏傳佛教。

西藏覺囊巴以他空見弘揚第八識如來藏勝法，才是真藏傳佛教

佛教正覺同修會　弘法行事表

2022/04/25

1、**禪淨班**　以無相念佛及拜佛方式修習動中定力，實證一心不亂功夫。傳授解脫道正理及第一義諦佛法，以及參禪知見。共修期間：二年六個月。每逢四月、十月開新班，詳見招生公告表。

2、**進階班**　禪淨班畢業後得轉入此班，進修更深入的佛法，期能證悟明心。各地講堂各有多班，繼續深入佛法、增長定力，悟後得轉入增上班修學道種智，期能證得無生法忍。

3、**增上班　成唯識論**詳解　詳解八識心王的唯識性、唯識相、唯識位，分說八識心王及其心所各別的自性、所依、所緣、相應心所、行相、功用等，並闡述緣生諸法的四緣：因緣、等無間緣、所緣緣、增上緣等四緣，並論及十因五果等。論中闡釋**佛法實證及成就的根本法即是第八識，由第八識成就三界世間及出世間的一切染淨諸法，方有成佛之道可修、可證、可成就，名為圓成實性**。然後詳解末法時代學人極易混淆的見道位所函蓋的眞見道、相見道、通達位等內容，指正末法時代高慢心一類學人，於見道位前後不斷所墮的同一邪謬處。末後開示修道位的十地之中，各地所應斷的二愚及所應證的一智，乃至佛位的四智圓明及具足四種涅槃等一切種智之眞實正理。由平實導師講述，每逢一、三、五週之週末晚上開示，每逢二、四週之週末為重播班，供作後悟之菩薩補聞所未聽聞之法。增上班課程僅限已明心之會員參加。未來每逢講完十分之一內容時，便予出書流通；總共十輯，敬請期待。(註：《瑜伽師地論》從 2003 年二月開講，至 2022 年 2 月 19 日已經圓滿，為期 18 年整。)

4、**解深密經**詳解　本經所說妙法極為甚深難解，非唯論及佛法中心主旨的八識心王及般若實證之標的，亦論及眞見道之後轉入相見道位中應該修學之法，即是七眞如之觀行內涵，然後始可入地。亦論及見道之後，如何與解脫及佛菩提智相應，兼論十地進修之道，末論如來法身及四智圓明的一切種智境界。如是眞見道、相見道、諸地修行之義，傳至今時仍然可證，顯示佛法眞是義學而非玄談或思想，有實證之標的與內容，非學術界諸思惟研究者之所能到，乃是離言絕句之第八識第一義諦妙義。重講本經之目的，在於令諸已悟之人明解大乘佛法之成佛次第，以及悟後進修一切種智之內涵，確實證知三種自性性，並得據此證解七眞如、十眞如等正理，成就三無性的境界。已於 2021 年三月下旬起每逢週二的晚上公開宣講，由平實導師詳解。不限制聽講資格。

5、**精進禪三**　主三和尚：平實導師。於四天三夜中，以克勤圓悟大師及大慧宗杲之禪風，施設機鋒與小參、公案密意之開示，幫助會員剋期取證，親證不生不滅之眞實心——人人本有之如來藏。每年四月、十月各舉辦三個梯次；平實導師主持。僅限本會會員參加禪淨班共修期滿，報名審核通過者，方可參加。並選擇會中定力、慧力、福德三條件皆已具足之已明心會員，給以指引，令得眼見自己無形無相之佛性遍佈山河大地，眞實而無障礙，得以肉眼現觀世界身心悉皆如幻，具足成就如幻觀，圓滿十住菩薩之證境。

6、**阿含經**詳解　選擇重要之阿含部經典，依無餘涅槃之實際而加以詳解，令大眾得以現觀諸法緣起性空，亦復不墮斷滅見中，顯示經中所隱說之涅槃實際—如來藏—確實已於四阿含中隱說；令大眾得以聞後觀行，確實斷除我見乃至我執，證得**見到**眞現觀，乃至**身證**……等眞現觀；已得大乘或二乘見道者，亦可由此聞熏及聞後之觀行，除斷我所之貪著，成就慧解脫果。由平實導師詳解。不限制聽講資格。

7、**精選如來藏系經典**詳解　精選如來藏系經典一部，詳細解說，以此完全印證會員所悟如來藏之眞實，得入不退轉住。另行擇期詳細解說之，由平實導師講解。僅限已明心之會員參加。

8、**禪門差別智**　藉禪宗公案之微細淆訛難知難解之處，加以宣說及剖析，以增進明心、見性之功德，啓發差別智，建立擇法眼。每月第一週日全天，由平實導師開示，僅限破參明心後，復又眼見佛性者參加(事冗暫停)。

9、**枯木禪**　先講智者大師的《小止觀》，後說《釋禪波羅蜜》，詳解四禪八定之修證理論與實修方法，細述一般學人修定之邪見與岔路，及對禪定證境之誤會，消除枉用功夫、浪費生命之現象。已悟般若者，可以藉此而實修初禪，進入大乘通教及聲聞教的三果心解脫境界，配合應有的大福德及後得無分別智、十無盡願，即可進入初地心中。親教師：平實導師。未來緣熟時將於正覺寺開講。不限制聽講資格。

註：本會例行年假，自 2004 年起，改爲每年農曆新年前七天開始停息弘法事務及共修課程，農曆正月 8 日回復所有共修及弘法事務。新春期間（每日 9.00~17.00）開放台北講堂，方便會員禮佛祈福及會外人士請書。大溪區的正覺祖師堂，開放參訪時間，詳見〈正覺電子報〉或成佛之道網站。本表得因時節因緣需要而隨時修改之，不另作通知。

佛教正覺同修會　贈閱書籍 目錄

2021/8/30

1.**無相念佛**　平實導師著　回郵 36 元
2.**念佛三昧修學次第**　平實導師述著　回郵 52 元
3.**正法眼藏—護法集**　平實導師述著　回郵 76 元
4.**真假開悟簡易辨正法&佛子之省思**　平實導師著　回郵 26 元
5.**生命實相之辨正**　平實導師著　回郵 31 元
6.**如何契入念佛法門**（附：印順法師否定極樂世界）平實導師著　回郵 26 元
7.**平實書箋**—答元覽居士書　平實導師著　回郵 52 元
8.**三乘唯識**—如來藏系經律彙編　平實導師編　回郵 80 元
（精裝本　長 27 cm　寬 21 cm　高 7.5 cm　重 2.8 公斤）
9.**三時繫念全集**—修正本　回郵掛號 52 元（長 26.5 cm×寬 19 cm）
10.**明心與初地**　平實導師述　回郵 31 元
11.**邪見與佛法**　平實導師述著　回郵 36 元
12.**甘露法雨**　平實導師述　回郵 36 元
13.**我與無我**　平實導師述　回郵 36 元
14.**學佛之心態**—修正錯誤之學佛心態始能與正法相應 孫正德老師著 回郵52元
附錄：平實導師著**《略說八、九識並存…等之過失》**
15.**大乘無我觀**—《悟前與悟後》別說　平實導師述著　回郵 36 元
16.**佛教之危機**—中國台灣地區現代佛教之真相（附錄：公案拈提六則）
平實導師著　回郵 52 元
17.**燈 影**—燈下黑（覆「求教後學」來函等）平實導師著　回郵 76 元
18.**護法與毀法**—覆上平居士與徐恒志居士網站毀法二文
張正圜老師著　回郵 76 元
19.**淨土聖道**—兼評**選擇本願念佛**　正德老師著　**由正覺同修會購贈** 回郵 52 元
20.**辨唯識性相**—對「紫蓮心海《辯唯識性相》書中否定阿賴耶識」之回應
正覺同修會 台南共修處法義組 著　回郵 52 元
21.**假如來藏**—對法蓮法師《如來藏與阿賴耶識》書中否定阿賴耶識之回應
正覺同修會 台南共修處法義組 著　回郵 76 元
22.**入不二門**—公案拈提集錦 第一輯（於平實導師公案拈提諸書中選錄約二十則，
合輯為一冊流通之）平實導師著　回郵 52 元
23.**真假邪說**—西藏密宗索達吉喇嘛《破除邪說論》真是邪說
釋正安法師著　上、下冊回郵各 52 元
24.**真假開悟**—真如、如來藏、阿賴耶識間之關係　平實導師述著　回郵 76 元
25.**真假禪和**—辨正釋傳聖之謗法謬說　孫正德老師著　回郵 76 元

26.**眼見佛性**—駁慧廣法師眼見佛性的含義文中謬說

游正光老師著　回郵52元

27.**普門自在**—公案拈提集錦 第二輯（於平實導師公案拈提諸書中選錄約二十則，合輯爲一冊流通之）平實導師著　回郵52元

28.**印順法師的悲哀**—以現代禪的質疑為線索　恒毓博士著　回郵52元

29.**識蘊真義**—現觀識蘊內涵、取證初果、親斷三縛結之具體行門。

—依《成唯識論》及《唯識述記》正義，略顯安慧《大乘廣五蘊論》之邪謬

平實導師著　回郵76元

30.**正覺電子報** 各期紙版本　免附回郵　每次最多函索三期或三本。

（已無存書之較早各期，不另增印贈閱）

31.**現代人應有的宗教觀**　蔡正禮老師 著　回郵31元

32.**遠惑趣道**—正覺電子報般若信箱問答錄　第一輯　回郵52元

33.**遠惑趣道**—正覺電子報般若信箱問答錄　第二輯　回郵52元

34.**確保您的權益**—器官捐贈應注意自我保護　游正光老師 著　回郵31元

35.**正覺教團電視弘法三乘菩提 DVD 光碟（一）**

由正覺教團多位親教師共同講述錄製DVD 8片，MP3一片，共9片。有二大講題：一爲「三乘菩提之意涵」，二爲「學佛的正知見」。內容精闢，深入淺出，精彩絕倫，幫助大眾快速建立三乘法道的正知見，免被外道邪見所誤導。有志修學三乘佛法之學人不可不看。（製作工本費100元，回郵 52元）

36.**正覺教團電視弘法 DVD 專輯（二）**

總有二大講題：一爲「三乘菩提之念佛法門」，一爲「學佛正知見（第二篇）」，由正覺教團多位親教師輪番講述，內容詳細闡述如何修學念佛法門、實證念佛三昧，以及學佛應具有的正確知見，可以幫助發願往生西方極樂淨土之學人，得以把握往生，更可令學人快速建立三乘法道的正知見，免於被外道邪見所誤導。有志修學三乘佛法之學人不可不看。（一套17片，工本費160元。回郵 76元）

37.**喇嘛性世界**—揭開假藏傳佛教譚崔瑜伽的面紗　張善思 等人合著

由正覺同修會購贈　回郵52元

38.**假藏傳佛教的神話**—性、謊言、喇嘛教　張正玄教授編著

由正覺同修會購贈　回郵52元

39.**隨 緣**—理隨緣與事隨緣　平實導師述　回郵52元。

40.**學佛的覺醒**　正枝居士 著　回郵52元

41.**導師之真實義**　蔡正禮老師 著　回郵31元

42.**淺談達賴喇嘛之雙身法**—兼論解讀「密續」之達文西密碼

吳明芷居士 著　回郵31元

43.**魔界轉世**　張正玄居士 著　回郵31元

44.**一貫道與開悟**　蔡正禮老師 著　回郵31元

45.**博愛**—愛盡天下女人　正覺教育基金會 編印　回郵36元

46.**意識虛妄經教彙編**—實證解脫道的關鍵經文　正覺同修會編印　回郵36元

47.**邪箭囈語**—破斥藏密外道多識仁波切《破魔金剛箭雨論》之邪說

陸正元老師著　上、下冊回郵各52元

48.**真假沙門**—依 佛聖教闡釋佛教僧寶之定義

蔡正禮老師著　俟正覺電子報連載後結集出版

49.**真假禪宗**—藉評論釋性廣《印順導師對變質禪法之批判

及對禪宗之肯定》以顯示真假禪宗

附論一：凡夫知見 無助於佛法之信解行證

附論二：世間與出世間一切法皆從如來藏實際而生而顯

余正偉老師著　俟正覺電子報連載後結集出版　回郵未定

★ 上列贈書之郵資，係台灣本島地區郵資，大陸、港、澳地區及外國地區，請另計酌增（大陸、港、澳、國外地區之郵票不許通用）。尚未出版之書，請勿先寄來郵資，以免增加作業煩擾。

★ 本目錄若有變動，唯於後印之書籍及「成佛之道」網站上修正公佈之，不另行個別通知。

函索書籍請寄：佛教正覺同修會　103台北市承德路3段277號9樓
台灣地區函索書籍者請附寄郵票，無時間購買郵票者可以等值現金抵用，但不接受郵政劃撥、支票、匯票。大陸地區得以人民幣計算，國外地區請以美元計算（請勿寄來當地郵票，在台灣地區不能使用）。欲以掛號寄遞者，請另附掛號郵資。

親自索閱：正覺同修會各共修處。　★請於共修時間前往取書，餘時無人在道場，請勿前往索取；共修時間與地點，詳見書末正覺同修會共修現況表（以近期之共修現況表爲準）。

註：正智出版社發售之局版書，請向各大書局購閱。若書局之書架上已經售出而無陳列者，請向書局櫃台指定洽購；若書局不便代購者，請於正覺同修會共修時間前往各共修處請購，正智出版社已派人於共修時間送書前往各共修處流通。 郵政劃撥購書及 大陸地區 購書，請詳別頁正智出版社發售書籍目錄最後頁之說明。

成佛之道 網站：http://www.a202.idv.tw　正覺同修會已出版之結緣書籍，多已登載於 成佛之道 網站，若住外國、或住處遙遠，不便取得正覺同修會贈閱書籍者，可以從本網站閱讀及下載。

＊＊假藏傳佛教修雙身法，非佛教＊＊

正智出版社 籌募弘法基金發售書籍目錄　2021/12/28

1.**宗門正眼**—公案拈提 第一輯 重拈　平實導師著　500 元
因重寫內容大幅度增加故，字體必須改小，並增爲 576 頁 主文 546 頁。比初版更精彩、更有內容。初版《禪門摩尼寶聚》之讀者，可寄回本公司免費調換新版書。免附回郵，亦無截止期限。（2007 年起，每冊附贈本公司精製公案拈提〈超意境〉CD 一片。市售價格 280 元，多購多贈。）

2.**禪淨圓融**　平實導師著　200 元（第一版舊書可換新版書。）

3.**真實如來藏**　平實導師著　400 元

4.**禪—悟前與悟後**　平實導師著　上、下冊，每冊 250 元

5.**宗門法眼**—公案拈提 第二輯　平實導師著　500 元
（2007 年起，每冊附贈本公司精製公案拈提〈超意境〉CD 一片）

6.**楞伽經詳解**　平實導師著　全套共 10 輯　每輯 250 元

7.**宗門道眼**—公案拈提 第三輯　平實導師著　500 元
（2007 年起，每冊附贈本公司精製公案拈提〈超意境〉CD 一片）

8.**宗門血脈**—公案拈提 第四輯　平實導師著　500 元
（2007 年起，每冊附贈本公司精製公案拈提〈超意境〉CD 一片）

9.**宗通與說通**—成佛之道 平實導師著 主文 381 頁 全書 400 頁售價 300 元

10.**宗門正道**—公案拈提 第五輯　平實導師著　500 元
（2007 年起，每冊附贈本公司精製公案拈提〈超意境〉CD 一片）

11.**狂密與真密 一～四輯**　平實導師著　西藏密宗是人間最邪淫的宗教，本質不是佛教，只是披著佛教外衣的印度教性力派流毒的喇嘛教。此書中將西藏密宗密傳之男女雙身合修樂空雙運所有祕密與修法，毫無保留完全公開，並將全部喇嘛們所不知道的部分也一併公開。內容比大辣出版社喧騰一時的《西藏慾經》更詳細。並且函蓋藏密的所有祕密及其錯誤的中觀見、如來藏見……等，藏密的所有法義都在書中詳述、分析、辨正。每輯主文三百餘頁　每輯全書約 400 頁　售價每輯 300 元

12.**宗門正義**—公案拈提 第六輯　平實導師著　500 元
（2007 年起，每冊附贈本公司精製公案拈提〈超意境〉CD 一片）

13.**心經密意**—心經與解脫道、佛菩提道、祖師公案之關係與密意　平實導師述　300 元

14.**宗門密意**—公案拈提 第七輯　平實導師著　500 元
（2007 年起，每冊附贈本公司精製公案拈提〈超意境〉CD 一片）

15.**淨土聖道**—兼評「選擇本願念佛」　正德老師著　200 元

16.**起信論講記**　平實導師述著　共六輯　每輯三百餘頁　售價各 250 元

17.**優婆塞戒經講記**　平實導師述著 共八輯 每輯三百餘頁 售價各 250 元

18.**真假活佛**—略論附佛外道盧勝彥之邪說（對前岳靈犀網站主張「盧勝彥是證悟者」之修正）　正犀居士（岳靈犀）著　流通價 140 元

19.**阿含正義**—唯識學探源　平實導師著　共七輯　每輯 300 元

20.**超意境** CD 以平實導師公案拈提書中超越意境之頌詞，加上曲風優美的旋律，錄成令人嚮往的超意境歌曲，其中包括正覺發願文及平實導師親自譜成的黃梅調歌曲一首。詞曲雋永，殊堪翫味，可供學禪者吟詠，有助於見道。內附設計精美的彩色小冊，解說每一首詞的背景本事。每片 280 元。【每購買公案拈提書籍一冊，即贈送一片。】

21.**菩薩底憂鬱** CD 將菩薩情懷及禪宗公案寫成新詞，並製作成超越意境的優美歌曲。 1.主題曲〈菩薩底憂鬱〉，描述地後菩薩能離三界生死而迴向繼續生在人間，但因尚未斷盡習氣種子而有極深沈之憂鬱，非三賢位菩薩及二乘聖者所知，此憂鬱在七地滿心位方才斷盡；本曲之詞中所說義理極深，昔來所未曾見；此曲係以優美的情歌風格寫詞及作曲，聞者得以激發嚮往諸地菩薩境界之大心，詞、曲都非常優美，難得一見；其中勝妙義理之解說，已印在附贈之彩色小冊中。 2.以各輯公案拈提中直示禪門入處之頌文，作成各種不同曲風之超意境歌曲，值得玩味、參究；聆聽公案拈提之優美歌曲時，請同時閱讀內附之印刷精美說明小冊，可以領會超越三界的證悟境界；未悟者可以因此引發求悟之意向及疑情，眞發菩提心而邁向求悟之途，乃至因此眞實悟入般若，成眞菩薩。 3.正覺總持咒新曲，總持佛法大意；總持咒之義理，已加以解說並印在隨附之小冊中。本 CD 共有十首歌曲，長達 63 分鐘。每盒各附贈二張購書優惠券。每片 280 元。

22.**禪意無限** CD 平實導師以公案拈提書中偈頌寫成不同風格曲子，與他人所寫不同風格曲子共同錄製出版，幫助參禪人進入禪門超越意識之境界。盒中附贈彩色印製的精美解說小冊，以供聆聽時閱讀，令參禪人得以發起參禪之疑情，即有機會證悟本來面目而發起實相智慧，實證大乘菩提般若，能如實證知般若經中的眞實意。本 CD 共有十首歌曲，長達 69 分鐘，每盒各附贈二張購書優惠券。每片 280 元。

23.**我的菩提路**第一輯 釋悟圓、釋善藏等人合著 售價 300 元

24.**我的菩提路**第二輯 郭正益等人合著 售價 300 元

25.**我的菩提路**第三輯 王美伶等人合著 售價 300 元

26.**我的菩提路**第四輯 陳晏平等人合著 售價 300 元

27.**我的菩提路**第五輯 林慈慧等人合著 售價 300 元

28.**我的菩提路**第六輯 劉惠莉等人合著 售價 300 元

29.**我的菩提路**第七輯 余正偉等人合著 售價 300 元

30.**鈍鳥與靈龜**—考證後代凡夫對大慧宗杲禪師的無根誹謗。

平實導師著 共 458 頁 售價 350 元

31.**維摩詰經講記** 平實導師述 共六輯 每輯三百餘頁 售價各 250 元

32.**眞假外道**—破劉東亮、杜大威、釋證嚴常見外道見 正光老師著 200 元

33.**勝鬘經講記**—兼論印順《勝鬘經講記》對於《勝鬘經》之誤解。
平實導師述　共六輯　每輯三百餘頁　售價250元
34.**楞嚴經講記**　平實導師述　共**15**輯，每輯三百餘頁　售價300元
35.**明心與眼見佛性**—駁慧廣〈蕭氏「眼見佛性」與「明心」之非〉文中謬說
正光老師著　共448頁　售價300元
36.**見性與看話頭**　黃正倖老師 著，本書是禪宗參禪的方法論。
內文375頁，全書416頁，售價300元。
37.**達賴真面目**—玩盡天下女人 白正偉老師 等著 中英對照彩色精裝大本 800元
38.**喇嘛性世界**—揭開假藏傳佛教譚崔瑜伽的面紗　張善思 等人著　200元
39.**假藏傳佛教的神話**—性、謊言、喇嘛教　正玄教授編著　200元
40.**金剛經宗通**　平實導師述　共九輯　每輯售價250元。
41.**空行母**—性別、身分定位，以及藏傳佛教。
珍妮·坎貝爾著 呂艾倫 中譯 售價250元
42.**末代達賴**—性交教主的悲歌　張善思、呂艾倫、辛燕編著 售價250元
43.**霧峰無霧**—給哥哥的信　辨正釋印順對佛法的無量誤解
游宗明 老師著　售價250元
44.**霧峰無霧**—第二輯—救護佛子向正道　細說釋印順對佛法的各類誤解
游宗明 老師著　售價250元
45.**第七意識與第八意識？**—穿越時空「超意識」
平實導師述　每冊300元
46.**黯淡的達賴**—失去光彩的諾貝爾和平獎
正覺教育基金會編著　每冊250元
47.**童女迦葉考**—論呂凱文〈佛教輪迴思想的論述分析〉之謬。
平實導師 著 定價180元
48.**人間佛教**—實證者必定不悖三乘菩提
平實導師 述，定價400元
49.**實相經宗通**　平實導師述　共八輯　每輯250元
50.**真心告訴您(一)**—達賴喇嘛在幹什麼？
正覺教育基金會編著　售價250元
51.**中觀金鑑**—詳述應成派中觀的起源與其破法本質
孫正德老師著　分為上、中、下三冊，每冊250元
52.**藏傳佛教要義**—《狂密與真密》之簡體字版　平實導師 著 上、下冊
僅在大陸流通　每冊300元
53.**法華經講義**　平實導師述　共二十五輯　每輯300元
已於2015/05/31起開始出版，每二個月出版一輯
54.**西藏「活佛轉世」制度**—附佛、造神、世俗法
許正豐、張正玄老師合著　定價150元
55.**廣論三部曲**　郭正益老師著　定價150元

56.**真心告訴您(二)**—達賴喇嘛是佛教僧侶嗎？
—補祝達賴喇嘛八十大壽
正覺教育基金會編著　售價 300 元

57.**次法**—實證佛法前應有的條件
張善思居士著　分爲上、下二冊，每冊 250 元

58.**涅槃**—解說四種涅槃之實證及內涵　平實導師著 上、下冊 各 350 元

59.**山法**—西藏關於他空與佛藏之根本論
篤補巴．喜饒堅贊著　傑弗里．霍普金斯英譯
張火慶教授、呂艾倫老師中譯　精裝大本 1200 元

60.**佛藏經講義**　平實導師述　2019 年 7 月 31 日開始出版　共 21 輯
每二個月出版一輯，每輯 300 元。

61.**成唯識論**　大唐 玄奘菩薩所著經本，重新正確斷句，並以不同字體及標點符號顯示質疑文，令得易讀。全書 288 頁，精裝大本 400 元

62.**假鋒虛焰金剛乘**—揭示顯密正理，兼破索達吉師徒《般若鋒兮金剛焰》
釋正安法師著 簡體字版 即將出版 售價未定

63.**廣論之平議**—宗喀巴《菩提道次第廣論》之平議　正雄居士著
約二或三輯　俟正覺電子報連載後結集出版　書價未定

64.**大法鼓經講義**　平實導師講述《佛藏經講義》出版後發行，每輯 300 元

65.**不退轉法輪經講義**　平實導師講述《大法鼓經講義》出版後發行

66.**八識規矩頌**詳解　○○居士 註解　出版日期另訂　書價未定。

67.**中觀正義**—註解平實導師《中論正義頌》。
○○法師（居士）著　出版日期未定　書價未定

68.**中論正義**—釋龍樹菩薩《中論》頌正理。
孫正德老師著　出版日期未定　書價未定

69.**成唯識論釋**—詳解大唐玄奘菩薩所著的《成唯識論》，平實導師述著。總共十輯，於每講完一輯的分量以後即予出版，預計 2022 年十月出版第一輯，以後每七個月出版一輯，每輯 400 元。

70.**中國佛教史**—依中國佛教正法史實而論。○○老師 著　書價未定。

71.**印度佛教史**—法義與考證。依法義史實評論印順《印度佛教思想史、佛教史地考論》之謬說　正偉老師著　出版日期未定　書價未定

72.**阿含經講記**—將選錄四阿含中數部重要經典全經講解之，講後整理出版。
平實導師述　約二輯　每輯 300 元　出版日期未定

73.**寶積經講記**　平實導師述　每輯三百餘頁 優惠價 300 元 出版日期未定

74.**解深密經講義**　平實導師述 約四輯　將於重講後整理出版

75.**修習止觀坐禪法要講記**　平實導師述　每輯三百餘頁
將於正覺寺建成後重講、以講記逐輯出版　出版日期未定

76.**無門關**—《無門關》公案拈提　平實導師著　出版日期未定

77.**中觀再論**—兼述印順《中觀今論》謬誤之平議。正光老師著 出版日期未定

78.**輪迴與超度**—佛教超度法會之真義。

〇〇法師（居士）著　出版日期未定　書價未定

79.**《釋摩訶衍論》平議**—對偽稱龍樹所造《釋摩訶衍論》之平議

〇〇法師（居士）著　出版日期未定　書價未定

80.**正覺發願文**註解—以真實大願為因 得證菩提

正德老師著　出版日期未定　書價未定

81.**正覺總持咒**—佛法之總持　正圜老師著　出版日期未定　書價未定

82.**三自性**—依四食、五蘊、十二因緣、十八界法，說三性三無性。

作者未定　出版日期未定

83.**道品**—從三自性說大小乘三十七道品　作者未定　出版日期未定

84.**大乘緣起觀**—依四聖諦七真如現觀十二緣起 作者未定　出版日期未定

85.**三德**—論解脫德、法身德、般若德。　作者未定　出版日期未定

86.**真假如來藏**—對印順《如來藏之研究》謬說之平議　作者未定 出版日期未定

87.**大乘道次第**　作者未定　出版日期未定　書價未定

88.**四緣**—依如來藏故有四緣。　作者未定　出版日期未定

89.**空之探究**—印順《空之探究》謬誤之平議　作者未定 出版日期未定

90.**十法義**—論阿含經中十法之正義　作者未定　出版日期未定

91.**外道見**—論述外道六十二見　作者未定　出版日期未定

正智出版社有限公司 書籍介紹

禪淨圓融：言淨土諸祖所未曾言，示諸宗祖師所未曾示；禪淨圓融，另闢成佛捷徑，兼顧自力他力，闡釋淨土門之速行易行道，亦同時揭櫫聖教門之速行易行道；令廣大淨土行者得免緩行難證之苦，亦令聖道門行者得以藉著淨土速行道而加快成佛之時劫。乃前無古人之超勝見地，非一般弘揚禪淨法門典籍也，先讀爲快。平實導師著 200元。

宗門正眼—公案拈提第一輯：繼承克勤圜悟大師碧巖錄宗旨之禪門鉅作。先則舉示當代大法師之邪說，消弭當代禪門大師鄉愿之心態，摧破當今禪門「世俗禪」之妄談；次則旁通教法，表顯宗門正理；繼以道之次第，消弭古今狂禪；後藉言語及文字機鋒，直示宗門入處。悲智雙運，禪味十足，數百年來難得一睹之禪門鉅著也。平實導師著 500元（原初版書《禪門摩尼寶聚》，改版後補充爲五百餘頁新書，總計多達二十四萬字，內容更精彩，並改名爲《宗門正眼》，讀者原購初版《禪門摩尼寶聚》皆可寄回本公司免費換新，免附回郵，亦無截止期限）（2007年起，凡購買公案拈提第一輯至第七輯，每購一輯皆贈送本公司精製公案拈提〈超意境〉CD一片，市售價格280元，多購多贈）。

禪—悟前與悟後：本書能建立學人悟道之信心與正確知見，圓滿具足而有次第地詳述禪悟之功夫與禪悟之內容，指陳參禪中細微淆訛之處，能使學人明自眞心、見自本性。若未能悟入，亦能以正確知見辨別古今中外一切大師究係眞悟？或屬錯悟？便有能力揀擇，捨名師而選明師，後時必有悟道之緣。一旦悟道，遲者七次人天往返，便出三界，速者一生取辦。學人欲求開悟者，不可不讀。平實導師著。上、下冊共500元，單冊250元。

真實如來藏：如來藏眞實存在，乃宇宙萬有之本體，並非印順法師、達賴喇嘛等人所說之「唯有名相、無此心體」。如來藏是涅槃之本際，是一切有智之人竭盡心智、不斷探索而不能得之生命實相；是古今中外許多大師自以爲悟而當面錯過之生命實相。如來藏即是阿賴耶識，乃是一切有情本自具足、不生不滅之眞實心。當代中外大師於此書出版之前所未能言者，作者於本書中盡情流露、詳細闡釋。眞悟者讀之，必能增益悟境、智慧增上；錯悟者讀之，必能檢討自己之錯誤，免犯大妄語業；未悟者讀之，能知參禪之理路，亦能以之檢查一切名師是否眞悟。此書是一切哲學家、宗教家、學佛者及欲昇華心智之人必讀之鉅著。 平實導師著 售價400元。

宗門法眼—**公案拈提**第二輯：列舉實例，闡釋土城廣欽老和尚之悟處；並直示這位不識字的老和尚妙智橫生之根由，繼而剖析禪宗歷代大德之開悟公案，解析當代密宗高僧卡盧仁波切之錯悟證據，並例舉當代顯宗高僧、大居士之錯悟證據（凡健在者，爲免影響其名聞利養，皆隱其名）。藉辨正當代名師之邪見，向廣大佛子指陳禪悟之正道，彰顯宗門法眼。悲勇兼出，強捋虎鬚；慈智雙運，巧探驪龍；摩尼寶珠在手，直示宗門入處，禪味十足；若非大悟徹底，不能爲之。禪門精奇人物，允宜人手一冊，供作參究及悟後印證之圭臬。本書於2008年4月改版，增寫爲大約500頁篇幅，以利學人研讀參究時更易悟入宗門正法，以前所購初版首刷及初版二刷舊書，皆可免費換取新書。平實導師著 500元（2007年起，凡購買公案拈提第一輯至第七輯，每購一輯皆贈送本公司精製公案拈提〈超意境〉CD一片，市售價格280元，多購多贈）。

宗門道眼—**公案拈提**第三輯：繼宗門法眼之後，再以金剛之作略、慈悲之胸懷、犀利之筆觸，舉示寒山、拾得、布袋三大士之悟處，消弭當代錯悟者對於寒山大士……等之誤會及誹謗。 亦舉出民初以來與虛雲和尚齊名之蜀郡鹽亭袁煥仙夫子——南懷瑾老師之師，其「悟處」何在？並蒐羅許多眞悟祖師之證悟公案，顯示禪宗歷代祖師之睿智，指陳部分祖師、奧修及當代顯密大師之謬悟，作爲殷鑑，幫助禪子建立及修正參禪之方向及知見。假使讀者閱此書已，一時尚未能悟，亦可一面加功用行，一面以此宗門道眼辨別眞假善知識，避開錯誤之印證及歧路，可免大妄語業之長劫慘痛果報。欲修禪宗之禪者，務請細讀。平實導師著 售價500元（2007年起，凡購買公案拈提第一輯至第七輯，每購一輯皆贈送本公司精製公案拈提〈超意境〉CD一片，市售價格280元，多購多贈）。

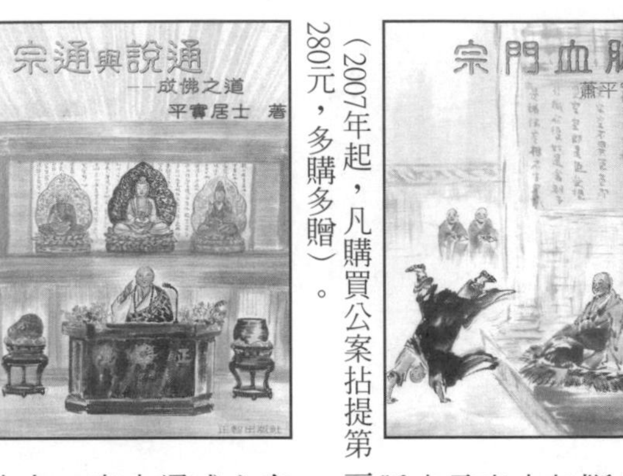

楞伽經詳解：本經是禪宗見道者印證所悟眞僞之根本經典，亦是禪宗見道者悟後起修之依據經典；故達摩祖師於印證二祖慧可大師之後，將此經典連同佛鉢祖衣一併交付二祖，令其依此經典佛示金言、進入修道位，修學一切種智。由此可知此經對於眞悟之人修學佛道，是非常重要之一部經典。此經能破外道邪說，亦破佛門中錯悟名師之謬說，亦破禪宗部分祖師之狂禪：不讀經典、一向主張「一悟即成究竟佛」之謬執。並開示愚夫所行禪、觀察義禪、攀緣如禪、如來禪等差別，令行者對於三乘禪法差異有所分辨；亦糾正禪宗祖師古來對於如來禪之誤解，嗣後可免以訛傳訛之弊。此經亦是法相唯識宗之根本經典，禪者悟後欲修一切種智而入初地者，必須詳讀。平實導師著，全套共十輯，已全部出版完畢，每輯主文約320頁，每冊約352頁，定價250元。

宗門血脈—公案拈提第四輯：末法怪象—許多修行人自以爲悟，每將無念靈知認作眞實；崇尙二乘法諸師及其徒眾，則將**外於如來藏之緣起性空**—無因論之無常空、斷滅空、一切法空—錯認爲 佛所說之般若空性。這兩種現象已於當今海峽兩岸及美加地區顯密大師之中普遍存在；人人自以爲悟，心高氣壯，便敢寫書解釋祖師證悟之公案，大多出於意識思惟所得，言不及義，錯誤百出，因此誤導廣大佛子同陷大妄語之地獄業中而不能自知。彼等書中所說之悟處，其實處處違背第一義經典之聖言量。彼等諸人不論是否身披袈裟，都非佛法宗門血脈，或雖有禪宗法脈之傳承，亦只徒具形式；猶如螟蛉，非眞血脈，未悟得根本眞實故。禪子欲知佛、祖之眞血脈者，請讀此書，便知分曉。平實導師著，主文452頁，全書464頁，定價500元（2007年起，凡購買公案拈提第一輯至第七輯，每購一輯皆贈送本公司精製公案拈提〈超意境〉CD一片，市售價格280元，多購多贈）。

宗通與說通：古今中外，錯誤之人如麻似粟，每以常見外道所說之靈知心，認作眞心；或妄想虛空之勝性能量爲眞如，或錯認物質四大元素藉冥性（靈知心本體）能成就吾人色身及知覺，或認初禪至四禪中之了知心爲不生不滅之涅槃心。此等皆非通宗者之見地。復有錯悟之人一向主張「宗門與教門不相干」，此即尙未通達宗門之人也。其實宗門與教門互通不二，宗門所證者乃是眞如與佛性，教門所說者乃說宗門證悟之眞如佛性，故教門與宗門不二。本書作者以宗教二門互通之見地，細說「宗通與說通」，從初見道至悟後起修之道、細說分明；並將諸宗諸派在整體佛教中之地位與次第，加以明確之教判，學人讀之即可了知佛法之梗概也。欲擇明師學法之前，允宜先讀。平實導師著，主文共381頁，全書392頁，只售成本價300元。

宗門正道—公案拈提第五輯：修學大乘佛法有二果須證—解脫果及大菩提果。二乘人不證大菩提果，唯證解脫果；此果之智慧，名爲聲聞菩提、緣覺菩提。大乘佛子所證二果之菩提果爲佛菩提，故名大菩提果，其慧名爲一切種智—函蓋二乘解脫果。然此大乘二果修證，須經由禪宗之宗門證悟方能相應。而宗門證悟極難，自古已然；其所以難者，咎在古今佛教界普遍存在三種邪見：1.以修定認作佛法，2.以無因論之緣起性空—否定涅槃本際如來藏以後之一切法空作爲佛法，3.以常見外道邪見（離語言妄念之靈知性）作爲佛法。如是邪見，或因自身正見未立所致，或因邪師之邪教導所致，或因無始劫來虛妄熏習所致。若不破除此三種邪見，永劫不悟宗門眞義、不入大乘正道，唯能外門廣修菩薩行。平實導師於此書中，有極爲詳細之說明，有志佛子欲摧邪見、入於內門修菩薩行者，當閱此書。主文共496頁，全書512頁。售價500元（2007年起，凡購買公案拈提第一輯至第七輯，每購一輯皆贈送本公司精製公案拈提〈超意境〉CD一片，市售價格280元，多購多贈）。

狂密與眞密：密教之修學，皆由有相之觀行法門而入，其最終目標仍不離顯教經典所說第一義諦之修證；若離顯教第一義經典、或違背顯教第一義經典，即非佛教。西藏密教之觀行法，如灌頂、觀想、遷識法、寶瓶氣、大聖歡喜雙身修法、喜金剛、無上瑜伽、大樂光明、樂空雙運等，皆是印度教**兩性生生不息思想**之轉化，**自始至終皆以如何能運用交合淫樂之法達到全身受樂**爲其中心思想，純屬欲界五欲的貪愛，不能令人超出欲界輪迴，更不能令人斷除我見；何況大乘之明心與見性，更無論矣！故密宗之法絕非佛法也。而其明光大手印、大圓滿法教，又皆同以常見外道所說**離語言妄念之無念靈知心**錯認爲佛地之眞如，不能直指不生不滅之眞如。西藏密宗所有法王與徒眾，都尚未開頂門眼，不能辨別眞僞，以**依人不依法、依密續不依經典**故，不肯將其上師喇嘛所說對照第一義經典，純依密續之藏密祖師所說爲準，因此而誇大其證德與證量，動輒謂彼祖師上師爲究竟佛、爲地上菩薩；如今台海兩岸亦有自謂其師證量高於 釋迦文佛者，然觀其師所述，猶未見道，仍在觀行即佛階段，尚未到禪宗相似即佛、分證即佛階位，竟敢標榜爲究竟佛及地上法王，誑惑初機學人。凡此怪象皆是狂密，不同於眞密之修行者。近年狂密盛行，密宗行者被誤導者極眾，動輒自謂已證佛地眞如，自視爲究竟佛，陷於大妄語業中而不知自省，反謗顯宗眞修實證者之證量粗淺；或如義雲高與釋性圓…等人，於報紙上公然誹謗眞實證道者爲「騙子、無道人、人妖、癩蛤蟆…」等，造下誹謗大乘勝義僧之大惡業；或以外道法中有爲有作之甘露、魔術……等法，誑騙初機學人，狂言彼外道法爲眞佛法。如是怪象，在西藏密宗及附藏密之外道中，不一而足，舉之不盡，學人宜應愼思明辨，以免上當後又犯毀破菩薩戒之重罪。密宗學人若欲遠離邪知邪見者，請閱此書，即能了知密宗之邪謬，從此遠離邪見與邪修，轉入眞正之佛道。平實導師著 共四輯 每輯約400頁（主文約340頁）每輯售價300元。

宗門正義—**公案拈提**第六輯：佛教有六大危機，乃是藏密化、世俗化、膚淺化、學術化、宗門密意失傳、悟後進修諸地之次第混淆；其中尤以宗門密意之失傳，為當代佛教最大之危機。由宗門密意失傳故，易令 世尊本懷普被錯解，易令 世尊正法被轉易為外道法，以及加以淺化、世俗化，是故宗門密意之廣泛弘傳與具緣佛弟子，極為重要。然而欲令宗門密意之廣泛弘傳予具緣之佛弟子者，必須同時配合錯誤知見之解析、普令佛弟子知之，然後輔以公案解析之直示入處，方能令具緣之佛弟子悟入。而此二者，皆須以公案拈提之方式為之，方易成其功、竟其業，是故平實導師續作宗門正義一書，以利學人。　全書500餘頁，售價500元（2007年起，凡購買公案拈提第一輯至第七輯，每購一輯皆贈送本公司精製公案拈提〈超意境〉CD一片，市售價格280元，多購多贈）。

心經密意—心經與解脫道、佛菩提道、祖師公案之關係與密意。　二乘菩提所證之解脫道，實依第八識心之斷除煩惱障現行而立解脫之名；大乘菩提所證之佛菩提道，實依親證第八識如來藏之涅槃性、清淨自性、及其中道性而立般若之名；禪宗祖師公案所證之眞心，即是此第八識如來藏；是故三乘佛法所修所證之三乘菩提，皆依此如來藏心而立名也。此第八識心，即是《心經》所說之心也。證得此如來藏已，即能漸入大乘佛菩提道，亦可因證知此心而了知二乘無學所不能知之無餘涅槃本際，是故《心經》之密意，與三乘佛菩提之關係極為密切、不可分割，三乘佛法皆依此心而立名故。今者平實導師以其所證解脫道之無生智及佛菩提之般若種智，將《心經》與解脫道、佛菩提道、祖師公案之關係與密意，以演講之方式，用淺顯之語句和盤托出，發前人所未言，呈三乘菩提之眞義，令人藉此《心經密意》一舉而窺三乘菩提之堂奧，迥異諸方言不及義之說；欲求眞實佛智者、不可不讀！主文317頁，連同跋文及序文…等共384頁，售價300元。

宗門密意—**公案拈提**第七輯：佛教之世俗化，將導致學人以信仰作為學佛，則將以感應及世間法之庇祐，作為學佛之主要目標，不能了知學佛之主要目標為親證三乘菩提。大乘菩提則以般若實相智慧為主要修習目標，以二乘菩提解脫道為附帶修習之標的；是故學習大乘法者，應以禪宗之證悟為要務，能親入大乘菩提之實相般若智慧中故，般若實相智慧非二乘聖人所能知故。此書則以台灣世俗化佛教之三大法師，說法似是而非之實例，配合眞悟祖師之公案解析，提示證悟般若之關節，令學人易得悟入。平實導師著，全書五百餘頁，售價500元（2007年起，凡購買公案拈提第一輯至第七輯，每購一輯皆贈送本公司精製公案拈提〈超意境〉CD一片，市售價格280元，多購多贈）。

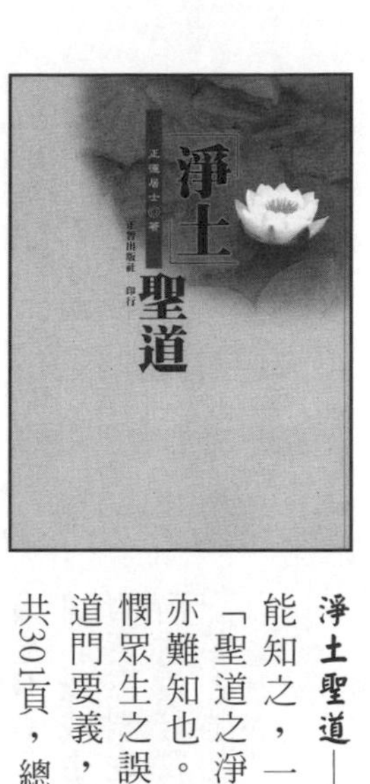

淨土聖道—兼評日本本願念佛：佛法甚深極廣，般若玄微，非諸二乘聖僧所能知之，一切凡夫更無論矣！所謂一切證量皆歸淨土是也！是故大乘法中「聖道之淨土、淨土之聖道」，其義甚深，難可了知；乃至眞悟之人，初心亦難知也。今有正德老師眞實證悟後，復能深探淨土與聖道之緊密關係，憐憫眾生之誤會淨土實義，亦欲利益廣大淨土行人同入聖道，同獲淨土中之聖道門要義，乃振奮心神、書以成文，今得刊行天下。主文279頁，連同序文等共301頁，總有十一萬六千餘字，正德老師著，成本價200元。

起信論講記：詳解大乘起信論**心生滅門**與**心眞如門**之眞實意旨，消除以往大師與學人對起信論所說**心生滅門**之誤解，由是而得了知眞心如來藏之非常非斷中道正理；亦因此一講解，令此論以往隱晦而被誤解之眞實義，得以如實顯示，令大乘佛菩提道之正理得以顯揚光大；初機學者亦可藉此正論所顯示之法義，對大乘法理生起正信，從此得以眞發菩提心，眞入大乘法中修學，世世常修菩薩正行。平實導師演述，共六輯，都已出版，每輯三百餘頁，售價各250元。

優婆塞戒經講記：本經詳述在家菩薩修學大乘佛法，應如何受持菩薩戒？對人間善行應如何看待？對三寶應如何護持？應如何正確地修集此世後世證法之福德？應如何修集後世「行菩薩道之資糧」？並詳述第一義諦之正義：五蘊非我非異我、自作自受、異作異受、不作不受……等深妙法義，乃是修學大乘佛法、行菩薩行之在家菩薩所應當了知者。出家菩薩今世或未來世登地已，捨報之後多數將如華嚴經中諸大菩薩，以在家菩薩身而修行菩薩行，故亦應以此經所述正理而修之，配合《楞伽經、解深密經、楞嚴經、華嚴經》等道次第正理，方得漸次成就佛道；故此經是一切大乘行者皆應證知之正法。平實導師講述，每輯三百餘頁，售價各250元；共八輯，已全部出版。

真假活佛—略論附佛外道盧勝彥之邪說：人人身中都有眞活佛，永生不滅而有大神用，但眾生都不了知，所以常被身外的西藏密宗假活佛籠罩欺瞞。本來就眞實存在的眞活佛，才是眞正的密宗無上密！諾那活佛因此而說禪宗是大密宗，但藏密的所有活佛都不知道、也不曾實證自身中的眞活佛。本書詳實宣示眞活佛的道理，舉證盧勝彥的「佛法」不是眞佛法，也顯示盧勝彥是假活佛，直接的闡釋第一義佛法見道的眞實正理。眞佛宗的所有上師與學人們，都應該詳細閱讀，包括盧勝彥個人在內。正犀居士著，優惠價140元。

阿含正義—唯識學探源：廣說四大部《阿含經》諸經中隱說之眞正義理，一一舉示佛陀本懷，令阿含時期初轉法輪根本經典之眞義，如實顯現於佛子眼前。並提示末法大師對於阿含眞義誤解之實例，一一比對之，證實唯識增上慧學確於原始佛法之阿含諸經中已隱覆密意而略說之，證實 世尊確於原始佛法中已曾密意而說第八識如來藏之總相；亦證實 世尊在四阿含中已說此藏識是名色十八界之因、之本—證明如來藏是能生萬法之根本心。佛子可據此修正以往受諸大師（譬如西藏密宗應成派中觀師：印順、昭慧、性廣、大願、達賴、宗喀巴、寂天、月稱、……等人）誤導之邪見，建立正見，轉入正道乃至親證初果而無困難；書中並詳說三果所證的**心解脫**，以及四果**慧解脫**的親證，都是如實可行的具體知見與行門。全書共七輯，已出版完畢。平實導師著，每輯三百餘頁，售價300元。

超意境CD：以平實導師公案拈提書中超越意境之頌詞，加上曲風優美的旋律，錄成令人嚮往的超意境歌曲，其中包括正覺發願文及平實導師親自譜成的黃梅調歌曲一首。詞曲雋永，殊堪翫味，可供學禪者吟詠，有助於見道。內附設計精美的彩色小冊，解說每一首詞的背景本事。每片280元。【每購買公案拈提書籍一冊，即贈送一片。】

鈍鳥與靈龜：鈍鳥及靈龜二物，被宗門證悟者說爲二種人：前者是精修禪定而無智慧者，也是以定爲禪的愚癡禪人；後者是或有禪定、或無禪定的宗門證悟者，凡已證悟者皆是靈龜。但後者被人虛造事實，用以嘲笑大慧宗杲禪師，說他雖是靈龜，卻不免被天童禪師預記「患背」痛苦而亡：「**鈍鳥離巢易，靈龜脫殼難**。」藉以貶低大慧宗杲的證量；同時又將天童禪師實證如來藏的證量，曲解爲意識境界的離念靈知。自從大慧禪師入滅以後，錯悟凡夫對他的不實毀謗就一直存在著，不曾止息，並且捏造的假事實也隨著年月的增加而越來越多，終至編成「鈍鳥與靈龜」的假公案、假故事。本書是考證大慧與天童之間的不朽情誼，顯現這件假公案的虛妄不實；更見大慧宗杲面對惡勢力時的正直不阿，亦顯示大慧對天童禪師的至情深義，將使後人對大慧宗杲的誣謗至此而止，不再有人誤犯毀謗賢聖的惡業。書中亦舉出大慧與天童二師的證悟內容，證明宗門的所悟確以第八識如來藏爲標的，詳讀之後必可改正以前被錯悟大師誤導的參禪知見，日後必定有助於實證禪宗的開悟境界，得階大乘眞見道位中，即是實證般若之賢聖。全書459頁，售價350元。

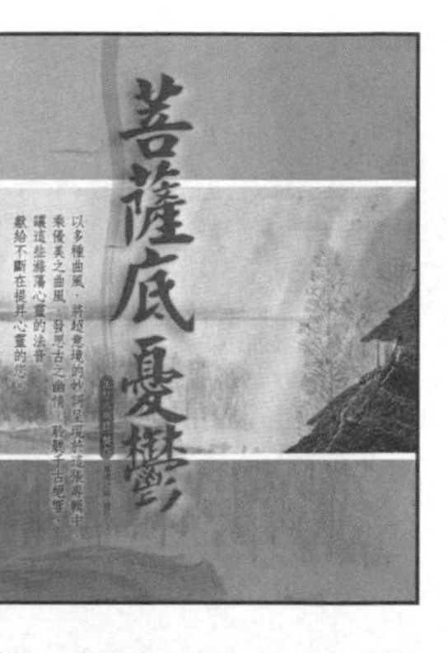

菩薩底憂鬱CD將菩薩情懷及禪宗公案寫成新詞，並製作成超越意境的優美歌曲。1.主題曲〈菩薩底憂鬱〉，描述地後菩薩能離三界生死而迴向繼續生在人間，但因尚未斷盡習氣種子而有極深沈之憂鬱，非三賢位菩薩及二乘聖者所知，此憂鬱在七地滿心位方才斷盡；本曲之詞中所說義理極深，昔來所未曾見；此曲係以優美的情歌風格寫詞及作曲，聞者得以激發嚮往諸地菩薩境界之大心，詞、曲都非常優美，難得一見；其中勝妙義理之解說，已印在附贈之彩色小冊中。2.以各輯公案拈提中直示禪門入處之頌文，作成各種不同曲風之超意境歌曲，值得玩味、參究；聆聽公案拈提之優美歌曲時，請同時閱讀內附之印刷精美說明小冊，可以領會超越三界的證悟境界；未悟者可以因此引發求悟之意向及疑情，眞發菩提心而邁向求悟之途，乃至因此眞實悟入般若，成眞菩薩。3.正覺總持咒新曲，總持佛法大意；總持咒之義理，已加以解說並印在隨附之小冊中。本CD共有十首歌曲，長達63分鐘，附贈二張購書優惠券。每片280元。

真假外道：本書具體舉證佛門中的常見外道知見實例，並加以教證及理證上的辨正，幫助讀者輕鬆而快速的了知常見外道的錯誤知見，進而遠離佛門內外的常見外道知見，因此即能改正修學方向而快速實證佛法。游正光老師著。成本價200元。

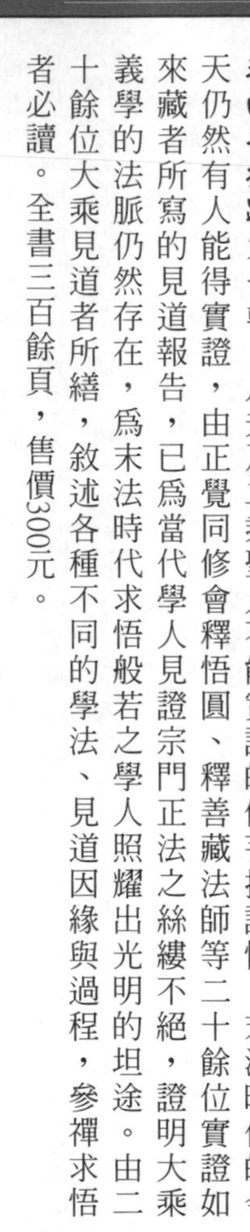

我的菩提路第一輯：凡夫及二乘聖人不能實證的佛菩提證悟，末法時代的今天仍然有人能得實證，由正覺同修會釋悟圓、釋善藏法師等二十餘位實證如來藏者所寫的見道報告，已爲當代學人見證宗門正法之絲縷不絕，證明大乘義學的法脈仍然存在，爲末法時代求悟般若之學人照耀出光明的坦途。由二十餘位大乘見道者所繕，敘述各種不同的學法、見道因緣與過程，參禪求悟者必讀。全書三百餘頁，售價300元。

我的菩提路第二輯：由郭正益老師等人合著，書中詳述彼等諸人歷經各處道場學法，一一修學而加以檢擇之不同過程以後，因閱讀正覺同修會、正智出版社書籍而發起抉擇分，轉入正覺同修會中修學；乃至學法及見道之過程，都一一詳述之。**本書已改版印製重新流通**，讀者原購的初版書，不論是第一刷或第二、三、四刷，都可以寄回換新，免附郵費。

我的菩提路第三輯：由王美伶老師等人合著。自從正覺同修會成立以來，每年夏初、冬初都舉辦精進禪三共修，藉以助益會中同修們得以證悟明心發起般若實相智慧；凡已實證而被平實導師印證者，皆書具見道報告用以證明佛法之眞實可證而非玄學，證明佛法並非純屬思想、理論而無實質，是故每年都能有人證明正覺同修會的「實證佛教」主張並非虛語。特別是眼見佛性一法，自古以來中國禪宗祖師實證者極寡，較之明心開悟的證境更難令人信受；至2017年初，正覺同修會中的證悟明心者已近五百人，然而其中眼見佛性者至今唯十餘人爾，可謂難能可貴，是故明心後欲冀眼見佛性者實屬不易。黃正倖老師是懸絕七年無人見性後的第一人，她於2009年的見性報告刊於本書的第二輯中，爲大眾證明佛性確實可以眼見；其後七年之中求見性者都屬解悟佛性而無人眼見，幸而又經七年後的2016冬初，以及2017夏初的禪三，復有三人眼見佛性，希冀鼓舞四眾佛子求見佛性之大心，今則具載一則於書末，顯示求見佛性之事實經歷，供養現代佛教界欲得見性之四眾弟子。全書四百頁，售價300元，已於2017年6月30日發行。

我的菩提路第四輯：由陳晏平等人著。中國禪宗祖師往往有所謂「見性」之言，所言多屬看見如來藏具有能令人發起成佛之自性，並非《大般涅槃經》中如來所說之眼見佛性。眼見佛性者，於親見佛性之時，即能於山河大地眼見自己佛性，亦能於他人身上眼見自己佛性及對方之佛性，如是境界無法爲尚未實證者解釋；勉強說之，縱使眞實明心證悟之人聞之，亦只能以自身明心之境界想像之，但不論如何想像多屬非量，能有正確之比量者亦是稀有，故說眼見佛性極爲困難。眼見佛性之人若所見極分明時，在所見佛性之境界下所眼見之山河大地、自己五蘊身心皆是虛幻，自有異於明心者之解脫功德受用，此後永不思證二乘涅槃，必定邁向成佛之道而進入第十住位中，已超第一阿僧祇劫三分有一，可謂之爲超劫精進也。今又有明心之後眼見佛性之人出於人間，將其明心及後來見性之報告，連同其餘證悟明心者之精彩報告一同收錄於此書中，供養眞求佛法實證之四眾佛子。全書380頁，售價300元，已於2018年6月30日發行。

我的菩提路第五輯：林慈慧老師等人著，本輯中所舉學人從相似正法中來到正覺同修會的過程，各人都有不同，發生的因緣亦是各有差別，然而都會指向同一個目標——證實生命實相的源底，確證自己生從何來、死往何去的事實，所以最後都證明佛法眞實而可親證，絕非玄學；本書將彼等諸人的始修及末後證悟之實例，羅列出來以供學人參考。本期亦有一位會裡的老師，是從1995年即開始追隨 平實導師修學，1997年明心後持續進修不斷，直到2017年眼見佛性之實例，足可證明《大般涅槃經》中世尊開示眼見佛性之法正眞無訛，第十住位的實證在末法時代的今天仍有可能，如今一併具載於書中以供學人參考，並供養現代佛教界欲得見性之四眾弟子。全書四百頁，售價300元，已於2019年12月31日發行。

我的菩提路第六輯：劉惠莉老師等人著，本輯中舉示劉老師明心多年以後的眼見佛性實錄，供末法時代學人了知明心之異於見性本質，足可證明《大般涅槃經》中世尊開示眼見佛性之法正眞無訛。亦列舉多篇學人從各道場來到正覺學法之不同過程，以及如何發覺邪見之異於正法的所在，最後終能在正覺禪三中悟入的實況，以證明佛教正法仍在末法時代的人間繼續弘揚的事實，鼓舞一切眞實學法的菩薩大眾思之：我等諸人亦可有因緣證悟，絕非空想白思。約四百頁，售價300元，已於2020年6月30日發行。

我的菩提路第七輯：余正偉老師等人著，本輯中舉示余老師明心二十餘年以後的眼見佛性實錄，供末法時代學人了知明心異於見性之本質，並且舉示其見性後與平實導師互相討論眼見佛性之諸多疑訛處；除了證明《大般涅槃經》中世尊開示眼見佛性之法正眞無訛以外，亦得一一解明心後尚未見性者之所未知處，甚爲精彩。此外亦列舉多篇學人從各不同宗教進入正覺學法之不同過程，以及發覺諸方道場邪見之內容與過程，最終得於正覺精進禪三中悟入的實況，足供末法精進學人借鑑，以彼鑑己而生信心，得以投入了義正法中修學及實證。凡此，皆足以證明不唯明心所證之第七住位般若智慧及解脫功德仍可實證，乃至第十住位的實證與當場發起如幻觀之實證，於末法時代的今天皆仍有可能。本書約四百頁，售價300元。

禪意無限CD平實導師以公案拈提書中偈頌寫成不同風格曲子，與他人所寫不同風格曲子共同錄製出版，幫助參禪人進入禪門超越意識之境界。盒中附贈彩色印製的精美解說小冊，以供聆聽時閱讀，令參禪人得以發起參禪之疑情，即有機會證悟本來面目，實證大乘菩提般若。本CD共有十首歌曲，長達69分鐘，每盒各附贈二張購書優惠券。每片280元。

明心與眼見佛性：本書細述明心與眼見佛性之異同，同時顯示了中國禪宗破初參明心與重關眼見佛性二關之間的關聯；書中又藉法義辨正而旁述其他許多勝妙法義，讀後必能遠離佛門長久以來積非成是的錯誤知見，令讀者在佛法的實證上有極大助益。也藉慧廣法師的謬論來教導佛門學人回歸正知正見，遠離古今禪門錯悟者所墮的意識境界，非唯有助於斷我見，也對未來的開悟明心實證第八識如來藏有所助益，是故學禪者都應細讀之。游正光老師著　共448頁　售價300元

見性與看話頭：黃正倖老師的《見性與看話頭》於《正覺電子報》連載完畢，今結集出版。書中詳說禪宗看話頭的詳細方法，並細說看話頭與眼見佛性的關係，以及眼見佛性者求見佛性前必須具備的條件。本書是禪宗實修者追求明心開悟時參禪的方法書，也是求見佛性者作功夫時必讀的方法書，內容兼顧眼見佛性的理論與實修之方法，是依實修之體驗配合理論而詳述，條理分明而且極爲詳實、周全、深入。本書內文375頁，全書416頁，售價300元。

維摩詰經講記：本經係 世尊在世時，由等覺菩薩維摩詰居士藉疾病而演說之大乘菩提無上妙義，所說函蓋甚廣，然極簡略，是故今時諸方大師與學人讀之悉皆錯解，何況能知其中隱含之深妙正義，是故普遍無法爲人解說；若強爲人說，則成依文解義而有諸多過失。今由平實導師公開宣講之後，詳實解釋其中密意，令維摩詰菩薩所說大乘不可思議解脫之深妙正法得以正確宣流於人間，利益當代學人及與諸方大師。書中詳實演述大乘佛法深妙不共二乘之智慧境界，顯示諸法之中絕待之實相境界，建立大乘菩薩妙道於永遠不敗不壞之地，以此成就護法偉功，欲冀永利娑婆人天。已經宣講圓滿整理成書流通，以利諸方大師及諸學人。全書共六輯，每輯三百餘頁，售價各250元。

金剛經宗通：三界唯心，萬法唯識，是成佛之修證內容，是諸地菩薩之所修；般若則是成佛之道（實證三界唯心、萬法唯識）的入門，若未證悟實相般若，即無成佛之可能，必將永在外門廣行菩薩六度，永在凡夫位中。然而實相般若的發起，全賴實證萬法的實相；若欲證知萬法的眞相，則必須探究萬法之所從來，則須實證自心如來—金剛心如來藏，然後現觀這個金剛心的金剛性、眞實性、如如性、清淨性、涅槃性、能生萬法的自性性、本住性，名爲證眞如；進而現觀三界六道唯是此金剛心所成，人間萬法須藉八識心王和合運作方能現起。如是實證《華嚴經》的「三界唯心、萬法唯識」以後，由此等現觀而發起實相般若智慧，繼續進修第十住位的如幻觀、第十行位的陽焰觀、第十迴向位的如夢觀，再生起增上意樂而勇發十無盡願，方能滿足三賢位的實證，轉入初地；自知成佛之道而無偏倚，從此按部就班、次第進修乃至成佛。第八識自心如來是般若智慧之所依，般若智慧的修證則要從實證金剛心自心如來開始；《金剛經》則是解說自心如來之經典，是一切三賢位菩薩所應進修之實相般若經典。這一套書，是將平實導師宣講的《金剛經宗通》內容，整理成文字而流通之；書中所說義理，迥異古今諸家依文解義之說，指出大乘見道方向與理路，有益於禪宗學人求開悟見道，及轉入內門廣修六度萬行。已於2013年9月出版完畢，總共9輯，每輯約三百餘頁，售價各250元。

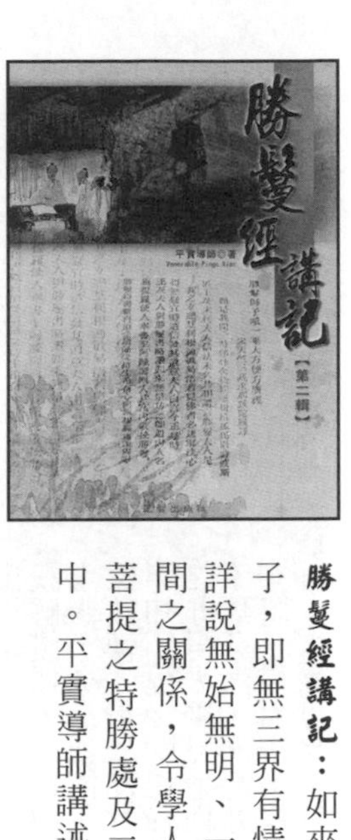

勝鬘經講記：如來藏爲三乘菩提之所依，若離如來藏心體及其含藏之一切種子，即無三界有情及一切世間法，亦無二乘菩提緣起性空之出世間法；本經詳說無始無明、一念無明皆依如來藏而有之正理，藉著詳解煩惱障與所知障間之關係，令學人深入了知二乘菩提與佛菩提相異之妙理；聞後即可了知佛菩提之特勝處及三乘修道之方向與原理，邁向攝受正法而速成佛道的境界中。平實導師講述，共六輯，每輯三百餘頁，售價各250元。

空行母—性別、身分定位，以及藏傳佛教　本書作者爲蘇格蘭哲學家，因爲嚮往佛教深妙的哲學內涵，於是進入當年盛行於歐美的假藏傳佛教密宗，擔任卡盧仁波切的翻譯工作多年以後，被邀請成爲卡盧的空行母（又名佛母、明妃），開始了她在密宗裡的實修過程；後來發覺在密宗雙身法中的修行，其實無法使自己成佛，也發覺密宗對女性岐視而處處貶抑，並剝奪女性在雙身法中擔任一半角色時應有的身分定位。當她發覺自己只是雙身法中被喇嘛利用的工具，沒有獲得絲毫應有的尊重與基本定位時，發現了密宗的父權社會控制女性的本質；於是作者傷心地離開了卡盧仁波切與密宗，但是卻被恐嚇不許講出她在密宗裡的經歷，也不許她說出自己對密宗的教義與教制下對女性剝削的本質，否則將被咒殺死亡。後來她去加拿大定居，十餘年後方才擺脫這個恐嚇陰影，下定決心將親身經歷的實情及觀察到的事實寫下來並且出版，公諸於世。出版之後，她被流亡的達賴集團人士大力攻訐，誣指她爲精神狀態失常、說謊……等。但有智之士並未被達賴集團的政治操作及各國政府政治運作吹捧達賴的表相所欺，使她的書銷售無阻而又再版。正智出版社鑑於作者此書是親身經歷的事實，所說具有針對「**藏傳佛教**」而作學術研究的價值，也有使人認清假藏傳佛教剝削佛母、明妃的男性本位實質，因此洽請作者同意中譯而出版於華人地區。珍妮·坎貝爾女士著，呂艾倫 中譯，每冊250元。

假藏傳佛教的神話—性、謊言、喇嘛教　本書編著者是由一首名爲「阿姊鼓」的歌曲爲緣起，展開了序幕，揭開假藏傳佛教—喇嘛教—的神秘面紗。其重點是蒐集、摘錄網路上質疑「喇嘛教」的帖子，以揭穿「假藏傳佛教的神話」爲主題，串聯成書，並附加彩色插圖以及說明，讓讀者們瞭解西藏密宗及相關人事如何被操作爲「神話」的過程，以及神話背後的眞相。作者：張正玄教授。售價200元。

霧峰無霧—給哥哥的信　本書作者藉兄弟之間信件往來論義，略述佛法大義；並以多篇短文辨義，舉出釋印順對佛法的無量誤解證據，並一一給予簡單而清晰的辨正，令人一讀即知。久讀、多讀之後即能認清楚釋印順的六識論見解，與眞實佛法之牴觸是多麼嚴重；於是在久讀、多讀之後，於不知不覺之間提升了對佛法的極深入理解，正知正見就在不知不覺間建立起來了。當二乘佛法的正知見建立起來之後，對於三乘菩提的見道條件便將隨之具足，於是聲聞解脫道的見道也就水到渠成；接著大乘見道的因緣也將次第成熟，未來自然也會有親見大乘菩提之道的因緣，悟入大乘實相般若也將自然成功，自能通達般若系列諸經而成實義菩薩。作者居住於南投縣霧峰鄉，自喻見道之後不復再見霧峰之霧，故鄉原野美景一一明見，於是立此書名爲《霧峰無霧》；讀者若欲撥霧見月，可以此書爲緣。游宗明　老師著　已於2015年出版　售價250元。

霧峰無霧—第二輯—救護佛子向正道　本書作者藉釋印順著作中之各種錯謬法義提出辨正，以詳實的文義一一提出理論上及實證上之解析，列舉釋印順對佛法的無量誤解證據，藉此教導佛門大師與學人釐清佛法義理，遠離岐途轉入正道，然後知所進修，久之便能見道明心而入大乘勝義僧數。被釋印順誤導的大師與學人極多，很難救轉，是故作者大發悲心深入解說其錯謬之所在，佐以各種義理辨正而令讀者在不知不覺之間轉歸正道。如是久讀之後欲得斷身見、證初果，即不爲難事；乃至久之亦得大乘見道而得證眞如，脫離空有二邊而住中道，實相般若智慧生起，於佛法不再茫然，漸漸亦知悟後進修之道。屆此之時，對於大乘般若等深妙法之迷雲暗霧亦將一掃而空，生命及宇宙萬物之故鄉原野美景一一明見，是故本書仍名《霧峰無霧》，爲第二輯；讀者若欲撥雲見日、離霧見月，可以此書爲緣。游宗明　老師著　已於2019年出版　售價250元。

達賴真面目—玩盡天下女人：假使您不想戴綠帽子，請記得詳細閱讀此書；假使您不想讓好朋友戴綠帽子，請您將此書介紹給您的好朋友。假使您想保護家中的女性，也想要保護好朋友的女眷，請記得將此書送給家中的女性和好友的女眷都來閱讀。本書為印刷精美的大本彩色中英對照精裝本，為您揭開達賴喇嘛的眞面目，內容精彩不容錯過，為利益社會大眾，特別以優惠價格嘉惠所有讀者。編著者：白志偉等。大開版雪銅紙彩色精裝本。售價800元。

喇嘛性世界—揭開假藏傳佛教譚崔瑜伽的面紗：這個世界中的喇嘛，號稱來自世外桃源的香格里拉，穿著或紅或黃的喇嘛長袍，散布於我們的身邊傳教灌頂，吸引了無數的人嚮往學習；這些喇嘛虔誠地為大眾祈福，手中拿著寶杵（金剛）與寶鈴（蓮花），口中唸著咒語：「唵．嘛呢．叭咪．吽……」，咒語的意思是說：「我至誠歸命金剛杵上的寶珠伸向蓮花寶穴之中」！「喇嘛性世界」是什麼樣的「世界」呢？本書將為您呈現喇嘛世界的面貌。當您發現眞相以後，您將會唸：「噢！喇嘛．性．世界，譚崔性交嘛！」作者：張善思、呂艾倫。售價200元。

末代達賴—性交教主的悲歌：簡介從藏傳僞佛教（喇嘛教）的修行核心—性力派男女雙修，探討達賴喇嘛及藏傳僞佛教的修行內涵。書中引用外國知名學者著作、世界各地新聞報導，包含：歷代達賴喇嘛的祕史、達賴六世修雙身法的事蹟，以及《時輪續》中的性交灌頂儀式……等；達賴喇嘛書中開示的雙修法、達賴喇嘛的黑暗政治手段；達賴喇嘛所領導的寺院爆發喇嘛性侵兒童；新聞報導《西藏生死書》作者索甲仁波切性侵女信徒、澳洲喇嘛秋達公開道歉、美國最大假藏傳佛教組織領導人邱陽創巴仁波切的性氾濫，等等事件背後眞相的揭露。作者：張善思、呂艾倫、辛燕。售價250元。

黯淡的達賴—失去光彩的諾貝爾和平獎：本書舉出很多證據與論述，詳述達賴喇嘛不爲世人所知的一面，顯示達賴喇嘛並不是眞正的和平使者，而是假借諾貝爾和平獎的光環來欺騙世人；透過本書的說明與舉證，讀者可以更清楚的瞭解，達賴喇嘛是結合暴力、黑暗、淫欲於喇嘛教裡的集團首領，其政治行爲與宗教主張，早已讓諾貝爾和平獎的光環染污了。本書由財團法人正覺教育基金會寫作、編輯，由正覺出版社印行，每冊250元。

楞嚴經講記：楞嚴經係密教部之重要經典，亦是大乘佛教中普受重視之經典；經中宣說明心與見性之內涵極爲詳細，將一切法都會歸如來藏及佛性—妙眞如性；亦闡釋五陰區宇及五陰盡的境界，作諸地菩薩自我檢驗證量之依據，旁及佛菩提道修學過程中之種種魔境，以及外道誤會涅槃之狀況，亦兼述明三界世間之起源。然因言句深澀難解，法義亦復深妙寬廣，學人讀之普難通達，是故讀者大多誤會，不能如實理解佛所說之明心與見性內涵，亦因是故多有悟錯之人引爲開悟之證言，成就大妄語罪。今由平實導師詳細講解之後，整理成文，以易讀易懂之語體文刊行天下，以利學人。全書十五輯，全部出版完畢。每輯三百餘頁，售價每輯300元。

第七意識與第八意識？—穿越時空「超意識」：「三界唯心，萬法唯識」是佛教中應該實證的聖教，也是《華嚴經》中明載而可以實證的法界實相。唯心者，三界一切境界、一切諸法唯是一心所成就，即是每一個有情的第八識如來藏，不是意識心。唯識者，即是人類各各都具足的八識心王——眼識、耳鼻舌身意識、意根、阿賴耶識，第八阿賴耶識又名如來藏，人類五陰相應的萬法，莫不由八識心王共同運作而成就，故說萬法唯識。依聖教量及現量、比量，都可以證明意識是二法因緣生，是由第八識藉意根與法塵二法爲因緣而出生，又是夜夜斷滅不存之生滅心，即無可能反過來出生第七識意根、第八識如來藏，當知不可能從生滅性的意識心中，細分出恆審思量的第七識意根，更無可能細分出恆而不審的第八識如來藏。本書是將演講內容整理成文字，細說如是內容，並已在〈正覺電子報〉連載完畢，今彙集成書以廣流通，欲幫助佛門有緣人斷除意識我見，跳脫於識陰之外而取證聲聞初果；嗣後修學禪宗時即得不墮外道神我之中，得以求證第八識金剛心而發起般若實智。平實導師 述，每冊300元。

人間佛教—實證者必定不悖三乘菩提

「大乘非佛說」的講法似乎流傳已久，卻只是日本人企圖擺脫中國正統佛教的影響，而在明治維新時期才開始提出來的說法；台灣佛教、大陸佛教的淺學無智之人，由於未曾實證佛法而迷信日本人錯誤的學術考證，錯認為這些別有用心的日本佛學考證的講法為天竺佛教的眞實歷史；甚至還有更激進的反對佛教者提出「**釋迦牟尼佛並非眞實存在，只是後人捏造的假歷史人物**」，竟然也有少數佛教徒願意跟著「學術」的假光環而信受不疑，亦導致部分台灣佛教界人士，造作了反對中國大乘佛教而推崇南洋小乘佛教的行為，使台灣佛教的信仰者難以檢擇，亦導致一般大陸人士開始轉入基督教的盲目迷信中。在這些佛教及外教人士之中，也就有一分人根據此邪說而大聲主張「大乘非佛說」的謬論，這些人以「人間佛教」的名義來抵制中國正統佛教，公然宣稱中國的大乘佛教是由聲聞部派佛教的凡夫僧所創造出來的。這樣的說法流傳於台灣及大陸佛教界凡夫僧之中已久，卻非眞正的佛教歷史中曾經發生過的事，只是繼承六識論的聲聞法中凡夫僧，以及別有居心的日本佛教界，依自己的意識境界立場，純憑臆想而編造出來的妄想說法，卻已經影響許多無智之凡夫僧俗信受不移。本書則是從佛教的經藏法義實質及實證的現量內涵本質立論，證明大乘佛法本是佛說，是從《阿含正義》尚未說過的不同面向來討論「人間佛教」的議題，證明「大乘眞佛說」。閱讀本書可以斷除六識論邪見，迴入三乘菩提正道發起實證的因緣；也能斷除禪宗學人學禪時普遍存在之錯誤知見，對於建立參禪時的正知見有很深的著墨。平實導師 述，內文488頁，全書528頁，定價400元。

童女迦葉考—論呂凱文〈佛教輪迴思想的論述分析〉之謬

童女迦葉是佛世率領五百大比丘遊行於人間的歷史事實，是以童貞行而依止菩薩戒弘化於人間的大菩薩，不依別解脫戒（聲聞戒）來弘化於人間。這是大乘佛教與聲聞佛教同時存在於佛世的歷史明證，證明大乘佛教不是從聲聞法中分裂出來的部派佛教的產物，卻是聲聞佛教分裂出來的部派佛教聲聞凡夫僧所不樂見的史實；於是古今聲聞法中的凡夫都欲加以扭曲而作詭說，更是末法時代高聲大呼「大乘非佛說」的六識論聲聞凡夫極力想要扭曲的佛教史實之一，於是想方設法扭曲迦葉菩薩為聲聞僧，以及扭曲迦葉童女為比丘僧等荒謬不實之論著便陸續出現，古時聲聞僧寫作的《分別功德論》是最具體之事例，現代之代表作則是呂凱文先生的〈佛教輪迴思想的論述分析〉論文。鑑於如是假藉學術考證以籠罩大眾之不實謬論，未來仍將繼續造作及流竄於佛教界，繼續扼殺大乘佛教學人法身慧命，必須舉證辨正之，遂成此書。平實導師 著，每冊180元。

中觀金鑑—詳述應成派中觀的起源與其破法本質　學佛人往往迷於中觀學派之不同學說，被應成派與自續派所迷惑；修學般若中觀二十年後自以為實證般若中觀了，卻仍不曾入門，甫聞實證般若中觀者之所說，則茫無所知，迷惑不解；隨後信心盡失，不知如何實證佛法；凡此，皆因惑於這二派中觀學說所致。自續派中觀所說同於常見，以意識境界立為第八識如來藏之境界，應成派所說則同於斷見，但又同立意識為常住法，故亦具足斷常二見。今者孫正德老師有鑑於此，乃將起源於密宗的應成派中觀學說，追本溯源，詳考其來源之外，亦一一舉證其立論內容，詳加辨正，令密宗雙身法祖師以識陰境界而造之應成派中觀學說本質，詳細呈現於學人眼前，令其維護雙身法之目的無所遁形。若欲遠離密宗此二大派中觀謬說，欲於三乘菩提有所進道者，允宜具足閱讀並細加思惟，反覆讀之以後將可捨棄邪道返歸正道，則於般若之實證即有可能，證後自能現觀如來藏之中道境界而成就中觀。本書分上、中、下三冊，每冊250元，已全部出版完畢。

實相經宗通：學佛之目的在於實證一切法界背後之實相，禪宗稱之為本來面目或本地風光，佛菩提道中稱之為實相法界；此實相法界即是金剛藏，又名佛法之祕密藏，即是能生有情五陰、十八界及宇宙萬有（山河大地、諸天、三惡道世間）的第八識如來藏，又名阿賴耶識心，即是禪宗祖師所說的眞如心，此心即是三界萬有背後的實相。證得此第八識心時，自能瞭解般若諸經中隱說的種種密意，即得發起實相般若——實相智慧。每見學佛人修學佛法二十年後仍對實相般若茫然無知，亦不知如何入門，茫無所趣；更因不知三乘菩提的互異互同，是故越是久學者對佛法越覺茫然，都肇因於尚未瞭解佛法的全貌，亦未瞭解佛法的修證內容即是第八識心所致。本書對於修學佛法者所應實證的實相境界提出明確解析，並提示趣入佛菩提道的入手處，有心親證實相般若的佛法實修者，宜詳讀之，於佛菩提道之實證即有下手處。平實導師述著，共八輯，已於2016年出版完畢，每輯成本價250元。

真心告訴您（一）—達賴喇嘛在幹什麼？這是一本報導篇章的選集，更是「破邪顯正」的暮鼓晨鐘。「破邪」是戳破假象，說明達賴喇嘛及其所率領的密宗四大派法王、喇嘛們，弘傳的佛法是仿冒的佛法；他們是假藏傳佛教，是坦特羅（譚崔性交）外道法和藏地崇奉鬼神的苯教混合成的「喇嘛教」，推廣的是以所謂「無上瑜伽」的男女雙身法冒充佛法的假佛教，詐財騙色誤導眾生，常常造成信徒家庭破碎、家中兒少失怙的嚴重後果。「顯正」是揭櫫眞相，指出眞正的藏傳佛教只有一個，就是覺囊巴，傳的是 釋迦牟尼佛演繹的第八識如來藏妙法，稱爲他空見大中觀。正覺教育基金會即以此古今輝映的如來藏正法正知見，在眞心新聞網中逐次報導出來，將箇中原委「眞心告訴您」，如今結集成書，與想要知道密宗眞相的您分享。售價250元。

真心告訴您（二）—達賴喇嘛是佛教僧侶嗎？補祝達賴喇嘛八十大壽：這是一本針對當今達賴喇嘛所領導的喇嘛教，冒用佛教名相、於師徒間或師兄姊間，實修男女邪淫，而從佛法三乘菩提的現量與聖教量，揭發其謊言與邪術，證明達賴及其喇嘛教是仿冒佛教的外道，是「假藏傳佛教」。藏密四大派教義雖有「八識論」與「六識論」的表面差異，然其實修之內容，皆共許「無上瑜伽」四部灌頂爲究竟「成佛」之法門，也就是共以男女雙修之邪淫法爲「即身成佛」之密要，雖美其名曰「欲貪爲道」之「金剛乘」，並誇稱其成就超越於（應身佛）釋迦牟尼佛所傳之顯教般若乘之上；然詳考其理論，則或以意識離念時之粗細心爲第八識如來藏，或以中脈裡的明點爲第八識如來藏，或如宗喀巴與達賴堅決主張第六意識爲常恆不變之眞心者，分別墮於外道之常見與斷見中；全然違背 佛說能生五蘊之如來藏的實質。售價300元。

西藏「活佛轉世」制度—附佛、造神、世俗法：歷來關於喇嘛教活佛轉世的研究，多針對歷史及文化兩部分，於其所以成立的理論基礎，較少系統化的探討。尤其是此制度是否依據「佛法」而施設？是否合乎佛法眞實義？現有的文獻大多含糊其詞，或人云亦云，不曾有明確的闡釋與如實的見解。因此本文先從活佛轉世的由來，探索此制度的起源、背景與功能，並進而從活佛的尋訪與認證之過程，發掘活佛轉世的特徵，以確認「活佛轉世」在佛法中應具足何種果德。定價150元。

法華經講義：此書爲平實導師始從2009/7/21演述至2014/1/14之講經錄音整理所成。世尊一代時教，總分五時三教，即是華嚴時、聲聞緣覺教、般若教、種智唯識教、法華時；依此五時三教區分爲藏、通、別、圓四教。本經是最後一時的圓教經典，圓滿收攝一切法教於本經中，是故最後的圓教聖訓中，特地指出無有三乘菩提，其實唯有一佛乘；皆因眾生愚迷故，方便區分爲三乘菩提以助眾生證道。世尊於此經中特地說明如來示現於人間的唯一大事因緣，便是爲有緣眾生「開、示、悟、入」諸佛的所知所見——第八識如來藏妙眞如心，並於諸品中隱說「妙法蓮花」如來藏心的密意。然因此經所說甚深難解，眞義隱晦，古來難得有人能窺堂奧；平實導師以知如是密意故，特爲末法佛門四眾演述《妙法蓮華經》中各品蘊含之密意，使古來未曾被古德註解出來的「此經」密意，如實顯示於當代學人眼前。乃至〈藥王菩薩本事品〉、〈妙音菩薩品〉、〈觀世音菩薩普門品〉、〈普賢菩薩勸發品〉中的微細密意，亦皆一併詳述之，可謂開前人所未曾言之密意，示前人所未見之妙法。最後乃至以〈法華大義〉而總其成，全經妙旨貫通始終，而依佛旨圓攝於一心如來藏妙心，厥爲曠古未有之大說也。平實導師述，共有25輯，已於2019/05/31出版完畢。每輯300元。

涅槃—解說四種涅槃之實證及內涵：眞正學佛之人，首要即是見道，由見道故方有涅槃之實證，證涅槃者方能出生死，但涅槃有四種：二乘聖者的有餘涅槃、無餘涅槃，以及大乘聖者的本來自性清淨涅槃、佛地的無住處涅槃。大乘聖者實證本來自性清淨涅槃，入地前再取證二乘涅槃，然後起惑潤生捨離二乘涅槃，繼續進修而在七地心前斷盡三界愛之習氣種子，依七地無生法忍之具足而證得念念入滅盡定；八地後進斷異熟生死，直至妙覺地下生人間成佛，具足四種涅槃，方是眞正成佛。此理古來少人言，以致誤會涅槃正理者比比皆是，今於此書中廣說四種涅槃、如何實證之理、實證前應有之條件，實屬本世紀佛教界極重要之著作，令人對涅槃有正確無訛之認識，然後可以依之實行而得實證。本書共有上下二冊，每冊各四百餘頁，對涅槃詳加解說，每冊各350元。

佛藏經講義：本經說明爲何佛菩提難以實證之原因，都因往昔無數阿僧祇劫前的邪見，引生此世求證時之業障而難以實證。即以諸法實相詳細解說，繼之以念佛品、念法品、念僧品，說明諸佛與法之實質；然後以淨戒品之說明，期待佛弟子四眾堅持清淨戒而轉化心性，並以往古品的實例說明歷代學佛人在實證上的業障由來，教導四眾務必滅除邪見轉入正見中，不再造作謗法及謗賢聖之大惡業，以免未來世尋求實證之時被業障所障；然後以了戒品的說明和囑累品的付囑，期望末法時代的佛門四眾弟子皆能清淨知見而得以實證。平實導師於此經中有極深入的解說，總共21輯，每輯300元，於2019/07/31開始每二個月發行一輯。

成唯識論釋：本論係大唐玄奘菩薩揉合當時天竺十大論師的說法加以辨正而著成，攝盡佛門證悟菩薩及部派佛教聲聞凡夫論師對佛法的論述，並函蓋當時天竺諸大外道對生命實相的錯誤論述加以辨正，是由玄奘大師依據無生法忍證量加以評論確定而成爲此論。平實導師弘法初期即已依於證量略講過一次，歷時大約四年，當時正覺同修會規模尚小，聞法成員亦多尚未證悟，是故並未整理成書；如今正覺同修會中的證悟同修已超過六百人，鑑於此論在護持正法、實證佛法及悟後進修上的重要性，擬於2022年初重講，並已經預先註釋完畢編輯成書，名爲《成唯識論釋》，總共十輯，每輯目次41頁、序文7頁、內文380頁乃至400頁，皆以12級字編排；於增上班宣講時的內容將會更詳細於書中所說，涉及佛法密意的詳細內容只於增上班中宣講，於書中皆依佛誡隱覆密意而說，攝屬判教的〈目次〉已經詳盡判定論中諸段句義，用供學人參考；是故讀者閱完此論之釋，即可深解成佛之道的正確內涵；預定將於每一輯內容講述完畢時即予出版，預計每七個月出版一輯，每輯定價400元。

解深密經講義：本經是所有尋求大乘見道及悟後欲入地者所應詳習串習的三經之一，即是《楞伽經》、《解深密經》、《楞嚴經》三經中的一經，亦可作爲見道眞假的自我印證依據。此經是 世尊晚年第三轉法輪時，宣說地上菩薩所應熏修之無生法忍唯識正義經典；經中總說眞見道位所見的智慧總相，兼及相見道位所應熏修的七眞如等法，以及入地應修之十地眞如等義理，乃是大乘一切種智增上慧學，以阿陀那識—如來藏—阿賴耶識爲成佛之道的主體。禪宗之證悟者，若欲修證初地無生法忍乃至八地無生法忍者，必須修學《楞伽經、解深密經、楞嚴經》所說之八識心王一切種智。此三經所說正法，方是眞正成佛之道；印順法師否定第八識如來藏之後所說萬法緣起性空之法，墮於六識論中而著作的《成佛之道》，乃宗本於密宗宗喀巴六識論邪思而寫成的邪見，是以誤會後之二乘解脫道取代大乘眞正成佛之道，承襲自古天竺部派佛教聲聞凡夫論師的邪見，尚且不符二乘解脫道正理，亦已墮於斷滅見及常見中，所說全屬臆想所得的外道見，不符本經中佛所說的正義。平實導師曾於本會郭故理事長往生時，於喪宅中從首七開始宣講此經，於每一七起各宣講三小時，至第十七而快速略講圓滿，作爲郭老之往生後的佛事功德，迴向郭老早證八地、速返娑婆住持正法。茲爲今時後世學人故，已經開始重講《解深密經》，以淺顯之語句講畢後，將會整理成文並梓行流通，用供證悟者進道；亦令諸方未悟者，據此經中佛語正義修正邪見，依之速能入道。平實導師述著，全書輯數未定，每輯三百餘頁，將於未來重講完畢後逐輯陸續出版。

大法鼓經講義：本經解說佛法的總成：法、非法。由開解法、非法二義，說明了義佛法與世間戲論法的差異，指出佛法實證之標的即是法第八識如來藏；並顯示實證後的智慧，如實擊大法鼓、演深妙法，演說如來祕密教法，非二乘定性及諸凡夫所能得聞，唯有具足菩薩性者方能得聞。正聞之後即得依於 世尊大願而拔除邪見，入於正法而得實證；深解不了義經之方便說，亦能實解了義經所說之眞實義，得以證法如來藏，而得發起根本無分別智，乃至進修而發起後得無分別智；並堅持布施及受持清淨戒而轉化心性，得以現觀眞我眞法如來藏之各種層面。此爲第一義諦聖教，並授記末法最後餘四十年時，一切世間樂見離車童子將繼續護持此經所說正法。平實導師於此經中有極深入的解說，總共六輯，每輯300元，於《佛藏經講義》出版完畢後開始發行，每二個月發行一輯。

修習止觀坐禪法要講記：修學四禪八定之人，往往錯會禪定之修學知見，欲以無止盡之坐禪而證禪定境界，卻不知修除性障之行門才是修證四禪八定不可或缺之要素，故智者大師云「性障初禪」；性障不除，初禪永不現前，云何修證二禪等？又：行者學定，若唯知數息，而不解六妙門之方便善巧者，欲求一心入定，未到地定極難可得，智者大師名之爲「事障未來」：障礙未到地定之修證。又禪定之修證，不可違背二乘菩提及第一義法，否則縱使具足四禪八定，亦不能實證涅槃而出三界。此諸知見，智者大師於《修習止觀坐禪法要》中皆有闡釋。作者平實導師以其第一義之見地及禪定之實證證量，曾加以詳細解析。將俟正覺寺竣工啓用後重講，不限制聽講者資格；講後將以語體文整理出版。欲修習世間定及增上定之學者，宜細讀之。平實導師述著。

阿含經講記—小乘解脫道之修證：數百年來，南傳佛法所說證果之不實，所說解脫道之虛妄，所弘解脫道法義之世俗化，皆已少人知之；從南洋傳入台灣與大陸之後，所說法義虛謬之事，亦復少人知之；今時台灣全島印順系統之法師居士，多不知南傳佛法數百年來所說解脫道之義理已然偏斜、已然世俗化、已非眞正之二乘解脫正道，猶極力推崇與弘揚。彼等南傳佛法近代所謂之證果者皆非眞實證果者，譬如阿迦曼、葛印卡、帕奧禪師、一行禪師……等人，悉皆未斷我見故。近年更有台灣南部大願法師，高抬南傳佛法之二乘修證行門爲「捷徑究竟解脫之道」者，然而南傳佛法縱使眞修實證，得成阿羅漢，至高唯是二乘菩提解脫之道，絕非究竟解脫，無餘涅槃中之實際尚未得證故，法界之實相尚未了知故，習氣種子待除故，一切種智未實證故，焉得謂爲「究竟解脫」？即使南傳佛法近代眞有實證之阿羅漢，尚且不及三賢位中之七住明心菩薩本來自性清淨涅槃智慧境界，則不能知此賢位菩薩所證之無餘涅槃實際，仍非大乘佛法中之見道者，何況普未實證聲聞果乃至未斷我見之人？謬充證果已屬逾越，更何況是誤會二乘菩提之後，以未斷我見之凡夫知見所說之二乘菩提解脫偏斜法道，焉可高抬爲「究竟解脫」？而且自稱「捷徑之道」？又妄言解脫之道即是成佛之道，完全否定般若實智、否定三乘菩提所依之如來藏心體，此理大大不通也！平實導師爲令修學二乘菩提欲證解脫果者，普得迴入二乘菩提正見、正道中，是故選錄四阿含諸經中，對於二乘解脫道法義有具足圓滿說明之經典，預定未來十年內將會加以詳細講解，令學佛人得以了知二乘解脫道之修證理路與行門，庶免被人誤導之後，未證言證，梵行未立，干犯道禁自稱阿羅漢或成佛，成大妄語，欲升反墮。本書首重斷除我見，以助行者斷除我見而實證初果爲著眼之目標，若能根據此書內容，配合平實導師所著《識蘊眞義》《阿含正義》內涵而作實地觀行，實證初果非爲難事，行者可以藉此三書自行確認聲聞初果爲實際可得現觀成就之事。此書中除依二乘經典所說加以宣示外，亦依斷除我見等之證量，及大乘法中道種智之證量，對於意識心之體性加以細述，令諸二乘學人必定得斷我見、常見，免除三縛結之繫縛。次則宣示斷除我執之理，欲令升進而得薄貪瞋痴，乃至斷五下分結…等。平實導師將擇期講述，然後整理成書。共二冊，每冊三百餘頁。每輯300元。

總經銷： 聯合發行股份有限公司

231 新北市新店區寶橋路 235 巷 6 弄 6 號 4F

Tel.02－2917-8022（代表號） Fax.02－2915-6275（代表號）

零售：1.**全台連鎖經銷書局：**

三民書局、誠品書局、何嘉仁書店

敦煌書店、紀伊國屋、金石堂書局、建宏書局

諾貝爾圖書城、墊腳石圖書文化廣場

2.**台北市：**佛化人生 **大安區**羅斯福路 3 段 325 號 6 樓之 4 台電大樓對面

3.**新北市：**春大地書店 **蘆洲區**中正路 117 號

4.**桃園市：**御書堂 **龍潭區**中正路 123 號

5.**新竹市：**大學書局 **東區**建功路 10 號

6.**台中市：**瑞成書局 **東區**雙十路 1 段 4 之 33 號

佛教詠春書局 **南屯區**永春東路 884 號

文春書店 **霧峰區**中正路 1087 號

7.**彰化市：**心泉佛教文化中心 南瑤路 286 號

8.**高雄市：**政大書城 **前鎮區**中華五路 789 號 2 樓（高雄夢時代店）

明儀書局 **三民區**明福街 2 號

青年書局 **苓雅區**青年一路 141 號

9.**台東市：**東普佛教文物流通處 博愛路 282 號

10.**其餘鄉鎮市經銷書局：**請電詢總經銷**聯合**公司。

11.**大陸地區請洽：**

香港：樂文書店

銅鑼灣店 :香港銅鑼灣駱克道 506 號 2 樓

電話：(852) 2881 1150 email: luckwinbs@gmail.com

廈門：廈門外圖臺灣書店有限公司

地址：廈門市思明區湖濱南路809 號 廈門外圖書城3 樓 郵編：361004

電話：0592-5061658（臺灣地區請撥打 86-592-5061658）

E-mail：JKB118＠188.COM

12.**美國：世界日報圖書部：**紐約圖書部 電話 7187468889#6262

洛杉磯圖書部 電話 3232616972#202

13.**國內外地區網路購書：**

正智出版社 書香園地 http://books.enlighten.org.tw/

（書籍簡介、經銷書局可直接聯結下列網路書局購書）

三民 網路書局 http://www.sanmin.com.tw

誠品 網路書局 http://www.eslitebooks.com

博客來 網路書局 http://www.books.com.tw

金石堂 網路書局 http://www.kingstone.com.tw

聯合 網路書局 http:// www.nh.com.tw

附註：1.請儘量向各經銷書局購買：郵政劃撥需要八天才能寄到（本公司在您劃撥後第四天才能接到劃撥單，次日寄出後第二天您才能收到書籍，此六天中可能會遇到週休二日，是故共需八天才能收到書籍）若想要早日收到書籍者，請劃撥完畢後，將劃撥收據貼在紙上，旁邊寫上您的姓名、住址、郵區、電話、買書詳細內容，直接傳眞到本公司 02-28344822，並來電 02-28316727、28327495 確認是否已收到您的傳眞，即可提前收到書籍。 **2**.因台灣每月皆有五十餘種宗教類書籍上架，書局書架空間有限，故唯有新書方有機會上架，通常每次只能有一本新書上架；本公司出版新書，大多上架不久便已售出，若書局未再叫貨補充者，書架上即無新書陳列，則請直接向書局櫃台訂購。 **3**.若書局不便代購時，可於晚上共修時間向正覺同修會各共修處請購（共修時間及地點，詳閱**共修現況表**。每年例行年假期間請勿前往請書，年假期間請見共修現況表）。 **4**.郵購：郵政劃撥帳號 19068241。 **5**.正覺同修會會員購書都以八折計價（戶籍台北市者爲一般會員，外縣市爲護持會員）都可獲得優待，欲一次購買全部書籍者，可以考慮入會，節省書費。入會費一千元（第一年初加入時才需要繳），年費二千元。**6.尚未出版之書籍，請勿預先郵寄書款與本公司，謝謝您！** **7**.若欲一次購齊本公司書籍，或同時取得正覺同修會贈閱之全部書籍者，請於正覺同修會共修時間，親到各共修處請購及索取；**台北市讀者**請洽：103 台北市承德路三段 267 號 10 樓（捷運淡水線 圓山站旁）請書時間：週一至週五爲 18.00~21.00，第一、三、五週週六爲 10.00~21.00，雙週之週六爲 10.00~18.00 請購處專線電話：25957295-分機 14（於請書時間方有人接聽）。

敬告大陸讀者：

大陸讀者購書、索書捷徑（尚未在大陸出版的書籍，以下二個途徑都可以購得，電子書另包括結緣書籍）：

1.**廈門外國圖書公司**：廈門市思明區湖濱南路 809 號 廈門外圖書城 3F
　郵編：361004　電話：0592-5061658　網址：http://www.xibc.com.cn/

2.**電子書**：正智出版社有限公司及正覺同修會在台灣印行的各種局版書、結緣書，已有『**正覺電子書**』陸續上線中，提供讀者於手機、平板電腦上購書、下載、閱讀正智出版社、正覺同修會及正覺教育基金會所出版之電子書，詳細訊息敬請參閱『正覺電子書』專頁：

http://books.enlighten.org.tw/ebook

關於平實導師的書訊，請上網查閱：

成佛之道　http://www.a202.idv.tw

正智出版社 書香園地　http://books.enlighten.org.tw/

中國網採訪佛教正覺同修會、正覺教育基金會訊息：

http://foundation.enlighten.org.tw/newsflash/20150817_1

http://video.enlighten.org.tw/zh-CN/visit_category/visit10

★ 正智出版社有限公司售書之稅後盈餘，全部捐助財團法人正覺寺籌備處、佛教正覺同修會、正覺教育基金會，供作弘法及購建道場之用；懇請諸方大德支持，功德無量。

★ 聲　明 ★

本社於 2015/01/01 開始調整本目錄中部分書籍之售價，以因應各項成本的持續增加。

＊ 喇嘛教修外道雙身法、墮識陰境界，非佛教 ＊

＊ 弘揚如來藏他空見的覺囊派才是真正藏傳佛教 ＊

售後服務—換書啓事（免附回郵） 2017/12/05

《楞伽經詳解》第三輯初版免費調換新書啓事：茲因 平實導師弘法早期尚未回復往世全部證量，有些法義接受他人的說法，寫書當時並未察覺而有二處（同一種法義）跟著誤說，如今發現已將之修正。茲爲顧及讀者權益，已開始免費調換新書；敬請所有讀者將以前所購第三輯（不論第幾刷），攜回或寄回本公司免費換新；郵寄者之回郵由本公司負擔，不需寄來郵票。因此而造成讀者閱讀、以及換書的不便，在此向所有讀者致上萬分的歉意，祈請讀者大眾見諒！

《楞嚴經講記》第 14 輯初版首刷本免費調換新書啓事：本講記第 14 輯出版前因 平實導師諸事繁忙，未將之重新閱讀而只改正校對時發現的錯別字，故未能發覺十年前所說法義有部分錯誤，於第 15 輯付印前重閱時才發覺第 14 輯中有部分錯誤尚未改正。今已重新審閱修改並已重印完成，煩請所有讀者將以前所購第 14 輯初版首刷本，寄回本公司免費換新（初版二刷本無錯誤），本公司將於寄回新書時同時附上您寄書來換新時的郵資，並在此向所有讀者致上最誠懇的歉意。

《心經密意》初版書免費調換二版新書啓事：本書係演講錄音整理成書，講時因時間所限，省略部分段落未講。後於再版時補寫增加 13 頁，維持原價流通之。茲爲顧及初版讀者權益，自 2003/9/30 開始免費調換新書，原有初版一刷、二刷書籍，皆可寄來本公司換書。

《宗門法眼》已經增寫改版爲 464 頁新書，2008 年 6 月中旬出版。讀者原有初版之第一刷、第二刷書本，都可以寄回本公司免費調換改版新書。改版後之公案及錯悟事例維持不變，但將內容加以增說，較改版前更具有廣度與深度，將更能助益讀者參究實相。

換書者**免附回郵**，亦無截止期限；舊書請寄：111 台北郵政 73-151 號信箱 或 103 台北市承德路三段 267 號 10 樓 正智出版社有限公司。舊書若有塗鴨、殘缺、破損者，仍可換取新書；但缺頁之舊書至少應仍有五分之三頁數，方可換書。所有讀者不必顧念本公司是否有盈餘之問題，都請踴躍寄來換書；本公司成立之目的不是營利，只要能眞實利益學人，即已達到成立及運作之目的。若以郵寄方式換書者，免附回郵；並於寄回新書時，由本公司附上您寄來書籍時耗用的郵資。造成您不便之處，再次致上萬分的歉意。

正智出版社有限公司 啓

換書及道歉公告

《法華經講義》第十三輯，因謄稿、印製等相關人員作業疏失，導致該書中的經文及內文用字將「**親近**」誤植成「清淨」。茲為顧及讀者權益，自 2017/8/30 開始免費調換新書；敬請所有讀者將以前所購第十三輯初版首刷及二刷本，攜回或寄回本社免費換新，或請自行更正其中的錯誤之處；郵寄者之回郵由本社負擔，不需寄來郵票。同時對因此而造成讀者閱讀、以及換書的困擾及不便，在此向所有讀者致上最誠懇的歉意，祈請讀者大眾見諒！錯誤更正說明如下：

一、第 256 頁第 10 行~第 14 行：【就是先要具備「**法親近處**」、「**眾生親近處**」；法**親近**處就是在實相之法有所實證，如果在實相法上有所實證，他在二乘菩提中自然也能有所實證，以這個作為第一個**親近**處——第一個基礎。然後還要有第二個基礎，就是瞭解應該如何善待眾生；對於眾生不要有排斥或者是貪取之心，平等觀待而攝受、親近一切有情。以這兩個**親近**處作為基礎，來實行其他三個安樂行法。】。

二、第 268 頁第 13 行：【具足了那兩個「**親近處**」，使你能夠在末法時代，如實而圓滿的演述《法華經》時，那麼你作這個夢，它就是如理作意的，完全符合邏輯去完成這個過程，就表示你那個晚上，在那短短的一場夢中，已經度了不少眾生了。】

正智出版社有限公司 敬啓

國家圖書館出版品預行編目資料

楞嚴經講記／平實導師述. —初版—
臺北市：正智，2009.11— 〔民98— 〕
冊； 公分

ISBN 978-986-6431-04-3 （第1輯：平裝）
ISBN 978-986-6431-05-0 （第2輯：平裝）
ISBN 978-986-6431-06-7 （第3輯：平裝）
ISBN 978-986-6431-08-1 （第4輯：平裝）
ISBN 978-986-6431-09-8 （第5輯：平裝）
ISBN 978-986-6431-10-4 （第6輯：平裝）
ISBN 978-986-6431-11-1 （第7輯：平裝）
ISBN 978-986-6431-13-5 （第8輯：平裝）
ISBN 978-986-6431-15-9 （第9輯：平裝）
ISBN 978-986-6431-16-6 （第10輯：平裝）
ISBN 978-986-6431-17-3 （第11輯：平裝）
ISBN 978-986-6431-22-7 （第12輯：平裝）
ISBN 978-986-6431-23-4 （第13輯：平裝）
ISBN 978-986-6431-25-8 （第14輯：平裝）
ISBN 978-986-6431-28-9 （第15輯：平裝）

1.秘密部
221.94 98019505

楞嚴經講記——第一輯

著述者：平實導師
音文轉換：曾邱賢 劉惠莉
校對：章乃鈞 陳介源 蔡禮政 傅素嫻 王美伶
出版者：正智出版社有限公司
電話：〇二 28327495 28316727（白天）
傳眞：〇二 28344822
111台北郵政73-151號信箱
郵政劃撥帳號：一九〇六八二四一
正覺講堂：總機〇二 25957295（夜間）
總經銷：聯合發行股份有限公司
231新北市新店區寶橋路235巷6弄6號4樓
電話：〇二 29178022（代表號）
傳眞：〇二 29156275
初版首刷：二〇〇九年十一月三十日 二千冊
初版九刷：二〇二二年四月 二千冊
定價：三〇〇元